Wissen
auf einen Blick

Geschichte der DDR

Bildnachweis
akg, Berlin: 9, 11, 23, 27, 29, 31, 35, 41, 47, 51, 55, 57, 65, 75, 79, 111, 159; dpa/Picture Alliance, Frankfurt am Main: 5, 6, 13, 17, 19, 21, 25, 39, 49, 53, 59, 63, 67, 69, 71, 77, 81, 83, 85, 87, 89, 93, 95, 97, 99, 101, 103, 105, 107, 109, 113, 115, 117, 119, 123, 125, 127, 129, 131, 135, 137, 139, 141, 143, 145, 147, 149, 151, 153, 155, 157, 161, 163, 165, 167, 169, 171, 173, 175, 177, 179, 181, 183, 185, 189, 191, 193, 195, 197, 199, 207; Haus der Geschichte, Bonn: 37; Interfoto, München: 4, 15, 33, 43, 45, 61, 73, 91, 121, 133, 187, 201, 203, 205

Emil-Hoffmann-Str. 1, D-50996 Köln

ISBN: 978-3-625-11522-9

www.naumann-goebel.de

Wissen
auf einen Blick

Geschichte der DDR

Friedemann Bedürftig

NGV

Inhalt

Vorwort

Die DDR ist Geschichte. Für die meisten die Geschichte der anderen. Fast Dreiviertel der heutigen Deutschen fühlen sich von ihr nur indirekt betroffen, sie ist für sie ein bloßer Neben- oder Seitenstrang der Nationalhistorie und zudem die Geschichte eines Scheiterns. Gründe genug, zur Tagesordnung überzugehen und sich nicht weiter um das zu scheren, was sich nach dem Krieg im heutigen Osten Deutschlands zugetragen hat?

Die Frage stellen, heißt natürlich, sie verneinen. Sonst gäbe es dieses Buch nicht. Wir alle werden das Kapitel DDR immer mit im deutschen Gepäck tragen und vieles nur verstehen können, wenn wir auch diesen Abschnitt unserer Geschichte hinreichend kennen. Das mit der nur indirekten Betroffenheit stimmt nämlich allenfalls in einem sehr oberflächlichen Sinn. In Wirklichkeit ist auch die bundesdeutsche Geschichte nur im Mit- und Gegeneinander der beiden deutschen Entwicklungen in den Jahrzehnten bis 1990 zu begreifen. An der Teilung haben ja nicht nur Sachsen oder Brandenburger gelitten, sondern auch Schwaben und Holsteiner, obschon die Westler es dabei erheblich komfortabler hatten als die „Brüder und Schwestern" östlich des Eisernen Vorhangs.

Für sie endete 1945 mit dem Zusammenbruch des Hitlerreiches zwar ebenso der blutige Alptraum des Krieges, die Befreiung aber von Not und Elend ließ weit länger als im Westen auf sich warten. Und die Befreiung von den Zwängen der Diktatur blieb ganz aus: An die Stelle der „braunen" Gängelung trat eine „rote", die fast noch bitterer erlebt wurde.

Sie war eine von der Siegermacht Sowjetunion aufgepfropfte und gewaltsam aufrecht erhaltene. Sie versprach radikale Abkehr vom „Faschismus" und ähnelte ihm in den polizeistaatlichen Methoden doch erschreckend. Sie nannte sich demokratisch und ließ den Wählern doch keinerlei Wahl. Sie strebte angeblich eine Diktatur des Proletariats an und entmündigte es durch die Partei. Sie führte den Begriff „deutsch" im Staatsnamen und agierte als sowjetischer Satellit. Sie propagierte die Wiedervereinigung und baute doch hohe Hürden dagegen auf. Sie stilisierte sich als „Friedensmacht" und bewaffnete sich bis an die Zähne.

Selbst in einem solchen Zwangssystem aber fanden sich Freiräume für die Bürger, gab es Vergnügen und Erfolgserlebnisse, genoss man das Leben und nutzte Bildungsangebote, pflegte man Kultur und Geselligkeit. Mangel förderte Solidarität und machte erfinderisch, öffentlicher Druck ließ die private Idylle blühen, und wo es wenig gibt, bereiten selbst kleine Schnäppchen unverhältnismäßig große Freude. Im Nachhinein kann sich das noch verklären, womit sich das Phänomen erklärt, das man „Ostalgie" nennt, abgeleitet vom Begriff „Nostalgie", dem Schwärmen von guten alten Zeiten.

Darum kann es in einem Geschichtsbuch naturgemäß nicht gehen. Höchstens das eine oder andere Zitat, dieser oder jener Scherz mögen derartige Gefühle wecken. In der Hauptsache aber beleuchten die folgenden Kapitel die politische Entwicklung des ostdeutschen Staates und die Außenbeziehungen der DDR. Das innerdeutsche Verhältnis bildet einen besonderen Schwerpunkt. Hier nämlich zeigte sich trotz aller Abgrenzung, ja Feindschaft, dass „verwandtschaftliche" Bindungen selbst ideologische Zerreißproben überstehen können. Die Geschichte der schweren deutsch-deutschen Jahre macht für die hoffentlich leichteren, die vor uns liegen, zuversichtlich.

Vorauskommando Berlin

Anreise der Gruppe Ulbricht aus Moskau (30.4.1945)

In ihren Gefangenenlagern hatte die Sowjetunion schon früh mit politischer Schulung der deutschen Landser durch eigene Instruktoren in Zusammenarbeit mit deutschen Emigranten begonnen. Im Mittelpunkt stand zunächst die Gewinnung der Gefangenen zur Mitarbeit bei der psychologischen Kriegführung. Später dominierte die „Umerziehung" im kommunistischen Sinne. Sie fiel in die Zuständigkeit der Hauptverwaltung für Gefangenen- und Internierungsfragen im Innenministerium. Ihre Weisungen gingen über die Behörden der Unionsrepubliken an die Polit-Offiziere in den Lagern, wo „Antifa-Aktivs" aus Gefangenen gebildet wurden. Das Kurzwort „Antifa" für gegen den Faschismus gerichtete Agitation zeigte den kommunistischen Kurzschluss in der Einschätzung des Nationalsozialismus als einer bloßen Variante des Faschismus. Der rassistische Charakter der Vernichtungsdespotie Hitlers war den Ideologen unbegreiflich.

Kritik an den Westmächten

Schulungsschwerpunkt der Aktivs war die Aufklärung über das Wesen des NS-Regimes und seine Verbrechen, die nur durch Abschaffung des kapitalistischen Systems zu verhindern seien. Ferner wurde die Wiedergutmachungspflicht des deutschen Volkes betont. Später trat die künftige Gestaltung Deutschlands in den Vordergrund, wobei die Pläne der Westalliierten als unvereinbar mit den nationalen, sozialen und wirtschaftlichen Lebensinteressen des deutschen Volkes kritisiert wurden.

Unter sowjetischer Aufsicht

Das Lehrprogramm umfasste: Politische Ökonomie, marxistische Philosophie, deutsche Geschichte von den Bauernkriegen bis 1933, Entmilitarisierung und Entnazifizierung, demokratischer Neuaufbau Deutschlands durch die KPD, aktuelle Tagesfragen. Zur Durchsetzung und Verbreitung der Antifa-Doktrinen nutzten die Aktivisten Lagerversammlungen, Gruppenarbeit, Wandzeitungen und eingängige Schlagworte auf Spruchbändern. Die Antifa-Arbeit war bei vielen Gefangenen unbeliebt, weil zu dogmatisch ausgerichtet. Beim Aufbau des ostdeutschen Staates unter sowjetischer Aufsicht wurden allerdings ehemalige Aktivisten bei der Postenvergabe bevorzugt. Als Vortrupp kam schon am 30.4.1945 eine Gruppe um den einstigen KPD-Reichstagsabgeordneten Walter Ulbricht, der seit 1938 im Moskauer Exil gelebt hatte, nach Berlin zum Aufbau einer deutschen Verwaltung und eines Magistrats von Groß-Berlin unter Anleitung der Sowjetischen Militäradministration (SMAD). Ulbricht gab dafür die Weisung aus: „Es muss demokratisch aussehen, aber wir müssen alles in der Hand haben."

Bedingungslose Kapitulation

Die Reichsregierung unter Hitlers Nachfolger Großadmiral Dönitz hatte am 7.5.1945 Generaloberst Jodl im US-Hauptquartier in Reims die Kapitulationsurkunde unterzeichnen lassen. Stalin wollte sich damit aber nicht zufrieden geben und verlangte die Wiederholung der Zeremonie im sowjetischen Hauptquartier in Berlin-Karlshorst. Und er verlangte eine höherrangige Delegation. So saßen am frühen Morgen des 9.5. Generalfeldmarschall Keitel als Chef des Oberkommandos der Wehrmacht sowie die Oberbefehlshaber der drei Teilstreitkräfte dem sowjetischen Marschall Schukow gegenüber und mussten noch einmal die bedingungslose Einstellung aller Feindseligkeiten versprechen. Für das Inkrafttreten wurde der 8.5. um 23.01 Uhr rückwirkend bestimmt. Deutschland war damit als politische Größe von der Landkarte verschwunden. Über sein Schicksal bestimmten fortan allein die Siegermächte, zu denen seit der Konferenz von Jalta im Februar 1945 auch Frankreich zählte

Erst wollte er die SPD nicht ins Boot holen: Ulbricht (Mitte) fürchtete, die Sozis hätten den geplanten radikalen Umbau der Gesellschaft gefährden können. Dann aber (hier auf der „Reichskonferenz“ der KPD am 3.3.1946) suchte er doch die breite Basis und schwor die Genossen auf die „Ehe“ der Parteien der Arbeiterklasse ein.

Mitwirkungsrechte der Besiegten

Neugründung von Parteien (Sommer 1945)

Noch standen die Amerikaner in Sachsen, und noch war die Rote Armee alleinige Herrin in der zertrümmerten Reichshauptstadt, da holte Stalin schon zum ersten politischen Coup aus: Eher als seine westlichen Mitsieger genehmigte er am 10.6.1945 die Neubildung von Parteien in seinem deutschen Herrschaftsbereich. Natürlich nur von solchen, die als antifaschistisch und demokratisch gelten konnten, wobei der letztere Begriff im kommunistischen Jargon sehr anderes meinte als im liberalen westlichen Sprachgebrauch. Für die Menschen in der SBZ (Sowjetischen Besatzungszone) war das ein Signal, dass der Kremlherr sein Diktum ernstzunehmen gedachte, wonach die „Hitler kommen und gehen, das deutsche Volk aber bleibt". Er wollte die Deutschen offenbar nicht in Bausch und Bogen verurteilen, sondern hatte scheints vor, ihnen sogar Mitwirkungsrechte einzuräumen.

Vorsprung für die KPD

Schon am 11.6. bildete sich die KPD wieder und wandte sich mit einem von Stalin abgesegneten Aufruf an die Öffentlichkeit, der ausdrücklich vom sowjetischen Modell abrückte und auch um bürgerliche Zustimmung warb. Wenige Tage danach gab es auch die SPD wieder. Als neue Partei trat zwei Wochen später die CDU auf, eine überkonfessionelle christliche Gruppierung, und am 5.7. war mit Bildung der Liberal-Demokratischen Partei Deutschlands (LDPD) die erste Gründungswelle abgeschlossen. Die vier Parteien wurden auf sowjetischen Wunsch mit ihren Zentralen in Berlin untergebracht, weil sie auf ganz Deutschland ausstrahlen und so den Sowjets einen über ihre Besatzungszone hinausgehenden Einfluss sichern sollten. Die KPD nutzte ihren Vorsprung mit SMAD-Hilfe konsequent zur Besetzung politischer und administrativer Schlüsselpositionen, während der Aufbau der anderen Parteien von der Besatzungsmacht verschleppt und behindert wurde.

Vor allem die SPD wurde wegen ihrer großen Popularität schikaniert. Und auch ihre Bemühungen um Überwindung der „Spaltung der Arbeiterklasse" durch Kooperation mit den Kommunisten stießen bei Ulbricht zunächst auf Ablehnung: Erst Machtsicherung, dann Einheit der Sozialisten zu seinen Bedingungen. Otto Grotewohl, Vorsitzender des Zentralausschusses (ZA) der SPD, musste seine Vision vom gemeinsamen antifaschistischen Kampf zurückstellen. Und auch die in vielen Ortschaften gebildeten „Antifa-Komitees" bekamen den Ulbrichtschen Zentralismus zu spüren. Wo sie sich nicht umgehend in die KPD integrierten, wurden sie kurzerhand aufgelöst.

Juni-Deklaration

Nach Verhaftung der Regierung Dönitz am 23.5.1945 gab es in Deutschland keine Zentralgewalt mehr. Dieses Vakuum bemühten sich die alliierten Oberbefehlshaber Eisenhower (USA), Montgomery (Großbritannien), de Lattre des Tassigny (Frankreich) und Schukow (Sowjetunion) auszufüllen, indem sie am 5.6. eine „Erklärung in Anbetracht der Niederlage Deutschlands" herausgaben, wegen des Datums als „Juni-Deklaration" in die Geschichte eingegangen. Darin wurde noch einmal die von den Siegermächten je selbständig zu verwaltenden Besatzungszonen abgesteckt, was den Rückzug der Briten aus Mecklenburg und den der USA aus Thüringen und Sachsen bis 5.7. bedeutete. Der britische Premier Churchill sah mit großer Sorge dieses weitere Vordringen der UdSSR „ins Herz Westeuropas" und beklagte, dass man dafür kaum Gegenleistungen bekommen habe. Immerhin konnten die Westmächte Anfang Juli ihre Sektoren in Berlin besetzen. Im amerikanischen Sektor sollte fortan ein Alliierter Kontrollrat die Fragen klären, die Gesamtdeutschland betrafen.

Noch freuten sie sich über den militärischen Triumph im heißen Krieg gegen Hitler: der britische Marschall Montgomery (links) und der sowjetische Kollege Schukow während der Siegesparade am 20.5.1945 in Berlin. Politisch aber bahnte sich längst der Kalte Krieg zwischen den Siegern an.

Französische Sorgen

Das Potsdamer Abkommen (2.8.1945)

Bis jetzt hatte man den militärischen Befehlshabern das deutsche Feld überlassen. Nun trafen sich die Staats- und Regierungschefs der Siegermächte am 17.7.1945 in Potsdam, also im Herzen Preußens, um über das Schicksal des unterworfenen Deutschlands zu befinden: In Schloss Cecilienhof rangen US-Präsident Truman, der sowjetische Alleinherrscher Stalin und der britische Premier Churchill um eine Nachkriegsordnung. Schon das Fehlen Frankreichs ließ wenig Gutes erwarten. Noch stärker beeinträchtigte das Ergebnis, dass der erfahrene Churchill wegen seiner Niederlage in den Unterhauswahlen am 26.7. durch den international wenig bewährten Labour-Chef Attlee abgelöst wurde. Nur eine Woche blieb dem Neuen zum Beeinflussen des Schlusskommuniqués, das als Potsdamer Abkommen vom 2.8.1945 Geschichte machte.

Nur Friedensindustrie erlaubt

Es bestimmte: 1. Entmilitarisierung; 2. Auflösung der NSDAP und Entfernung aller ihrer Mitglieder aus öffentlichen Ämtern, Aburteilung der Kriegsverbrecher; 3. Demokratisierung; 4. Dezentralisierung der deutschen Verwaltung. – Wirtschaftliche Beschlüsse: 1. Verbot der Rüstungsproduktion; 2. Demontage von Produktionsanlagen; 3. Förderung einer Friedensindustrie; 4. alliierte Kontrolle der Wirtschaft; 5. Wiederaufbau; 6. Behandlung Deutschlands als wirtschaftliche Einheit; 7. Entschädigungszahlungen. – Gebietsveränderungen (vorbehaltlich friedensvertraglicher Regelung): 1. Übergabe von Nord-Ostpreußen an die UdSSR; 2. Unterstellung der anderen Gebiete östlich der Oder-Neiße-Linie unter polnische Verwaltung; 3. Ausweisung der deutschen Bevölkerung aus Osteuropa und den deutschen Ostgebieten (siehe Kasten).

> *Vertreibung*
>
> *Mit einer Politik der vollendeten Tatsachen sorgte Stalin bei und nach Kriegsende für die Durchsetzung seiner Ansprüche: Das ostpolnische Gebiet, das er im Pakt mit Hitler 1939 erbeutet hatte, gab er nicht wieder heraus und zwang die dort lebenden Polen zur Umsiedlung nach Schlesien, Pommern und Südostpreußen, die das neue Polen als Entschädigung bekommen sollte. Dort lebten trotz der Flucht eines Großteils der Bevölkerung noch Millionen Deutsche, die daher auch mit Gewalt und Schikanen zum Verlassen ihrer Heimat gezwungen wurden. Als in Potsdam festgelegt wurde, dies habe „ordnungsgemäß und human" zu geschehen, waren schon Hunderttausende bei dieser „Aussiedlung" umgekommen. Ähnlich gingen die südosteuropäischen Länder vor, die ihre deutschen Minderheiten ebenfalls vertrieben. Von den insgesamt fast 20 Millionen Deutschen östlich von Oder und Neiße verloren durch Flucht und Vertreibung drei Viertel die Heimat, ein Zehntel auch das Leben.*

Stalins Schwenk

Obwohl in Jalta (Februar 1945) noch von einer Teilung Deutschlands gesprochen worden war, hatte Stalin plötzlich kein Interesse mehr daran und wies einen entsprechenden Plan Trumans zurück. Damit punktete er wieder bei den Deutschen. Die beiden Westmächte mussten ihm eilends folgen und stimmten der Einsetzung von deutschen Staatssekretären zu, die unter Aufsicht des Alliierten Kontrollrats die Ressorts Verkehr, Transportwesen, Finanzen, Industrie und Außenhandel verwalten sollten. Hier setzte der bei der Einladung zur Konferenz übergangene französische Regierungschef de Gaulle den Hebel an. In traditioneller Furcht vor einem starken östlichen Nachbarn verweigerte er glatt die Bestellung solcher Zentralinstanzen. Das Mittel dazu gab ihm das im Kontrollrat vorgesehene Vetorecht. Die deutsche Einheit scheiterte zunächst also nicht an Stalin, sondern an Frankreich.

Die Führer der Siegermächte in Potsdam Sommer 1945 (von links): Clement Attlee, Harry S. Truman und Josef Stalin; dahinter in Zivil ihre Außenminister Bevin, Byrnes und Molotow.

Kampfreserve der Partei

Gründung der Freien Deutschen Jugend (7.3.1946)

Die KPD war gerade erst sechs Wochen alt, da kündigte ihr starker Mann Ulbricht am 25.7.1945 an, die Partei erstrebe keine eigene Jugendorganisation, sondern ziehe einen parteiungebundenen Jugendverband vor. Zunächst genehmigte die Besatzungsmacht die Bildung von Jugendkomitees bei den Bürgermeisterämtern. Die Gründung von parteibezogenen oder kirchlichen Jugendbünden wurde hingegen verboten. Ein nächster Schritt war die Schaffung eines Dachverbands in der SBZ unter Führung von Erich Honecker. Ihm unterstellte Ausschüsse entstanden im Herbst 1945 auf Länder- und Kreisebene. Und schließlich genehmigte die SMAD am 7.3.1946 die Gründung einer SBZ-weiten Jugendorganisation, die sich als „überparteilich, einig und demokratisch" verstand: die Freie Deutsche Jugend (FDJ).

„Wie unseren Augapfel"

Sie hielt schon im folgenden Juni ihr I. Parlament ab, dessen 633 Delegierte Honecker als Vorsitzenden bestätigten. Man verabschiedete zudem Statuten und formulierte allgemeine politische Ziele, bekannte sich zur Einheit Deutschlands und formulierte „Grundrechte der jungen Generation". Im künftigen „demokratischen" Gemeinwesen wollte man der Jugend mehr Mitspracherechte erstreiten und forderte daher die Herabsetzung des Wahlalters auf 18 Jahre. Recht auf Arbeit, Bildung und Erholung gehörte ebenso zum Katalog des Parlaments. Unter dem Beifall des Plenums erklärte der Vorsitzende, bei aller Betonung des Sozialen wolle er den „überparteilichen Charakter unserer Organisation wie unseren eigenen Augapfel hüten".

Uniformierung

Das war schon nach der kurz zuvor erfolgten Zwangsvereinigung von KPD und SPD zur SED ein bloßes Lippenbekenntnis. Bereits 1947 wurden vom II. Parlament Uniformen eingeführt. 1952 erkannte das IV. Parlament der FDJ die führende Rolle der SED an, bei den Aufmärschen paradierten bereits Gruppen bewaffneter Jungen und Mädchen. 1957 konnte mit dem Beschluss der 16. Zentralratstagung, dass die FDJ „Kampfreserve der Partei der Arbeiterklasse" sein solle, der politische Formierungsprozess des Jugendverbandes als abgeschlossen gelten. Die FDJ war fortan Jugendorganisation der SED. Vom 14. Lebensjahr an konnten Jugendliche der FDJ beitreten. Für Kinder von sechs bis 14 Jahren war die Pionierorganisation „Ernst Thälmann" zuständig.

Jugendhochschule Wilhelm Pieck

Noch ehe das I. FDJ-Parlament zusammentrat, schuf die Organisation eine Bildungsstätte für ihr künftiges Führungspersonal: Am 22.5.1946 wurde am Bogensee bei Wandlitz eine Jugendhochschule gegründet, die 1950 nach dem ersten Präsidenten der DDR Wilhelm Pieck benannt wurde. Seit den 1950er Jahren waren die Studierenden in einem Neubau untergebracht, der über einen Internatstrakt mit rund 500 Plätzen, ein Lektionshaus mit zahlreichen Seminarräumen sowie ein Kulturhaus verfügte. Ein vom FDJ-Zentralrat berufener Direktor leitete den Studienbetrieb, der einjährige Kurse für vorsortierte zuverlässige Jugendfunktionäre vorsah, Fächer: Führungstätigkeit, Marxismus/ Leninismus, wissenschaftlicher Sozialismus. Eine wichtige Rolle spielten zudem Sport und paramilitärische Ausbildung, wofür die Studenten in drei Hundertschaften gegliedert wurden, zwei aktive nach Männern und Frauen getrennt sowie eine gemischte aus den körperlich weniger leistungsfähigen Jugendlichen für Aufgaben der Organisation und Logistik. Im „Roten Kloster" (Studentenbezeichnung) konnten auch Funktionäre aus befreundeten ausländischen Parteien Kurse absolvieren.

Wie in vielem ähnelte auch der Propagandastil der FDJ den Methoden des Hitler-Staates. Der „gesunde" junge Mann auf dem Plakat aus dem Jahr 1946 sollte die Zuversicht in den Aufbau einer sozialistischen Gesellschaft stärken.

Beschleunigte Verbrüderung

Zusammenschluss von SPD und KPD zur SED (21./22.4.1946)

Formal hatte die sowjetische Besatzungsmacht in ihrer Zone mehrere Parteien zugelassen. Doch erhielt die Pluralität gleich dadurch einen Dämpfer, dass sich alle schon am 14.7.1945 zu einem „Block der antifaschistisch-demokratischen Parteien" zusammenschließen mussten. Und dieser Block wurde wiederum von der KPD dominiert, die zum einen von der SMAD massiv gefördert wurde und zum anderen mit der SPD ein „Aktionsabkommen" geschlossen hatte. Weil in beiden Arbeiterparteien starke Strömungen für eine Vereinigung bestanden, hatte Ulbricht diese Lösung zunächst bevorzugt. Bei einer zu frühen Einheitsorganisation musste er ein sozialdemokratisches Übergewicht fürchten.

Alte Sozialdemokraten entfernen

Ein Umdenken setzte bei den Kommunisten erst ein, als in den Westzonen die SPD Gewicht unter ihrem Vorsitzenden Kurt Schumacher gewann, der auch im Osten Anklang fand. Hinzu kamen Warnsignale aus Österreich und Ungarn, wo die KP bei ersten Wahlen unerwartet schlecht abschnitt. Jetzt begannen Ulbricht und die KPD-Führung doch über eine Vereinigung nachzudenken, allerdings eher im Sinn einer Umarmung und Vereinnahmung der SPD. Ulbricht brachte das am 22.12.1945 auf die Formel: „Es kommt darauf an, dass man die alten Sozialdemokraten entfernt. Wir brauchen die anderen Sozialdemokraten." Das richtete sich gegen die angeblichen „Schumacher-Agenten", gegen die man die Besatzungsmacht in Stellung brachte. Durch Drohungen, „Überredung" und Verhaftungen wurden Vereinigungsgegner ausgeschaltet oder gefügig gemacht. Basisabstimmungen in den Parteien über die „Vereinigung" verbot die SMAD.

Dass es in der SPD für diese beschleunigte Verbrüderung von oben wenig Sympathie gab, ließ sich nur in den Westsektoren Berlins feststellen, wo 82 Prozent der Mitglieder gegen eine sofortige Fusion eintraten. Für eine enge Zusammenarbeit votierten aber 62 Prozent aufgrund der bitteren Erfahrung aus der Zeit, in der die Spaltung der Arbeiterklasse den Nazis den Sieg beschert hatte. In der SBZ aber standen die Zeichen nun auf Zusammengehen. Am 21./22.4.1946 kam es zu einem gemeinsamen Parteitag, auf dem die Mehrheit der 1055 Delegierten der Bildung einer Sozialistischen Einheitspartei Deutschlands (SED) aus KPD und SPD zustimmte. Alle Gremien sollten danach paritätisch besetzt werden, obwohl die SPD eindeutig die stärkere Kraft war. An die Spitze der SED traten die beiden bisherigen Parteichefs Otto Grotewohl und Wilhelm Pieck. Der eigentliche starke Mann aber war Ulbricht als einer der Stellvertreter, der aber das Ohr der SMAD und damit Stalins hatte.

„Neues Deutschland"

Als aus SPD und KPD die SED geworden war, verschwanden auch die Blätter „Das Volk" (SPD) und die „Deutsche Volkszeitung" (KPD). Statt dessen erschien schon einen Tag nach der Parteienfusion die Zeitung „Neues Deutschland" als Zentralorgan der SED. Auch auf unterer Ebene wurden die Parteiblätter zusammengelegt, so dass schließlich elf Tageszeitungen der SED erschienen. Mit ihnen konkurrierten nur scheinbar die Blätter der bürgerlichen Parteien, die unter der Zensur der Besatzungsmacht kaum Interpretationsspielraum hatten und zahlenmäßig schwach blieben, weil von kargen Papierzuteilungen im Erscheinen und im Umfang massiv behindert. Außerdem galt von Anfang an für alle Organe, was die angeblich nicht stattfindende Zensur so umschrieb: Auswahl, Zusammenstellung, Wortwahl und Überschriftgestaltung hätten stets „parteiisch" zu erfolgen. Man habe nur zu bringen, was der Masse des Volkes diene. Der Gegner dürfe nur zu Wort kommen, wenn dies von Nutzen sei.

Der historische Händedruck zwischen den Parteichefs Pieck (KPD, links) und Grotewohl (SPD) besiegelte die Vereinigung zur SED am 22.4.1946 im Berliner Admiralspalast. Rechts die „rote Eminenz" Walter Ulbricht.

„Die Mörder sind unter uns"

Aufbau und erster Film der DEFA (17.5.1946)

Hitlers Propagandaminister Goebbels hatte vorgeführt, wie wirkungsvoll sich das noch junge Medium Film einsetzen ließ. Er hatte seinerseits viel von der politischen Filmnutzung in der UdSSR gelernt. Der Boden war daher 1945 in der SBZ für einen Neuanfang bereitet, und schon im November bildete sich ein sogenanntes Filmaktiv um den aus dem sowjetischen Exil zurückgekehrten Schauspieler Gustav von Wangenheim und den jungen Regisseur Kurt Maetzig. Es erlangte am 17.5.1946 eine Lizenz der Besatzungsmacht für ihre Deutsche Film-Aktiengesellschaft (DEFA) und übernahm das fast einen halben Quadratkilometer große Gelände der Ufa in Potsdam-Babelsberg, wo in elf Hallen Spielfilme und Dokumentationen hergestellt wurden.

Entsetzliche Erinnerungen

Eine besondere Stärke entwickelte die DEFA bei der Bearbeitung der jüngsten Vergangenheit im Dritten Reich und im Krieg. Gleich der von ihr unter größten Schwierigkeiten gedrehte erste deutsche Nachkriegsfilm nahm sich dieses brennenden Themas an und wurde ein großer Erfolg: „Die Mörder sind unter uns" mit der 20-jährigen Hildegard Knef unter der Regie von Wolfgang Staudte. Erzählt wird die Geschichte des Heimkehrers Hans Mertens (Ernst Wilhelm Borchert), der im zerbombten Berlin dem Mädchen Susanne (Knef) begegnet. Die aus einem KZ befreite schöne junge Frau weckt im abgerissenen, orientierungslosen Soldaten wieder ein wenig Lebensmut, doch die entsetzlichen Erinnerungen an Krieg und Nazi-Verbrechen holen ihn und damit das Paar immer wieder ein. Mertens war Augenzeuge, als sein Kompaniechef 1942 eine Gruppe polnischer Geiseln hatte erschießen lassen.

Glaubwürdiger Start

Jetzt erfährt er, dass derselbe Mann wieder in Berlin lebt und durch Geschäfte mit zu Kochtöpfen umgearbeiteten Stahlhelmen schon wieder zu Wohlstand gekommen ist. Nur mit großer Mühe kann Susanne ihren Freund davon abhalten, den Verbrecher aufzusuchen und zur Rechenschaft zu ziehen. Das hatte Staudtes ursprünglicher Entwurf eigentlich vorgesehen, den er aber hatte umschreiben müssen. Man wollte einer Welle von Racheakten vorbeugen, die bei der Vielzahl ähnlicher Schicksale damals nicht auszuschließen gewesen wäre. Der erschütternde Film wurde im In- und Ausland begeistert aufgenommen; der Neubeginn des Films in Deutschland hatte einen glaubwürdigen Start.

Kulturbund

Schon im Moskauer Exil hatten sich die Emigranten um Walter Ulbricht Gedanken über eine Wiederbelebung der von den Nazis zerstörten deutschen Kultur gemacht. Federführend dabei war Johannes R. Becher, der spätere Kulturminister der DDR. Gleich nach seiner Rückkehr nach Berlin am 8.6.1945 sammelte er Wissenschaftler und Künstler um sich und beantragte am 25.6. bei der SMAD eine Lizenz zur Gründung eines „Kulturbunds zur demokratischen Erneuerung Deutschlands", die noch am gleichen Tag erteilt wurde. Am 4.7. fand der erste Kongress statt, auf dem ein Manifest verabschiedet wurde, wonach die „faschistischen" Irrlehren aus der Vorstellungswelt der Deutschen getilgt werden sollten. Für die kulturelle Wiedergeburt gelte die Maxime: „Wir müssen der Wahrheit wieder die Ehre geben, um unsere nationale Ehre wiederzugewinnen." Ausdrücklich beschloss man Überparteilichkeit und zonenübergreifende Tätigkeit, obwohl Becher als Präsident Mitglied der Führung der KPD (später SED) war. Der Ost-West-Konflikt machte die Ausrichtung rasch illusorisch. Schon auf dem II. Bundeskongress wurden 1949 die kulturpolitischen Vorstellungen der SED übernommen.

Susannes Schönheit bewahrt den vom Krieg in die Trümmerwüste Berlin gespülten Ex-Soldaten Hans vor dem Absturz. Die Gespenster der Vergangenheit aber vermag auch die Liebe kaum zu bannen (Filmplakat).

Kein Geld für den Osten

Währungsreform (20.6.1948) und Berlin-Blockade (24.6.1948)

Hitler hatte den Krieg mit der Notenpresse finanziert und den Bankrott nur durch Ausplünderung der besetzten Länder vermeiden können. Bei Kriegsende war daher das deutsche Geld nicht einmal mehr das Papier wert, auf dem es gedruckt worden war. Wege aus der Schwarzmarktnot (siehe Kasten) wies nur ein radikaler Währungsschnitt. Am 20.6. (Berlin 24.6.) 1948 wurde von der wertlosen Reichsmark (RM) auf die Deutsche Mark (DM) umgestellt. Die Sowjetunion aber verweigerte sich den währungspolitischen Maßnahmen und führte in ihrer Zone eine eigene Reform der Währung durch. Sie ähnelte zwar der westlichen, doch begünstigte sie die kleinen Anleger, behielt Altschulden 1:1 bei und wandelte größere Guthaben der Privatwirtschaft in eine Ablösungsanleihe um. Dadurch wurde den Unternehmern der Handlungsspielraum genommen und die Produktion gehemmt.

Und die SBZ nahm auch nicht an dem nach dem US-Außenminister benannten Marshall-Plan teil, amtlich ERP, European Recovery Program (Europäisches Wiederaufbauprogramm). Insgesamt 1,3 Milliarden Dollar flossen davon nach Westdeutschland. Der Osten aber bekam nichts ab, weil Stalin den „Dollar-Imperialismus" fürchtete. Schon am 20.3.1948 kam es zum Eklat, als die USA die Westsektoren Berlins in das ERP einbezogen. Türen knallend verließ der sowjetische Delegierte den Alliierten Kontrollrat. Die Westalliierten aber ließen sich nicht beirren, das neue Geld wurde am 24.6. auch im Westteil Berlins eingeführt. Die Krise war da.

Aufatmen in der SBZ

Rund um Westberlin gingen am 24.6. die Schlagbäume herunter. Lebensmittel-, Kohle- und Stromlieferungen aus dem Osten hörten abrupt auf, die Transitwege wurden zu Lande und zu Wasser unterbrochen. Die Berliner saßen im Dunkeln. Diese Blockade beantworteten die Westmächte mit einer beispiellosen Luftbrücke (insgesamt 62 000 Versorgungsflüge). Während der Zugang für sie zu ihren Sektoren in Berlin auf den Land- und Wasserwegen nicht oder nur oberflächlich geregelt war, bestanden über die Luftwege detaillierte Verträge. Die UdSSR hätte sie nur um den Preis eines Krieges unterbrechen können, denn US-Präsident Truman ließ umgehend B-29 Atombomber nach Westeuropa verlegen und demonstrierte, dass seine Truppen aus Berlin nur militärisch zu vertreiben wären. Davor aber schreckte selbst Stalin zurück. Am 12.5.1949 ließ er die Blockade aufheben. Die Menschen in der SBZ, die wohl zuerst Kriegsschauplatz geworden wäre, atmeten auf.

Schwarzmarkt

Die Rationierung (begrenzte Zuteilung) von Waren bei Knappheit in Notzeiten und gleichzeitigem Geldüberhang ruft stets erfindungsreiche Händler auf den Plan, die die begehrten Güter „organisieren" und zu weit überhöhten Preisen unter der Hand verkaufen. Ansätze eines solchen schwarzen Markts bildeten sich schon im Krieg und entwickelten sich in der ersten Nachkriegszeit zu einer regelrechten Schattenwirtschaft, in der amerikanische Zigaretten die Leitwährung wurden. Die Schwarzmarktzeit war gekennzeichnet von Razzien, groß angelegten Raubzügen, schnell wachsenden Vermögen von Schiebern, Ausplünderung der Flüchtlinge, Hamsterfahrten aufs Land zur Ergatterung von Lebensmitteln, florierendem Tauschhandel, Prostitution und wachsender (Beschaffungs-)Kriminalität. Während im Westen die Währungsreform den Schwarzmarkt austrocknete, musste er im Osten noch lange durch drakonische Strafmaßnahmen im Zaum gehalten werden und verschwand lange nicht völlig; „organisiert" wurde eigentlich immer und manchmal sogar von staatswegen.

Alle zwei bis drei Minuten waren westalliierte Versorgungsflieger in Berlin gelandet und hatten 1,5 Millionen Tonnen Waren in die Stadt gebracht. Erst am 12.5.1949, nach fast elf Monaten, öffneten sich wieder die Schlagbäume an den Übergängen der Transitwege (Foto).

Der Vorzeigekumpel

Adolf Hennecke und die Arbeitsnormen (13.10.1948)

Kapitalistische Konkurrenz war im Sozialismus natürlich undenkbar, doch konnte man sich nicht der Einsicht verschließen, dass Menschen aus purem Idealismus nur selten Höchstleistungen erbringen. Daher sollte der schon von Marx geforderte sozialistische Wettbewerb die Werktätigen als „umfassendste Form ihrer schöpferischen Teilnahme an der Leitung und Planung der Produktion" motivieren. Das sei humaner und zugleich effektiver als die marktwirtschaftliche Konkurrenz. Die SED gab dazu auf ihrem II. Parteitag 1947 die Parole aus: „Mehr produzieren, gerechter verteilen, besser leben!" Und die SMAD schloss sich dem mit Befehl 234 vom 9.10.1947 „über Erhöhung der Arbeitsproduktivität" an: In der Praxis freilich entpuppte sich der sozialistische Wettbewerb als ein verzweigtes System zur Leistungssteigerung durch Vergabe von Orden, Titeln, Prämien und sonstigen Vergünstigungen im Rahmen von Aktionen wie der Hennecke- oder Aktivisten-Bewegung.

Rekord unter Tage

Adolf Hennecke, ein 43-jähriger Hauer und SED Mitglied, wurde am ersten Jahrestag des SMAD-Befehls trotz seines Vornamens ausgewählt, in einer Steinkohlengrube des Lugau-Oelsnitzer Reviers während einer sorgfältig vorbereiteten Sonderschicht zu zeigen, wie die Förderung gesteigert werden könnte. Am 13.10.1948 schaffte er 24,4 Kubikmeter oder 530 Zentner Kohle und damit eine Übererfüllung der Norm um 387 Prozent. Diese Leistung in relativ hohem Alter – der sowjetische Kollege Stachanow war bei seiner Rekordförderung 1935 nur halb so alt – würdigten die beiden Vorsitzenden der SED, Grotewohl und Pieck, in einem offenen Brief an den Kumpel, der fortan als Vorbild für die Beschäftigten in allen Betrieben und Branchen hingestellt wurde. Der Arbeiter rückte 1954 sogar ins Zentralkomitee (ZK) der SED auf. Der 13.10. wurde zum „Tag der Aktivisten" erklärt.

Sozialistischer Wettbewerb

Trotz solcher und ähnlicher Kampagnen griff der sozialistische Wettbewerb nie oder nur sehr kurzfristig. Die Strukturprobleme der Kommandowirtschaft ließen sich mit einfältigen Sprüchen wie „Täglich denken – Aufwand senken" oder mit der Einführung von „Pflichtheften" oder „Erneuerungspässen" nicht beheben. Für die Arbeiter hatten Leistungen wie die Henneckes zudem den Nachteil, dass die Arbeitsnormen erhöht wurden und die Gewerkschaft weiter an Handlungsspielraum verlor (siehe Kasten).

Gewerkschaft

Schon am 10.6.1945 hatte die SMAD in der SBZ die Bildung von Gewerkschaften erlaubt. Auf einem Gründungskongress im Februar 1946 konstituierte sich der Freie Deutsche Gewerkschaftsbund (FDGB). Nach den schlechten Erfahrungen, die man vor 1933 mit den politisch und weltanschaulich gebundenen Richtungsgewerkschaften gemacht hatte, entschied man sich wie im Westen für die Einheitsgewerkschaft. Der Bundesvorstand des FDGB bemühte sich zunächst, Einfluss auf die Gewerkschaftsentwicklung in allen vier Besatzungszonen zu nehmen, kam jedoch auf den insgesamt neun gewerkschaftlichen Interzonenkonferenzen diesem Ziel nicht näher. Es setzten sich vielmehr in der FDGB-Führung die Kommunisten durch. Nach dem Organisationsprinzip des demokratischen Zentralismus, entwickelte sich der FDGB zu einem Instrument staatlicher Planerfüllung. Im November 1946 wurde das Streikrecht beschnitten, zwei Jahre später wurden die von den Gesamtbelegschaften gewählten Betriebsräte durch Betriebsgewerkschaftsleitungen ersetzt, die nur noch von FDGB-Mitgliedern gewählt werden durften. Im September 1950 erkannte der 3. FDGB-Kongress die „führende Rolle" der SED an.

Zum Tag der Arbeit 1949 setzten die FDGB-Propagandisten auf Hennecke und die nach ihm benannte Bewegung. Schlote sollten rauchen (links), damit der Aufbau Fahrt aufnehmen konnte.

Mit Schwert und Panzern

Sowjetische Ehrenmale in Berlin (1945/49)

„Von der Sowjetunion lernen heißt siegen lernen" – nichts verkörperte diesen in der SBZ aufkommenden Slogan so perfekt wie der zwölf Meter hohe, 70 Tonnen schwere bronzene Rotarmist im sowjetischen Ehrenmal von Berlin-Treptow. Gleich nach Kriegende war ein Wettbewerb ausgeschrieben worden; im Juni 1946 bekam der Entwurf des Künstlerkollektivs Jakow S. Belopolski (Architektur), Jewgeni Wutschetitsch (Plastik), Alexander A. Gorpenko (Malerei) und Sarra S. Walerius (Ingenieurarbeiten) den Zuschlag. Schon nach drei Jahren konnte das Ehrenmal im Mai 1949 eingeweiht werden. Kernstück der auf einem Wiesengelände von rund zehn Hektar errichteten Anlage ist der Soldat mit dem Schwert, der ein gerettetes deutsches Kind auf dem Arm trägt, zu seinen Füßen ein zerbrochenes Hakenkreuz. Er steht auf einem Pavillon von ähnlicher Höhe, der wie die Fundamente aus Trümmern der Reichskanzlei Hitlers errichtet wurde. Die Halle des Pavillons schmückt ein Mosaik mit einer Inschrift in deutscher und russischer Sprache.

Weinende Mutter

Den Treptower Park betritt man durch einen Triumphbogen, an dessen Seiten Skulpturen von knienden Sowjetsoldaten postiert sind. Die Inschrift darauf erklärt den Sinn der ganzen Anlage, die nicht nur den Sieg über Hitlers Wehrmacht feiern soll, sondern vor allem dem Gedenken der dabei „für Freiheit und Unabhängigkeit ihrer sozialistischen Heimat" gefallenen Helden. Von den beim Kampf um die Reichshauptstadt umgekommenen über 20 000 Rotarmisten liegen etwa 5000 hier auf dem Gelände, das damit zugleich als großer Soldatenfriedhof dient. Nach Passieren des Triumphbogen steht der Besucher zunächst vor einer Frauen-Statue, die „Mutter Heimat" darstellt, die um ihre vor dem Feind gebliebenen Söhne weint. Hinter ihr zieht das Hauptmonument, das mit Hügel, Gedenkhaus und Statue dreißig Meter aufragt, die Blicke auf sich.

Noch früher, eingeweiht schon im November 1945, entstand im Bezirk Tiergarten, also als Enklave im britischen Sektor Berlins unmittelbar vor dem Brandenburger Tor ein sowjetisches Ehrenmal. Auch hier bildet ein riesiger Rotarmist das Zentrum vor einer Pfeilerreihe mit Inschriften. Zwei T-34-Panzer und zwei Kanonen flankieren das Ensemble. Im Rasen hinter dem Bau ruhen etwa 2500 in Berlin gefallene sowjetische Soldaten.

Gesellschaft für Deutsch-Sowjetische Freundschaft

Den Russen hatten die Menschen in Mittel- und Ostdeutschland bei Kriegsende mit Bangen entgegen gesehen. Das lag an der antisowjetischen Propaganda im Dritten Reich und an den Gräueln der Soldaten der Roten Armee beim Einmarsch. Die Besatzungsmacht war daher um Imagepflege bemüht und ließ ihre Vertrauensleute dazu an die kommunistischen Traditionen der Weimarer Republik anknüpfen, in der es bereits einen „Bund der Freunde der Sowjetunion" gegeben hatte. Am 30.6.1947 entstand aus schon vorher gebildeten örtlichen Gruppen eine „Gesellschaft zum Studium der Kultur der Sowjetunion", die sich am 2.7.1949 in „Gesellschaft für Deutsch-Sowjetische Freundschaft" (DSF) umbenannte. Die enge Anlehnung der DDR an die UdSSR führte der DSF ständig neue Anhänger zu, so dass sie schließlich über sechs Millionen Mitglieder zählte. Sie organisierten sich in „Zirkeln zur Erlernung der russischen Sprache" oder „zur Auswertung der sowjetischen Erfahrungen", gaben eigene Periodika heraus (z.B. die Illustrierte „Freie Welt"), verfügten über mehrere Dutzend „Freundschaftshäuser" und organisierten Studienreisen in die UdSSR. Dort existierte seit 1958 als Pendant die „Sowjetische Gesellschaft für Freundschaft mit der DDR".

Die ausufernden Dimensionen und der sozialistisch-realistische Schwulst beschädigen eher die Absicht, die hinter der Errichtung des sowjetischen Ehrenmals in Berlin-Treptow stand. Nicht Dank für die Befreiung kommt auf, sondern Furcht, erdrückt zu werden.

Zwei deutsche Staaten

Gründung der Deutschen Demokratischen Republik (7.10.1949)

Zunächst hatte es Stalin darauf abgesehen, möglichst großen Einfluss auf Gesamtdeutschland zu gewinnen. Das stieß auf westlichen Widerstand und führte immer häufiger zu Differenzen im Alliierten Kontrollrat. Eine Weile noch hielt die gemeinsame Aburteilung der Kriegsverbrecher in Nürnberg die so unterschiedlichen Sieger zusammen, doch schon bei der Frage, wie man das eroberte Land vom Kostgänger zum Selbstversorger machen könne, gingen die Meinungen weit auseinander. Mit dem Zusammenschluss der britischen und der amerikanischen Zone zur Bizone (Juni 1947), die sich durch Hinzutritt der französischen am 8.4.1949 zur Trizone weitete, zeichnete sich die Bildung eines deutschen Weststaats ab.

Provisorische Volkskammer

Die sowjetische Antwort bestand in weiterer Abschottung der SBZ hinter einem „Eisernen Vorhang" und der Vorbereitung, auch sie in einen eigenen Staat unter Aufsicht Moskaus zu überführen. Nach Inkrafttreten des Grundgesetzes am 23.5.1949 in Westdeutschland folgte im Osten eine Woche später die Annahme der Verfassung einer „deutschen demokratischen Republik" durch den Volksrat. Nach der Wahl Adenauers zum ersten westdeutschen Kanzler konstituierte sich am 15.9.1949 die Bundesrepublik Deutschland. Drei Wochen danach erklärte sich am 7.10.1949 der Volksrat in Ostberlin zur provisorischen Volkskammer und wählte vier Tage später die erste Regierung der Deutschen Demokratischen Republik (DDR) unter Otto Grotewohl sowie Wilhelm Pieck zum ersten Präsidenten des neuen Staats. Die deutsche Zweistaatlichkeit war besiegelt.

Noch längst nicht im von den Sowjets gewünschten Maße erreicht war hingegen in der nunmehrigen DDR der gesellschaftliche Umbau. Trotz Verstaatlichung großer Teile der Industrie, trotz einer radikalen Bodenreform (siehe Kasten) durch die SMAD (nun Sowjetische Kontrollkommission [SKK]), trotz Neuordnung des Bildungswesens und der Justiz, trotz Einführung einer Zentralverwaltungswirtschaft (Planwirtschaft) trug die Verfassung des Landes noch bürgerlich-demokratische Züge, wenn auch die Praxis in vielem bereits davon abwich. So mussten sich CDU und LDPD dem SED-Diktat bei der Konstituierung des Staates beugen. Die von ihnen geforderten Wahlen zu einer regulären Volkskammer fanden erst im Folgejahr per Einheitsliste statt, als sich die SED in der aus allen Parteien gebildeten Nationalen Front die unbestrittene Führung gesichert hatte.

Bodenreform

Schon im Moskauer Exil machten sich Führer der KPD Gedanken darüber, wie Deutschland erneuert und wie eine gegen „faschistisches" Gedankengut gefeite Gesellschaft organisiert sein müsste. Für landwirtschaftliche Fragen war in diesem Kreis der einstige Komintern-Funktionär Edwin Hoernle zuständig. Nach seinen dem sowjetischen Muster nachgebildeten Richtlinien verfuhren SMAD und KPD nach Kriegsende in der SBZ. Die Besatzungsmacht sorgte schon im September 1945 dafür, dass in allen fünf Ländern ihrer Zone Verordnungen über eine „demokratische" Bodenreform erlassen wurden. Danach war der „feudal-junkerliche Großgrundbesitz über 100 Hektar mit allen Bauten, lebendem und totem Inventar und anderen landwirtschaftlichen Vermögen" sowie der Grundbesitz von „Kriegsverbrechern, Kriegsschuldigen, Naziführern und aktiven Verfechtern der Nazipartei" entschädigungslos zu enteignen und in Bodenfonds zu überführen zur Vergabe an Bauern, Landarbeiter und Umsiedler. Insgesamt war etwa ein Drittel der gesamten Wirtschaftsfläche der SBZ betroffen.

Erster Präsident der DDR wurde Wilhelm Pieck (1876–1960), der im sowjetischen Exil 1935 Vorsitzender der KPD geworden war und 1943 zu den Mitgründern des Nationalkomitees Freies Deutschland gehört hatte (Gemälde von Bert Heller, 1957).

Alles durchdringender Moloch

Anfänge der Stasi (8.2.1950)

Schon die sowjetische Besatzungsmacht richtete in ihrer Zone 1945/46 „Ämter für Information" ein, die Nachrichten über die Stimmung im Volk sammelten und andere Ämter überwachten. Die SED baute ihrerseits seit August 1946 einen Parteinachrichtendienst auf und rief die Deutsche Verwaltung des Innern (DVdI) ins Leben. Es folgte am 16.8.1947 durch Befehl 201 der SMAD die Einrichtung je eines „Kommissariats 5" bei den Polizeibehörden der Länder und Kreise, das als politische Polizei fungierte. Diese Kommissariate verfügten anfangs über 160 Mann Personal, das sich in nur zwei Jahren verfünfachte. Als letzte Vorstufe vor der Installierung eines übergreifenden Geheimdienstes wurde unter Leitung von Erich Mielke ein „Ausschuss zum Schutz des Volkseigentums" gebildet, der nach Gründung der DDR als „Hauptverwaltung" in Ministerium des Innern (MdI) integriert wurde.

Am 8.2.1950 entstand daraus unter dem Spanienkämpfer Wilhelm Zaisser das Ministerium für Staatssicherheit (MfS), später kurz „die Stasi" genannt. Weil Zaissers Behörde nicht beizeiten die vermeintlichen Pläne angeblicher Drahtzieher des Volksaufstands vom 17.6.1953 erkannte, wurde sie vorübergehend zum Staatssekretariat im MdI zurückgestuft, 1955 aber wieder zum Ministerium unter Ernst Wollweber aufgewertet. Er konnte aber in seiner kurzen Amtszeit nicht viel bewegen, geriet mit Ulbricht in Konflikt, wurde als „Abweichler" geächtet und im Februar 1958 aus dem ZK der SED ausgeschlossen. Als Minister hatte er schon im Jahr zuvor dem beflissenen Mielke weichen müssen. Erst Mielke machte die Stasi in den folgenden Jahren zu einem alle Poren des Staatsapparates und des Volkes durchdringenden Überwachungsmoloch.

Keine Rechtsmittel

Gesteuert von der Zentrale im Ostberliner Stadtteil Lichtenberg, infiltrierten 15 Bezirksverwaltungen und 200 Kreisdienststellen alle gesellschaftlichen Gruppen – insbesondere die Kirchen –, warben Kinder zur Ausforschung der Eltern an und umgekehrt, platzierten „Wanzen" und geheime Kameras, zapften Telefone an, öffneten Briefe, beschäftigten ein Heer von Spitzeln. Offizielles Ziel: „Zersetzung der feindlich-negativen Kräfte." In hartnäckigen Fällen griff die Stasi zu direktem Terror: gesellschaftliche Isolierung, Berufsverbot, Konfiszierung von Postsendungen, Verurteilung wegen „staatsfeindlicher Hetze" (siehe Kasten), Ausbürgerung; Rechtsmittel dagegen gab es nicht. Grenzüberschreitend arbeitete die „Hauptabteilung Aufklärung" (HVA), die Agenten in der Bundesrepublik in Schlüsselstellungen von Wirtschaft und Politik einzuschleusen bemüht war.

Staatsfeindliche Hetze

Angriffe oder Aufwiegelung gegen die sozialistische Staats- und Gesellschaftsordnung durch Einführen, Herstellen oder Verbreiten von entsprechenden Schriften oder Symbolen, das Androhen von Verbrechen gegen den Staat und die Anstiftung zum Widerstand gegen ihn war nach § 106 des Strafgesetzbuches der DDR als „staatsfeindliche Hetze" strafbar. Ursprünglich als „Boykotthetze" bezeichnet, war die Einstufung von Äußerungen und Handlungen nach diesem Tatbestand Sache der Gerichte, die dabei einen weiten Interpretationsspielraum hatten. Wegen „staatsfeindlicher Hetze" wurde zudem verfolgt, „wer Repräsentanten oder andere Bürger der DDR wegen deren staatlicher oder gesellschaftlicher Tätigkeit" oder „die Freundschafts- und Bündnisbeziehungen der DDR diskriminiert" oder „den Faschismus oder Militarismus verherrlicht". Auch das war eine nach Bedarf dehnbare Bestimmung, die viele Dissidenten und kritische Intellektuelle bis zu fünf Jahre hinter Gitter brachte.

Ihren Kampf gegen „subversive Kräfte" und „feindliche Agenten", was immer man sich darunter vorzustellen hatte, feierte das MfS mit Ausstellungen. Über die Bespitzelung der eigenen Bevölkerung erfuhr man darin nichts (Plakat von 1957).

Schwierige Grenze

Görlitzer Abkommen zwischen der DDR und Polen (6.7.1950)

Selbst unter den aus Moskau zurückkehrenden kommunistischen Emigranten gab es nach Kriegsende nicht wenige, die sich gegen eine Anerkennung der Westverschiebung Polens zu Lasten Deutschlands wehrten. Zwar machte man amtlich mit bei der als „Umsiedlung" beschönigten Vertreibung der deutschen Bevölkerung aus den Ostgebieten, doch betonte manche Verlautbarung auch, dass die Unterstellung dieser Gebiete unter polnische und sowjetische Verwaltung im Potsdamer Abkommen vom 2.8.1945 ausdrücklich „vorbehaltlich einer endgültigen friedensvertraglichen Regelung" erfolgt sei. Da die Sowjetunion aber von der Verschiebung profitiert und sich die ehemals ostpolnischen Gebiete ihrerseits angegliedert hatte, wollte sie eine deutsche Zustimmung schon zur Beruhigung der polnischen Neusiedler in den bisher preußischen Provinzen.

Eigenmächtige Einverleibung

Sie konnte natürlich nur ihr Mündel, die 1949 gegründete DDR, zu einer Anerkennung bewegen. Bereits seit 1947 hieß die Oder-Neiße-Linie im amtlichen Schriftverkehr der SBZ „Friedensgrenze". Und schon wenige Tage nach der Staatsgründung kam es am 18.10.1949 zur Aufnahme diplomatischer Beziehungen zwischen Warschau und Ostberlin. Im Folgejahr erklärte Ulbricht am 6.6. in Warschau für die DDR die Endgültigkeit der Westgrenze Polens, und genau einen Monat später unterschieben in Zgorzelec, dem nunmehr polnischen Teil der Stadt Görlitz, die Ministerpräsidenten Grotewohl und Cyrankiewicz ein entsprechendes Anerkennungs-Abkommen. Der Friedensvertragsvorbehalt von Potsdam blieb unerwähnt, auch die eigenmächtig von Polen vorgenommene Einverleibung der Gebiete um Stettin und Swinemünde sowie die Teilung mehrerer Grenzorte wie Frankfurt/Oder, Guben oder Küstrin wurden stillschweigend von der ostdeutschen Seite akzeptiert.

Aus dem Westen kam hingegen einhelliger Protest. Die Bundesregierung in Bonn nannte den Vertrag „null und nichtig". Wegen dieser westlichen Ablehnung wurden die Polen in den ehemals deutschen Gebieten nur sehr zögernd heimisch. Und auch mit der DDR kam es immer wieder zu Problemen, weil polnische Grenzgänger Versorgungsprobleme in der DDR durch Käufe verschärften oder weil die SED-Führung das Übergreifen von Unruhen im Nachbarland etwa 1956 oder 1980 (Solidarność-Krise) befürchtete; zeitweilig wurde die Grenze sogar geschlossen. Beruhigung brachten erst die Gewaltverzichtsverträge der westdeutschen Regierung Brandt mit Moskau und Warschau 1970. Endgültig als Westgrenze Polens wurde die Oder-Neiße-Linie im Grenzvertrag zwischen Polen und dem wiedervereinigten Deutschland am 14.11.1990 akzeptiert.

Rat für gegenseitige Wirtschaftshilfe

Die wirtschaftlichen Erfolge der westlichen Staaten aufgrund des Marshall-Plans ließen in Moskau Wünsche nach besserer Koordination der von der UdSSR abhängigen Volkswirtschaften und ihrer planwirtschaftlichen Ausrichtung entstehen. Am 25.1.1949 gründeten daher die Sowjetunion und vier weitere Ostblockstaaten einen Council for Mutual Economic Assistance (Rat für gegenseitige Wirtschaftshilfe, RGW), kurz Comecon genannt, dem am 29.9.1950 auch die DDR beitrat. Er wurde ganz nach den Bedürfnissen der UdSSR ausgerichtet, die gegen Rohstofflieferungen Industriegüter bezog. Wegen der schwierigen Währungslage wurde ein System des zweiseitigen Handels entwickelt, das auf Tauschbasis funktionierte, aber unflexibel blieb, so dass die hochgesteckten wirtschaftlichen Ziele nie erreicht wurden. Das lag auch am Zwang zur Einstimmigkeit in den Gremien des Comecon, was einem Vetorecht der Mitgliedsländer gleichkam.

Der wirtschaftliche Optimismus, den Plakate wie dieses zur polnisch-sowjetisch-ostdeutschen Zusammenarbeit bei Kohle und Stahl aus dem Jahr 1952 ausstrahlen sollten, verlor wegen nur schleppender Erfolge schnell an Glaubwürdigkeit.

Sozialistisches Staatsbewusstsein

Erste Volkskammerwahl (15.10.1950)

Ein Jahr nach Gründung der DDR kam es am 15.10.1950 zur ersten regulären Wahl der Volkskammer. Sie wurde nach einer Einheitsliste gewählt. Die Wähler konnten also weder über die Stärke einzelner Parteien in der Volksvertretung bestimmen, noch hatten sie Einfluss auf deren personelle Zusammensetzung. Die Stärke der Parteien spielte allerdings auch insofern keine Rolle, als sie alle und auch Massenorganisationen wie FDJ oder FDGB in der Nationalen Front zusammengeschlossen waren, in der die SED allein die politischen Entscheidungen traf. Was die Personen anging, so hatten die Wähler nur die Möglichkeit die Einheitsliste insgesamt abzulehnen oder sie komplett abzunicken. Ablehnung empfahl sich freilich nicht, weil die Wahlen nach der Verfassung zwar geheim sein sollten, sich aber rasch ein Trend zu offener Stimmabgabe durchsetzte. Wer auf geheimer Wahl bestand, geriet in Verdacht, dem „Aufbauwerk der Partei" skeptisch, wenn nicht feindlich gegenüber zu stehen. 99-Prozent-Ergebnisse für die Einheitsliste waren damit programmiert.

Für Wahlkämpfe kein Anlass

Warum dann überhaupt gewählt wurde? Wer so fragt, verkennt, dass es bei „sozialistischen" Wahlen nicht um Alternativen, sondern um Mobilisierung ging. Nach dem Selbstverständnis kommunistischer Parteien, und nichts anderes war die SED, versammeln sie in Gestalt ihrer Mandatsträger und Funktionäre die Avantgarde des Proletariats. Dessen Interessen wollte die SED als revolutionäre Partei beim langen Weg in die klassenlose Gesellschaft vertreten und durchsetzen. Wahlkämpfe hatten in diesem Konzept der angeblichen Diktatur des Proletariats, in Wirklichkeit einer Partei (in Form eines Blocks formal mehrerer Parteien) über das ganze Volk, keinen Platz. Die zunächst alle vier (später fünf) Jahre stattfindenden Wahlen sollten vielmehr die Menschen „bewegen" und „das sozialistische Staatsbewusstsein von Millionen Bürgern manifestieren".

Wie viele Abgeordnete welche Parteien und Organisationen in die Volkskammer entsenden würden, stand schon vorher fest: Bei insgesamt 466 Sitzen entfielen auf Delegierte der Berliner Stadtverordnetenversammlung 66, die übrigen 400 gingen zu 25 Prozent an die SED, die LDPD und die CDU bekamen je 15 Prozent, der FDGB zehn Prozent, die anderen verteilten sich nach genauem Schlüssel auf kleinere Parteien und Gruppierungen wie FDJ oder Kulturbund, die ebenfalls vornehmlich SED-Mitglieder in die Volkskammer entsandten. Die Staatspartei dominierte daher das Parlament noch stärker, als es auf den ersten Blick der Fall zu sein schien.

Fünfjahresplan

Planwirtschaftliche Elemente führte die SMAD schon in der SBZ ein. 1948 wurde ein Halbjahres- und 1949 ein Zweijahresplan aufgestellt. Erst 1951 wurde in der DDR nach sowjetischem Muster ein Fünfjahresplan konzipiert. In Zentralverwaltungswirtschaft musste alles, was an Gütern und Dienstleistungen produziert und an Konsumenten und Produzenten verteilt wurde, von der Staatlichen Planungskommission bestimmt und gesteuert werden. Diese „Kommandowirtschaft", verschärft durch das Monopol des Staates an den Produktionsmitteln, setzte voraus, dass private und öffentliche Bedürfnisse ermittelt und zentrale Produktions- und Verteilungspläne für bestimmte Zeiträume erstellt wurden. Das nur durch aufwändige Bürokratie praktizierbare Verfahren konnte auf kurzfristige Schwankungen (etwa von Preisen oder Bedarf) nicht reagieren, produzierte ineffektiv und teuer, war innovationsfeindlich und verfehlte oft die Bedürfnisse der Konsumenten.

Natürlich ging es auch in der DDR wirtschaftlich aufwärts, wegen der bürokratischen Hürden aber quälend langsam. Gerade der gepriesene Plan streute Sand ins ökonomische Getriebe (Plakat von 1952).

Gemischte Gefühle

Verbot der FDJ in der Bundesrepublik (26.6.1951)

Die unter Erich Honecker 1946 gegründete Freie Deutsche Jugend (FDJ) bildete auch in den Westzonen Ortsgruppen und regionale Verbände; die Mehrheit der Mitglieder (1949 etwa 30 000) gehörte der KPD an. Nach Gründung der Bundesrepublik konnte die FDJ, wenn auch überwacht und schikaniert, weiterarbeiten. Allerdings betrachtete man sie mit wachsender Abhängigkeit ihrer DDR-Mutterorganisation von der SED als feindliche „fünfte Kolonne" und unterdrückte ihre Aktivitäten mit allen rechtlichen und behördlichen Mitteln. Das machte sie aber fast noch stärker, denn sie entdeckte ein Thema für sich, das die westdeutsche Gesellschaft zutiefst aufwühlte. Nur wenige Jahre nach Ende des großen Sterbens im Zweiten Weltkrieg wurden Überlegungen publik, wieder deutsche Streitkräfte aufzustellen. Dagegen machte die FDJ zusammen mit vielen anderen Verbänden und Einzelkämpfern etwa aus Kirchen und Gewerkschaften mobil.

„Ami go home!"

Obwohl in der DDR zur gleichen Zeit durchaus ähnliche Pläne reiften und bewaffnete Einheiten bereits bestanden, fand die FDJ im Westen weite Resonanz. Die Wiederbewaffnung schied die Geister bis hinein in die Regierung Adenauer. Auf dem Hintergrund aber des seit 1950 tobenden Korea-Krieges überwog schließlich doch die Angst, an der Nahtstelle der politischen Blöcke in ähnliche Gefahr zu geraten wie die Koreaner. Die von der FDJ bevorzugt plakatierte Parole „Ami go home!" sah die Mehrheit eher mit gemischten Gefühlen. Die scheußlichen Nachrichten über die ersten Besatzungsjahre in der SBZ und die Berichte der über die Grenze der Ostzone nach Westen strömenden Flüchtlinge ließen nichts Gutes ahnen für den Fall, dass sich der kommunistische Einfluss in einem von der FDJ propagierten geeinten Deutschland verstärkte. Insofern blieb es relativ ruhig, als die FDJ am 26.6.1951 bundesweit verboten wurde. Es kam zwar zu einigen Demonstrationen, doch die Organisation verkümmerte bald.

Dazu trug nicht nur der behördliche Druck bei, sondern auch die sich immer weiter öffnende Wohlstandsschere zwischen den beiden deutschen Staaten. Der Reiz verblasste zudem durch die nur mäßigen Erfolge der FDJ in der DDR mit Programmen wie die „Jugendobjekte" (Arbeitsvorhaben im Bauwesen oder in der Landwirtschaft) oder die „Messen der Meister von Morgen (MMM)" oder mit Aktionen wie „Jugend auf die Traktoren!", „Hugo Leichtsinn" (Fahndung nach fahrlässig handelnden Verkehrsteilnehmern) oder „stärkster Lehrling". Nur auf den Gebieten Sport und Freizeit bot die FDJ Attraktives, wobei der Mitmachdruck jedoch nicht selten Widerstand provozierte.

Deutschlandtreffen der Jugend

Trotz des Kalten Krieges zwischen Ost und West blieb der Wunsch der Deutschen nach Wiedervereinigung ein starker Impuls. Nicht wenige kritisierten an Adenauers Westpolitik, dass sie die Einheit aufs Spiel setzte. Insofern waren die von der FDJ veranstalteten Deutschlandtreffen der Jugend auch im Westen anfangs nicht unpopulär. Vor allem 1950 beim ersten dieser Treffen fuhren viele nach Ostberlin und ließen sich in das FDJ-Ritual stundenlanger Vorbeimärsche mit Spruchbändern und Fahnen einbinden. 1954 fiel die Beteiligung von westdeutschen Jugendlichen angesichts des erst vor kurzem niedergeschlagenen Volksaufstands in der DDR schon magerer aus. Und 1964 kamen nur noch kleine und kleinste Gruppen, weil der Schock des Mauerbaus von 1961 tief saß und die meisten abschreckte. Die FDJ verzichtete in der Folgezeit auf weitere Deutschlandtreffen.

Trotz des manchmal aufdringlichen Aktivisten-Pathos war die „Junge Welt", das Organ der FDJ, bei der Jugend beliebt wegen der unterhaltsamen Themenmischung. Das Blatt war die auflagenstärkste Tageszeitung der DDR (ein Titelbild von 1952).

Falle oder Chance?

Stalins Deutschlandnote (10.3.1952)

Es war der UdSSR zu Beginn der 1950er Jahre nicht verborgen geblieben, dass die Einbeziehung der Bundesrepublik in das westliche Verteidigungsbündnis unmittelbar bevorstand. Mit einer Note vom 10.3.1952 versuchte daher der sowjetische Diktator Stalin, die Entwicklung durch ein Angebot zu Friedensverhandlungen der Sieger mit einem wiedervereinigten Deutschland aufzuhalten. Nach seinen Vorstellungen sollte die Wiedervereinigung verbunden sein mit dem Abzug aller Besatzungstruppen binnen Jahresfrist, der Garantie der demokratischen Freiheiten und der Grundrechte, dem Verbot friedensfeindlicher und antidemokratischer Organisationen, der Grenzziehung wie im Potsdamer Abkommen „festgelegt", dem Aufbau nationaler Streitkräfte zur Landesverteidigung und der Aufnahme Deutschlands in die Vereinten Nationen. Ein solches Deutschland sollte strikt neutral sein, was Verzicht auf Bündnisse jedweder Art bedeutet hätte. Ein Eingehen auf das sowjetische Angebot hätte die Westintegration der Bundesrepublik daher ebenso unmöglich gemacht wie die Einbindung des Landes in die sich abzeichnende Einigung Europas. Dieser Preis war Adenauer zu hoch, und auch die Westmächte zogen ein mit ihnen verbündetes Deutschland einem neuen größeren, bewaffneten Gesamtdeutschland im Herzen Europas vor. Vor allem für Frankreich wäre das ein Albtraum gewesen. Dennoch stellte die Antwortnote der Westalliierten vom 25.3.1952 keine pauschale Zurückweisung dar, sondern formulierte ihrerseits Forderungen an einen solchen Prozess. Vor allem wollten sie zuvor die Bildung einer gesamtdeutschen Regierung durch freie Wahlen, damit in den Friedensvertragsverhandlungen der deutsche Part besetzt sein würde. Betont wurde zudem, dass die Potsdamer Grenzziehungen vorbehaltlich eben solcher Verhandlungen getroffen und keineswegs bereits festgelegt seien. Auch müsse ein künftiger deutscher Staat an friedlichem („defensivem") Zusammenwachsen Europas teilnehmen dürfen.

Kasernierte Volkspolizei

Während in Westdeutschland die Wiederbewaffnung breit debattiert wurde, begann in der SBZ schon 1948 der Aufbau von bewaffneten Einheiten auf Befehl der SMAD: 40 „Bereitschaften" rückten je 250 Mann stark in Kasernen ein und wurden der Deutschen Verwaltung des Innern (DVdI) als Grenzpolizei unterstellt. Aus ihr entstand 1949 das Ministerium des Innern (MdI) der DDR. Dessen Chef Willi Stoph befahl am 1.7.1952 die Aufstellung einer Kasernierten Volkspolizei (KVP), eine Tarnbezeichnung, mit der die beabsichtigte massive Aufrüstung als polizeiliche Maßnahme bemäntelt werden sollte. Schon am Jahresende verfügte die DDR über 90 000 Mann KVP zu Lande und wachsender Einheiten der Volkspolizei-See und Volkspolizei-Luft. Ausgerüstet wurden die Truppe mit sowjetischem Kriegsmaterial und uniformiert nach dem Vorbild der Roten Armee.

Keine internationalen Kontrollen

In einer Folgenote vom 9.4. erklärte sich Stalin daher ausdrücklich mit freien Wahlen einverstanden, allerdings erst nach Bildung einer gesamtdeutschen Regierung, die mithin nicht demokratisch legitimiert gewesen wäre; eine internationale Kontrolle der Wahlen lehnte er ab. Und er bestand auf der Oder-Neiße-Linie als Westgrenze Polens, wollte also ein wesentliches Verhandlungsergebnis vorweg zugestanden bekommen. Das ließ den Ost-West-Dialog über eine Vereinigung Deutschlands nach weiterem Notenwechsel schließlich versickern. Bis heute sind die Debatten nicht verstummt, ob hier frühe Chancen zur Gewinnung der deutschen Einheit verschenkt und die Ostdeutschen fahrlässig jahrzehntelanger SED-Tyrannei ausgeliefert wurden.

„Komm, lass Dich auch neutralisieren!" schnurrt Kater Stalin und lockt die Maus Deutschland in die Falle. „Welt"-Karikaturist Mirko Szewczuk (1919–1957) nahm mit dieser Zeichnung die sowjetische Note vom März 1952 aufs kritische Korn.

Trauer um einen Despoten

Tod Stalins (5.3.1953)

Am späten Abend des 5.3.1953 erschütterte eine Nachricht die ganze Welt, wenn auch in höchst unterschiedlicher Weise: Der „rote Zar" Stalin war um 21.50 Uhr in seiner Datscha bei Moskau an den Folgen einer drei Tage zuvor erlittenen Gehirnblutung gestorben. In seinem Reich setzte sogleich ein Machtkampf um die Nachfolge in den verschiedenen Funktionen ein. Im Westen fürchtete man um die politische Stabilität des von Stalin „stählern" (so die Übersetzung seines Namens) zusammengehaltenen Ostblocks und machte sich Sorgen über den Sog des entstandenen Machtvakuums. Und in der DDR herrschte blanke Ratlosigkeit und bei einigen auch tiefe Trauer. Manche sahen im Massenmörder, den seine Propaganda zum „Väterchen Stalin" stilisiert hatte, in erster Linie den Befreier vom „Faschismus", wie der viel entsetzlichere Hitlerismus in der kommunistischen Doktrin irreführenderweise genannt wurde. Der ostdeutsche Dichter Stephan Hermlin fasste die Trauer so zusammen: „Die Welt ist verwaist."

Den USA ebenbürtig

Das traf für die kommunistische im Guten wie im Bösen zu, denn nun wies kein Übervater mehr den Weg, und nun fehlte die eiserne Hand, die mit Furcht und Schrecken die zentrifugalen Kräfte bündelte. In atemberaubendem Tempo unter Millionen Opfern hatte der seit 1929 unumschränkt herrschende Despot sein Land ins Industriezeitalter katapultiert und ihm im „Großen Vaterländischen Krieg" die Stellung einer Weltmacht errungen. Er agierte mit den USA ebenbürtig auf der politischen Weltbühne und hatte Großbritannien und Frankreich in die zweite Reihe verwiesen. Die bange Frage war, ob der nun fällige Machtwechsel einigermaßen konfliktarm und ohne große Störungen des internationalen Gleichgewichts vonstatten gehen würde.

Die neuen Herren im Kreml, allen voran der am 14.3. zum 1. Sekretär der KPdSU gewählte Nikita Chruschtschow und der Vorsitzende des Ministerrats (Regierungschef) Georgi Malenkow, propagierten einen „Neuen Kurs". Das bedeutete keine grundsätzliche Abkehr von der bisherigen Politik, sondern nur eine flexiblere Behandlung der anstehenden Probleme und eine Mäßigung beim Tempo etwa der Sowjetisierung der DDR. Davon mochten die Ostberliner SED-Führer zunächst wenig wissen und bequemten sich erst auf direkte Weisung aus Moskau vom 15.4. zu einer Anpassung an deren „Neuen Kurs". Am 9.6. räumte SED-Generalsekretär Ulbricht „Fehler" ein und weckte so Hoffnungen auf eine Liberalisierung, und vor allem auf Änderung des Ministerrats-Beschlusses vom 28.5., die Arbeitsnormen deutlich heraufzusetzen.

Bezirke

Beim Aufbau des Sozialismus ging die DDR nach dem Prinzip des „demokratischen Zentralismus" vor, der alles von oben nach unten durchregelte. Die föderale Verfassung Deutschlands passte dazu nicht. Mit „Gesetz über die weitere Demokratisierung des Aufbaus und der Arbeitsweise der staatliche Organe" vom 23.7.1952 traten daher Bezirke an die Stelle der alten Länder. Zum einen erschienen die Landesverwaltungen als Bastionen bürgerlichen Denkens, zum anderen wollte man zur Durchsetzung des gesellschaftlichen Umbaus einen höheren Grad der Zentralisierung erreichen. Aus den fünf Ländern wurden die 14 Bezirke Chemnitz (seit 1953 Karl-Marx-Stadt), Cottbus, Dresden, Erfurt, Frankfurt/Oder, Gera, Halle, Leipzig, Magdeburg, Neubrandenburg, Potsdam, Rostock, Schwerin und Suhl; Ostberlin wurde trotz des alliierten Sonderstatus für Berlin 15. Bezirk. Die Bezirke blieben in Kreise eingeteilt, die allerdings unter Verkleinerung von 132 auf 217 vermehrt wurden.

Auch Henker sterben – der im Kolonnensaal des Moskauer Gewerkschaftshauses aufgebahrte Leichnam Stalins. Später kam er ins Mausoleum am Roten Platz. Dort lag er bis 1961 neben dem einbalsamierten Lenin. Dann wurde Stalins Sarg entfernt und an der Kremlmauer beigesetzt.

„Bauernbefreiung" auf sozialistisch

Kollektivierung der Landwirtschaft (seit 1952)

Mit Beschluss der II. Parteikonferenz der SED Anfang Juli 1952, in der DDR mit dem konsequenten Aufbau des Sozialismus zu beginnen, erging an die Bauern die Forderung, sich zu Landwirtschaftlichen Produktionsgenossenschaften (LPG) zusammenzuschließen. Am Jahresende gab es schon fast 2000 LPG mit 37 000 Mitgliedern. Hierbei handelte es sich zunächst nur um den Typ I, in den die Genossen, meist Neubauern nach der Bodenreform in der SBZ mit zu kleinen Betrieben, nur die landwirtschaftliche Nutzfläche einbrachten, Gerät und Vieh aber in Privatbesitz behielten. Ein Typ II mit weitergehender Vergesellschaftung auch der Maschinen, des Grünlands und des Waldes fand wenig Anklang, und der Typ III, bei dem nur noch die häusliche Haus- und Gartenwirtschaft privat blieb, musste erst mit erheblichem Druck durchgesetzt werden. Von der Propaganda wurde die LPG-Bewegung in Pervertierung des Begriffs als „Bauernbefreiung" gefeiert.

Schwere Umweltprobleme

Zu Zwangsmaßnahmen kam es vor allem in den Jahren nach 1958, als mit einer Mischung von Agitation und Drohung die letzten, meist größeren Privatbetriebe in die Kollektivierung einbezogen wurden; am 31.5.1960 waren über 80 Prozent der landwirtschaftlich genutzten Flächen in LPG-Hand; 380 000 Genossenschaftsbauern standen nun nur noch 19 000 privat wirtschaftende gegenüber. Die weitere Entwicklung war durch Vorgaben der Agrarpolitik geprägt, einen möglichst hohen Selbstversorgungsgrad zu erreichen. Das zwang zu weiterer Konzentration durch Zusammenlegung, zu Spezialisierung und Rationalisierung. Güter mit riesigen Flächen entstanden, die als LPG-P auf Anbau von Nutzpflanzen oder als LPG-T auf Tierproduktion spezialisiert waren. Mit Chemikalieneinsatz und den Folgen der Massentierhaltung handelte sich die DDR schwere Umweltprobleme ein.

Die Ergebnisse stiegen ständig, freilich ohne dass je „West-Niveau" auch nur annähernd erreicht wurde. Die Bauern der LPG aber hatten immerhin geregelte Arbeitszeiten und den üblichen Jahresurlaub. Eine ähnliche Entwicklung wie in der Landwirtschaft vollzog sich im Handwerk; hier wurden Produktionsgenossenschaften des Handwerks (PGH) gebildet, deren Zahl bis 1960 auf 3878 anstieg (34,3 Prozent des gesamten Leistungsumfangs des Handwerks). In einer ersten Stufe arbeiteten die Handwerker weiter mit eigenem, der PGH zur Verfügung gestelltem Werkzeug, später ging das Eigentum daran durch Verkauf an die PGH über.

Deutscher Fernsehfunk (DFF)

Am 21.12.1952, dem 73. Geburtstag Stalins, nahm in Berlin-Adlershof der schon länger vorbereitete Deutsche Fernsehfunk (DFF) den Sendebetrieb auf. Zwar gab es erst 57 Empfangsgeräte im ganzen Land, doch wuchs die Zahl sehr schnell. In der DDR waren Hörfunk und Fernsehen wichtige staatlich zentral gelenkte Instrumente der Propaganda: „Millionen von Menschen", hieß es parteiamtlich, könnten diese Medien „mit dem Marxismus-Leninismus vertraut machen" und als „Stimme des Sozialismus" sogar über die Landesgrenzen hinauswirken. Das aber gerade gelang kaum wegen der meist zu einfältigen Programme und der aufdringlichen Indoktrination, wohingegen westdeutsche Fernsehsender sich in der DDR großer Beliebtheit erfreuten; sie konnten von 80 Prozent der Haushalte empfangen werden. Versuche der SED, mit Störsendern, Drohungen, FDJ-Aktionen (Verdrehen von nach Westen gerichteten Antennen) den Konsum von West-Fernsehen einzudämmen, scheiterten allesamt. Die bloße Wirkung der schönen Bilder hatte wesentlichen Anteil am falschen Westbild vieler DDR-Bürger.

Mit der Parole des Plakats hatte die SMAD in ihrer Besatzungszone die Bodenreform „verkauft". Sie wurde weithin begrüßt, doch die Verteilung der Flächen an zu viele Anspruchsberechtigte führte zu unwirtschaftlichen Hofgrößen. Von den LPGs erhofften sich viele Neusiedler daher eine Besserung ihrer Lage.

Panzer gegen Werktätige

Arbeiter- und Volksaufstand (17.6.1953)

„Fehler" hatte Ulbricht am 9.6.1953 eingeräumt. Doch was waren die Konsequenzen? Bahnfahren wurde plötzlich billiger, die Preise für Zuckerwaren sanken, und das Regime versprach die Überprüfung von Urteilen gegen „Politische". Und was war mit den am 28.5. um zehn Prozent erhöhten Arbeitsnormen? Darüber schwieg man sich aus. Erst am 16.6. erfuhren die Arbeiter aus der Gewerkschaftszeitung „Tribüne", dass sich an den Normen nichts ändern werde, weil ein besseres Leben, wie es alle wollten, nur durch Steigerung der Produktivität zu erreichen sei.

Marsch der 6000

Die Bauarbeiten an der künftigen Ostberliner Prachtstraße Stalinallee stockten am 16.6. plötzlich. Die Maurer und Zimmerleute diskutierten erregt und beschlossen, die Arbeit niederzulegen und zum Haus der Ministerien zu ziehen, wo sich allerdings kein Verantwortlicher zeigte. Um 17 Uhr verlas der Rundfunk im amerikanischen Sektor (RIAS) die Resolution einer Arbeiterdelegation, wonach sie Rücknahme der Normerhöhung und nun zusätzlich freie Wahlen forderten. Aus vielen Stadtteilen Berlins machten sich am 17.6. Demonstrationszüge auf, um sich mit den Kollegen von der Stalinallee zu solidarisieren. Sogar aus dem 27 Kilometer entfernten Henningsdorf kam ein Zug von 6000 empörten Werktätigen. Die Bevölkerung verköstigte die Marschierer.
In Treptow rollten nun die ersten sowjetischen Panzer, die zwanzig Divisionen der Roten Armee in der Stadt wurden in Alarmbereitschaft versetzt. Am Vormittag funktionierten nur noch die öffentlichen Verkehrsmittel, sonst wurde flächendeckend gestreikt, auch im Umland und schließlich landesweit. Taten folgten: Sowjetsterne und Denkmäler barsten unter Hammerattacken von Demonstranten, Gefängnisse hielten dem Sturm der wütenden Massen vielerorts nicht mehr stand, rote Fahnen gingen in Flammen auf. Erste Tote auf beiden Seiten waren zu beklagen.
Doch es fehlte ein Konzept. Der Zorn entlud sich ziellos, keine Spur von gesteuerten Aktionen, die von der geschockten Staatsführung unterstellt wurde. Und so zerfaserte der Protest, als die Sowjets ernst machten. Um 13 Uhr verhängte Stadtkommandant General Dibrowa den Ausnahmezustand. Menschenansammlungen über drei Personen wurden verboten. Panzer rollten in größere Gruppen, Volkspolizei und Rote Armee schossen wahllos mit Maschinenwaffen in die Menge, wenn sie sich nicht sofort zerstreuen wollte. Die DDR bezifferte später die Zahl der Opfer unter den Demonstranten mit 19. Faktor zehn dürfte realistischer sein. Hinzu kamen Todesurteile (21 vollstreckt) und 1386 langjährige Freiheitsstrafen. Ruhe kehrte wieder ein, Friedhofsruhe.

Stalinallee

Das Nützliche mit dem Repräsentativen wollte man verbinden, hieß es im „Neuen Deutschland" vom 15.11.1951 in einem Bericht über die Wiederaufbaupläne für Berlin. Als erstes mussten die Trümmerberge beseitigt werden, die immer noch das Stadtbild prägten. Mit aufwändigen Kampagnen gewann man „freiwillige Aufbauhelfer", die das fortsetzten, was die Trümmerfrauen nach dem Krieg begonnen hatten. Den Architektenwettbewerb für den ersten Bauabschnitt der künftigen Stalinallee zwischen Frankfurter Tor und Strausberger Platz im Westen gewann Hermann Henselmann. Zuerst entstanden seit Frühjahr 1952 bis zu 13 Stockwerke hohe Häuserblocks zu beiden Seiten der als Prachtboulevard angelegten Straße mit Wohnungen und Läden. Die dort eingesetzten Arbeiter waren handverlesen und galten als vorbildlich. Um so tiefer saß der Schock in der Staatspartei, dass ausgerechnet von ihnen die Rebellion ausgegangen war, die zum Flächenbrand wurde.

Mit Steinen gegen Stahl. Den ungleichen Kampf zwischen Panzern und Demonstranten am Potsdamer Platz hielt der Fotograf auf diesem Bild fest, das um die Welt ging und vom Mut der Verzweiflung kündete.

Opfer und/oder Täter?

Verschwinden von Verfassungsschutzchef John (20.7.1954)

Teilnehmer an der Gedenkfeier in der Berliner Christuskirche für die Widerstandskämpfer des 20. Juli, die vor zehn Jahren Hitler hatten stürzen wollen, berichteten, Otto John, seit 1950 Präsident des Bundesamtes für Verfassungsschutz, sei ungewohnt nervös gewesen. Doch Sorgen machten sich nur wenige, als der hochrangige bundesdeutsche Beamte danach plötzlich spurlos verschwand. Geheimdienstler sind lichtscheu, selbst solche Spitzenleute. Der Schock kam drei Tage später am 23.7.1954, als sich John über den Ostberliner Rundfunk meldete und seinen Landsleuten mitteilte, er habe freiwillig die Seiten gewechselt, weil er es nicht habe ertragen können, dass in der Bundesrepublik wieder alte Nazis in hohe und höchste Ämter aufrückten, womit er offenbar auf Staatssekretär Globke im Kanzleramt zielte, einen NS-Juristen. Als Hitlergegner und Bruder eines damals hingerichteten Verschwörers wolle er, John, vor einer Renazifizierung warnen und ebenso vor der Politik seines bisherigen obersten Vorgesetzten Adenauer, der die Wiedervereinigung des Vaterlandes systematisch hintertreibe.

Erneuter Frontwechsel

Die Spekulationswogen gingen hoch. Dass John die Wahrheit gesagt haben könnte, hielten fast alle für ausgeschlossen. Aber was war dann geschehen? Hatten ihn DDR- oder KGB-Agenten gekidnappt und einer Gehirnwäsche unterzogen? War er schon vorher östlicher Agent gewesen und nun vor der Enttarnung geflohen? Hatte er sich kaufen lassen oder stand er unter Todesdrohung? Man schwankte zwischen der Verurteilung Johns als Verräter und der Opfer-Theorie. Dabei wäre es wohl geblieben, wenn der rätselhafte Frontwechsler diesem Ruf am 12.12.1955 nicht erneut gerecht geworden wäre: John tauchte wieder in der Bundesrepublik auf und behauptete, er sei vom Arzt Dr. Wohlgemuth, offenbar einem Sowjet-Agenten, betäubt und nach Ost-Berlin verschleppt worden. Er sei nach dem Erwachen auf die Idee gekommen, sich zum Schein anwerben zu lassen und bei erster Gelegenheit wieder zu fliehen. So seien seine öffentlichen Äußerungen zu verstehen.

Zensur

In der DDR etablierte sich bereits im Herbst 1949 ein Zensursystem für alle Publikationen und Massenmedien, das im Wesentlichen fortan unverändert blieb. Bestandteile des Systems waren 1. Kaderpolitik: Besetzung der Entscheidungspositionen in den Kulturinstitutionen, Massenmedien, Verlagen, im Filmwesen usw. mit loyalen Anhängern der SED; 2. Medienpolitik: staatliche Lizenzpflicht und Veröffentlichungsgenehmigungen, Einfuhrbeschränkungen für Druckerzeugnisse aus dem Westen; 3. Selbstzensur der Medienschaffenden („Kritik und Selbstkritik"). Auch die Tätigkeit der ausländischen Korrespondenten in der DDR unterlag der Zensur. Das Außenministerium behielt sich die Akkreditierung vor und widerrief sie, wenn in unerwünschter Weise berichtet wurde.

Tiefer Fall

Überzeugen ließ sich davon kaum jemand, jedenfalls glaubten ihm die Richter des Bundesgerichtshofs nicht, die John Ende 1956 wegen Landesverrats zu vier Jahren Haft verurteilten, von denen er noch anderthalb Jahre absitzen musste. Seither kämpfte John um seine Rehabilitierung, bis zum Tod 1997 allerdings vergeblich, denn auch mit den in Moskau und Ostberlin aufgetauchten Akten ließ sich nicht einwandfrei klären, inwieweit John Opfer oder Täter war. Es spricht viel dafür, dass er auf eigene Faust aus echter Sorge gehandelt hatte und zum Gefangenen seiner Naivität wurde, als er erkennen musste, dass er von der östlichen Seite festgehalten und instrumentalisiert wurde.

Treffend illustrierte 1954 die Karikatur der „Hamburger Morgenpost“ die Lage Otto Johns zwischen den staatlichen und ideologischen Stühlen. In der DDR kam er nie richtig an, und im Westen galt er fortan als Landesverräter.

Sichern der sowjetischen Vorherrschaft

Gründung des Warschauer Pakts (14.5.1955)

Als Gegenstück zum Nordatlantikpakt (NATO) und als Reaktion der Aufnahme der Bundesrepublik in dieses Bündnis schlossen am 14.5.1955 Polen, Ungarn, die Tschechoslowakei, die DDR, Rumänien, Albanien und die Sowjetunion einen Vertrag über „Freundschaft, Zusammenarbeit und gegenseitigen Beistand", nach dem Ort der Unterzeichnung Warschauer Pakt genannt. Dort hatten die Partei- und Regierungschefs der genannten Staaten mehrere Tage konferiert und die Grundlagen des Vertrages formuliert. Er wurde auf 20 Jahre geschlossen (Verlängerung bei Nichtkündigung um jeweils zehn Jahre). Er ähnelte im Wortlaut dem der NATO, kodifizierte im Grunde aber nur, was ohnedies politische Realität im sowjetisch beherrschten Ostblock war: Moskau allein bestimmte Außen- und Sicherheitspolitik in Ost- und Südosteuropa.

Von Moskau gesteuert

Wie weit das ging, hatte sich schon vor Vertragsabschluss gezeigt, als sowjetische Panzer den Volksaufstand vom 17.6.1953 in der DDR niederwalzten. Und es zeigte sich erneut anderthalb Jahre nach Gründung des Bündnisses, als die Rote Armee den ungarischen Volksaufstand in Blut erstickte. 1968 kam es zu einer weiteren Militäraktion, als Truppen des Warschauer Pakts das Experiment des „Prager Frühlings" beendeten, und das obwohl Artikel 8 des Vertrages ausdrücklich die Einmischung in die inneren Angelegenheiten eines Mitgliedstaats untersagte. Was solche Angelegenheiten waren, bestimmte allein die Sowjetunion, die stets auch den Oberbefehl über die Streitkräfte des Paktes innehatte und in allen Mitgliedsländern zudem eigene Truppen stationiert hatte; in der DDR etwa 350 000 Mann. Das Vereinigte Oberkommando war daher nie mehr als eine Filiale des sowjetischen Verteidigungsministeriums, und dem zweiten Organ, dem beratenden politischen Ausschuss, fehlte angesichts der Machtverhältnisse jegliche Funktion.

Da die DDR formal noch nicht über eigene Streitkräfte verfügte, war ihr offizieller Beitritt zum Warschauer Pakt erst für später vorgesehen. Das spielte insofern keine Rolle, als die bewaffneten Verbände der Kasernierten Volkspolizei und der Betriebe (siehe Kasten) jederzeit sofort in eine Armee umgewandelt und dem Oberkommando des Paktes zu unterstellen waren. Mit diesen Kräften kam das östliche Militärbündnis auf rund sechs Millionen Mann und war damit etwa doppelt so stark wie alle in Europa stehenden NATO-Streitkräfte. Da aber über allem immer die atomare Abschreckung schwebte, waren solche Rechnungen nur für den Fall eines konventionellen Konflikts von Belang.

Kampfgruppen der Arbeiterklasse

Die DDR begann 1952 mit dem Aufbau von Betriebskampfgruppen, die zumeist rein innerbetriebliche Schutzfunktionen übernehmen sollten. Nach dem Volksaufstand vom 17.6.1953 wurden diese Bemühungen forciert. „Arbeiterwehren" sollten nun nach dem Vorbild des Roten Frontkämpferbundes der Weimarer Zeit oder der Internationalen Brigaden des Spanischen Bürgerkrieges den Staat effektiv vor seinen Gegnern schützen. Die Volkspolizei übernahm dabei die Ausbildung; nach Gründung der Nationalen Volksarmee (NVA) (1956) wurden die Kampfgruppen der Arbeiterklasse (so inzwischen der Name) Teil der DDR-Landesverteidigung. Ungefähr 400 000 Mann gehörten den Kampfgruppen an. Sie sollten innere Aufstände unterdrücken, im Verteidigungsfall die Operationsfreiheit der Streitkräfte sichern sowie taktische Unterstützung gewähren. Außerdem oblag ihnen der Schutz wichtiger Objekte und die Bekämpfung von möglichen Luftlandetruppen des Feindes.

Chruschtschow und Ulbricht während einer Kundgebung im Lustgarten in Ost-Berlin am 7. August 1957. Der Teddybär zwischen den beiden war ein Gastgeschenk der Jungen Pioniere.

Erste strategische Staffel

Schaffung der Nationalen Volksarmee (18.1.1956)

Auch bei der Schaffung eigener Streitkräfte in der DDR mussten der Beitritt der Bundesrepublik zur NATO und die Aufstellung der Bundeswehr als propagandistische Vorwände herhalten. In Wahrheit war die Maßnahme von langer Hand vorbereitet: Mit Gesetz vom 18.1.1956 wurde aus der kasernierten Volkspolizei die Nationale Volksarmee (NVA), unterstellt dem ebenfalls neu geschaffenen Ministerium für Nationale Verteidigung, das vom Politbüro der SED angeleitet wurde. Der NVA-Aufbau vollzog sich unter ständiger sowjetischer Beratung und war auf Einbindung in den Warschauer Pakt angelegt, die im Mai 1958 endgültig vollzogen war.

Zusammen mit der Gruppe Sowjetischer Streitkräfte in Deutschland (GSSD) bildeten die Einheiten der NVA nun die „erste strategische Staffel" des Paktes. Zunächst war die NVA als Freiwilligenarmee von 90 000 Mann geplant, durch Wehrpflichtgesetz vom 24.1.1962 wurde sie jedoch umstrukturiert und erheblich gestärkt. Zuletzt betrug ihr Personalbestand rund 170 000 Mann, verteilt auf Land-, Luft- und Seestreitkräfte („Volksmarine"), zuzüglich 385 000 mobilisierbare Reservisten.

Prekäre Ersatzteillage

Wehrdienst wurde in der DDR als „Ehrenpflicht" ausgegeben, die dem Schutz des Vaterlandes und der „Errungenschaften der Werktätigen" diene. Offiziell galt die NVA als Instrument zur Verteidigung, doch wurde diese so offensiv verstanden, dass in Planungen sogar von Vorstößen bis zum Atlantik innerhalb von zwei Wochen die Rede war. Erst nach der Entspannung an der innerdeutschen Grenze durch die Politik der sozialliberalen Koalition in Bonn setzten sich realistischere Konzepte durch. Trotz der hohen Gefechtsbereitschaft der NVA nämlich war ihr technischer Standard aufgrund von bürokratischen Hemmnissen bei der Beschaffung und wegen der immer prekären Ersatzteillage ungenügend.

Die Motivation der Soldaten litt zudem unter dem hohen Druck (kaum Ausgang, Entfremdung von der Familie, karger Sold), der auch durch die ständige politisch-ideologische Schulung erzeugt wurde. Sie setzte schon in jungen Jahren ein und endete auch nicht nach Ableistung des Wehrdienstes. Von Jugendlichen wie Reservisten wurde Engagement in der Gesellschaft für Sport und Technik (siehe Kasten) erwartet. Fernbleiben führte ebenso zu Nachteilen in Ausbildung oder Beruf wie die offiziell nicht vorgesehene Wehrdienstverweigerung. Es gab aber die – ungern gesehene – Möglichkeit statt des Wehrdienstes einen waffenlosen Dienst als Bausoldat abzuleisten.

Gesellschaft für Sport und Technik

Die Wiederbewaffnung in der DDR wurde von Anfang an auf eine breite Basis gestellt: Am 7.8.1952 wurde auf Vorschlag des ZK der SED nach sowjetischem Vorbild die Gesellschaft für Sport und Technik (GST) mit der Aufgabe begründet, in zweijährigen Kursen für die vormilitärische Ausbildung und wehrsportliche Erziehung der Jugendlichen zu sorgen. Zunächst dem Innenministerium, mit Bildung der Nationalen Volksarmee (NVA) 1956 dem Ministerium für Nationale Verteidigung unterstellt, lieferte die GST den Streitkräften bereits vorgeschulte Rekruten. Zwar war die vom 14. Lebensjahr an mögliche Mitgliedschaft freiwillig, doch politischer Druck und reizvolle Angebote wie Führerschein- oder Flugscheinerwerb ohne Wartezeiten und Kosten führten einen hohen Prozentsatz der Jahrgänge in die GST. Auch Reservisten konnten sich dort wehrsportlich weiter fit halten und waren als Ausbilder erwünscht. Jungen wurden an der Waffe und sportlich geschult, Mädchen auf den Sanitätsdienst vorbereitet, beide erhielten Unterricht in wehrpolitischer Bildung.

Im Sowjet-Look mit Tschingderassabum – Spielmannszug der NVA, angeführt von einem Tambourmajor mit überlangem Taktstock. Nur ein sozialistischer Preuße war ein guter Preuße.

Unbequemer Geist

Tod Bertolt Brechts in Ostberlin (14.8.1956)

Viele politisch links eingestellte Emigranten aus dem Hitlerreich kehrten nach dem Krieg in den Ostteil Deutschlands zurück, weil sie sich hier besondere Entfaltungsmöglichkeiten erhofften. Nicht wenige wanderten bald enttäuscht weiter nach Westen. Manche aber blieben auch. Sie glaubten, wirklich Heimat gefunden zu haben, oder hatten Karriere gemacht wie Johannes R. Becher, oder sie waren so berühmt, dass sie sich über politische Weisungen hinwegsetzen konnten. Bei weitem bekanntester aller Rückwanderer war der Dramatiker und Lyriker Bertolt („Bert") Brecht, der aufgrund seiner „Dreigroschenoper" (1928) aller Welt ein Begriff war. Auch er beugte sich manchmal Wünschen der Partei, schrieb wohl auch einige offenbar bewusst läppisch gehaltene Huldigungsgedichte, doch ließ er sich nicht vereinnahmen. Und die Machthaber waren auf ihren Vorzeigedichter viel zu stolz, als dass sie einen Bruch riskiert hätten.

Der 1898 in Augsburg geborene Brecht kam 1948 aus der Schweiz über Prag nach Ostberlin. Er erhielt umgehend ein Haus in Weißensee und alle Freiheiten in seiner Theaterarbeit. Dafür baute er zusammen mit seiner Frau Helene Weigel das bald international renommierte Berliner Ensemble auf, das seit 1954 im eigenen Theater am Schiffbauerdamm spielte. Brecht bemühte sich vor allem um vorbildliche Inszenierungen eigener Stücke wie „Die heilige Johanna der Schlachthöfe" (1930), „Die Mutter" (1932), „Furcht und Elend des Dritten Reiches" (1935/38), „Der gute Mensch von Sezuan" (1938/39), „Das Leben des Galilei" (1938/39), „Mutter Courage und ihre Kinder" (1939), „Der kaukasische Kreidekreis" (1945).

Tief empfundene Trauer

Viele Ehrungen wurden Brecht angetragen, und er nahm auch einige staatliche wie 1951 den Nationalpreis 1. Klasse und 1955 den Stalin-Friedenspreis an. Den Blick vernebeln aber ließ er sich nie. So schrieb er nach dem Volksaufstand vom 17.6.1953 an Ulbricht einen mahnenden Brief, der so verkürzt veröffentlicht wurde, dass er als Billigung des brutalen Vorgehens gegen die Arbeiter verstanden werden konnte. Was Brecht wirklich meinte, fand sich in einem bitterbösen Gedicht aus dem Nachlass: „Wäre es da/ Nicht einfacher, die Regierung/ Löste das Volk auf und/ Wählte ein anderes?" Vielleicht war die DDR-Führung gar nicht so traurig, als der unbequeme Geist schon am 14.8.1956 einem Herzinfarkt erlag. Tief empfunden aber war die Trauer der unzähligen Menschen, die nach der Beisetzung noch wochenlang zu seinem Grab auf dem Dorotheenfriedhof pilgerten.

Episches Theater

Brecht forderte eine argumentierend-erzählende Dramenform, die das soziale Verhalten des „veränderlichen und verändernden Menschen" zur Diskussion stellt, vom Zuschauer Entscheidungen verlangt und seine Aktivität weckt, statt ihm eine unkritische Illusion zu vermitteln und damit die Haltung eines passiven Genießers zu erlauben und zu fördern. Die dafür erforderliche Distanz zu den Vorgängen auf der Bühne soll durch „Literarisierung" geschaffen werden: Schrifttafeln und -projektionen mit Szenentiteln oder Parolen, Einfügung von Liedern in die Handlung. Dabei müssen Text, Musik und Dekoration ihre Selbständigkeit bewahren, damit sie parallel auf den Zuschauer wirken. Als wichtigstes Stilmittel dieser Kunstform propagierte Brecht die schauspielerische Technik der Verfremdung („V-Effekt"), die ein Darsteller erreicht, wenn er sozusagen aus der Rolle fällt, sein schauspielerisches Tun kommentiert und die Kräfte des kritischen Hinsehens beim Zuschauer stimuliert. Die Szenen in diesem „epischen Theater" stehen gereiht und gleichberechtigt nebeneinander.

Im Theater am Schiffbauerdamm, Hauptspielort der Brechtschen Dramen seit 1954, war schon am 31.8.1928 seine „Dreigroschenoper" mit Lotte Lenya uraufgeführt worden. Das Haus wurde 1891/92 nach Entwürfen von Heinrich Seeling errichtet.

Erfolg auf dem fünften Kontinent

Gesamtdeutsche Olympiamannschaft in Melbourne (22.11.1956)

Wie auf manchen Gebieten musste die DDR auch im Sport nur ein paar Vokabeln austauschen und konnte so nahtlos an die Sportpolitik des Dritten Reiches anknüpfen. Damals hatten Spitzenathleten die Überlegenheit des „arischen", jetzt die des „sozialistischen" Menschen zu belegen. Und das Schlagwort vom Sport als der „Werkstatt des Sieges" passte seinerzeit militärisch und nun im Systemwettbewerb mit dem kapitalistischen Westen. Schon 1951 entstand daher ein Nationales Olympisches Komitee (NOK) der DDR in Abgrenzung zum westdeutschen Gegenstück, dass sich programmatisch NOK für Deutschland nannte. West-Präsident war Karl Ritter von Halt, einst SA-Brigadeführer und 1944 kommissarischer Reichssportführer. Er war nach dem Krieg von den Sowjets mehrere Jahre im ehemaligen KZ Buchenwald interniert worden und entsprechend schlecht auf Kommunisten zu sprechen. Ihm gelang zunächst die Isolierung des DDR-NOK, so dass an den Olympischen Spielen 1952 in Helsinki zwar erstmals wieder Deutsche, aber keine aus der DDR teilnehmen durften.

Provisorische Anerkennung

In der Folge aber setzte bei vielen internationalen Verbänden ein Umdenken ein und führte zur Aufnahme der DDR. Nur das Internationale Olympische Komitee (IOC) zögerte zunächst, auch wenn sich der frisch berufene amerikanische IOC-Präsident Avery Brundage für die Aufnahme einsetzte. Man kam auf eine salomonische Lösung, indem die DDR „provisorisch" anerkannt wurde. Das bedeutete: Ihre Sportler durften nun in Melbourne 1956 auch mitmachen aber nur im Rahmen einer gesamtdeutschen Mannschaft. Damit hatten die beiden deutschen NOKs wieder den schwarzen Peter und begannen mit zähen Verhandlungen darüber, hinter welcher Fahne die Athleten einziehen, welche Hymne bei Olympiasiegen gespielt werden und wer das Sagen haben sollte. Immerhin bestand Einigkeit darüber, dass allein ausschlaggebend für die Teilnahme das Leistungsprinzip sein sollte. Im Ringen um die Hymne punktete die DDR, indem sie Beethovens „An die Freude" als Kompromiss akzeptierte und die westdeutsche Seite zum Verzicht auf das Deutschlandlied bewegte. In Bonn war zeitweilig erwogen worden, bundesdeutsche Athleten zurückzuziehen. Doch eine Alleinvertretung Deutschlands durch die DDR hätte alle Prinzipien auf den Kopf gestellt, abgesehen davon, dass ein Boykott der eigenen Bevölkerung kaum zu vermitteln gewesen wäre. So reiste man gemeinsam am 22.11.1956 in den fünften Kontinent und schlug sich dort, nicht zuletzt aufgrund guter ostdeutscher Leistungen, durchaus achtbar.

Hammer und Zirkel

Die deutschen Nationalfarben Schwarz-Rot-Gold blieben auch in der DDR erhalten, als Staatssymbol aber trat an die Stelle des Adlers 1950 ein Hammer im Ährenkranz als Sinnbild der Arbeiter-und-Bauern-Macht. 1953 wurde es um einen Zirkel erweitert, der die „technische Intelligenz" repräsentieren sollte, und am 26.9.1955 wurde dieses Emblem zum offiziellen Staatswappen der DDR erhoben. Am 1.10.1959 setzte die DDR das Hammer-und-Zirkel-Emblem auch in die Nationalflagge, um sich von der Bundesrepublik abzugrenzen und die Zwei-Staaten-Theorie der SED zu unterstreichen. Mit diesem im westdeutsch-konservativen Jargon „Spalterflagge" genannten Banner trat die DDR fortan international auf, was vor allem bei großen Sportveranstaltungen Breitenwirkung erzielte, weil DDR-Athleten ungemein erfolgreich waren. Die Bundesrepublik wehrte sich vergeblich dagegen; am 27.8.1969 beschloss die Regierung Kiesinger, Flagge und Hymne der DDR bei Sportwettkämpfen zu dulden.

Gold im Bantamgewicht erboxte der Ostberliner Wolfgang Behrendt für Deutschland in Melbourne (links im Kampf mit dem späteren Dritten, dem Iren Frederick Gilroy). Nach seiner aktiven Laufbahn wurde er Sportfotograf.

Keine Basis im Volk

Ausschaltung der Reformer um Harich/Janka (Dezember 1956)

Der Kampf um die Nachfolge Stalins war entschieden. Nikita Chruchtschow beerbte den Alleinherrscher als Erster Sekretär des ZK der KPdSU. Obwohl er den Posten des Regierungschefs noch Bulganin überließ, war er der starke Mann in Moskau und machte sich an die Aufarbeitung der Vergangenheit unter Stalin. Auf dem XX. Parteitag im Februar 1956 rechnete er in einer Geheimrede mit den Verbrechen des Diktators und den Auswüchsen des Personenkults ab. Er wollte damit die Partei für Reformen öffnen, weckte aber zugleich in den sowjetischen Satellitenstaaten Hoffnungen auf mehr Selbstständigkeit und Liberalität. Vor allem in Polen und Ungarn begann es zu gären, aber auch in der DDR meldeten sich Reformer zu Wort. Es dachte dort zwar niemand daran, das System in Frage zu stellen, es sollte aber transparenter, innerparteilich demokratischer und offener für Kritik werden.

Kritiker auch in der Parteispitze

Dahingehende Äußerungen kamen von Wissenschaftlern, Künstlern und selbst hohen Funktionären. Sie zielten offenbar auf das „persönliche Regime" Ulbrichts, der auch einem Kreis von Intellektuellen um den Philosophie-Professor Wolfgang Harich und den Chefredakteur der Kulturzeitschrift „Sonntag" Walter Janka der dogmatische Blockierer zu sein schien. Sie formulierten ihre Kritik natürlich viel grundsätzlicher und stützten sich dabei als profunde Kenner ausdrücklich auf die Lehren des Marxismus-Leninismus, wie sie auch für ein Gesamtdeutschland vorbildlich sein sollten. Dagegen Front zu machen, tat sich die SED zunächst schwer und beschränkte sich auf Appelle, nach vorn zu schauen. Sonst hätte man ja wiederum „Fehler" einräumen müssen. Und was das für Folgen haben konnte, hatte der 17.6.1953 gezeigt.

Er hatte aber auch dazu geführt, dass Ulbricht der Bevölkerung mit wirtschaftlichen Zugeständnissen entgegen gekommen war. Die DDR-Bürger genossen einen deutlich höheren Lebensstandard als die Menschen in den „Bruderländern". Das war ein Grund dafür, dass die Arbeiterschaft sich aus den Reform-Diskussionen fernhielt. Der andere rührte her aus den Erfahrungen mit den sowjetischen Panzern. So standen die Denker um Harich/Janka zwar nicht allein, hatten aber keine Basis im Volk. Als dann die Panzer der Roten Armee im November 1956 auch die ungarischen Freiheits-Hoffnungen zerschossen hatten, konnte die SED in die Offensive gehen. Harich und Janka wurden im Dezember 1956 verhaftet und als „Wegbereiter der Konterrevolution" zu hohen Freiheitsstrafen verurteilt.

> *Selbstkritik*
>
> *In kommunistischen Parteien, in denen Geschlossenheit über alles ging, hatte sich ein Ritual herausgebildet, nach dem Abweichler zu handeln hatten, damit der ideologische Frieden wiederhergestellt werden konnte. Sie hatten Selbstkritik zu üben, wobei dies nicht vor Sanktionen schützte. Das ging so weit, dass die Angeklagten in den Schauprozessen der Stalinschen Säuberungen die durch Folter abgepressten Geständnisse verlesen und sich damit selbst dem Henker ausliefern mussten. Im Fall der 1956er Rebellion in der DDR konnten sich einige Kritiker allerdings mit diesem Mittel reinwaschen. So etwa der Kulturminister Becher, der an Diskussionen über die Abschaffung der Zensur teilgenommen hatte. Er verfasste eine Ergebenheitsadresse an das ZK der SED, in der er bekannte, dass er die gefährlichen Tendenzen verkannt hatte. Und selbst ein später so unbeugsamer Dissident wie Robert Havemann gestand auf einer Hochschulkonferenz, er habe die Äußerungen auf dem XX. Parteitag der KPdSU als Aufruf zum öffentlichen Meinungsstreit missverstanden.*

Als Chefredakteur und Herausgeber (u. a. mit Ernst Bloch) der „Deutschen Zeitschrift für Philosophie" von großem Einfluss in der intellektuellen Szene der DDR: Wolfgang Harich (links, daneben Kulturminister Johannes R. Becher).

Schwerfällige Gremien

Bildung des Forschungsrats der DDR (6.6.1957)

Ein Hauptgrund für die unverminderte, ja wachsende Abwanderung qualifizierter Kräfte in die Bundesrepublik lag im ökonomischen Gefälle zwischen beiden deutschen Staaten. Die DDR-Führung machte dafür aber nicht die Reibungsverluste der Planwirtschaft verantwortlich, sondern technologischen Nachholbedarf. Durch lange Bindung vieler Forscher nach dem Krieg in der Sowjetunion, war eine Lücke gerissen worden, die ein am 6.6.1957 ins Leben gerufener Forschungsrat der DDR schließen helfen sollte. Er ersetzte das bisherige Zentralamt für Forschung und Technik, das der Staatlichen Plankommission unterstellt war. Der Vorsitzende des Ministerrats (Regierungschef) berief maximal 45 hochrangige Wissenschaftler für jeweils drei Jahre in den Rat, der Entwicklungstendenzen für Grundlagen- wie angewandte Forschung ausloten und analysieren sollte. Vor allem erhoffte man sich davon Impulse für eine effizientere Produktion.

Von der Entwicklung überholt

Schon die Konstruktion und Arbeitsorganisation des Rates aber zeigte, dass es mit der Effizienz bei ihm selbst haperte. Zur Bewältigung seiner Aufgaben bildete der Forschungsrat zahlreiche Gremien und Kommissionen, die nicht selten aneinander vorbei oder gar gegenläufig arbeiteten. Zu koordinieren war das nur schwer, und die Delegation von Aufgaben an die Zentralen Arbeitkreise für Forschung und Technik (ZAK) verschob nur die Verantwortung. Auch sie scheiterten letztlich an der Nichtplanbarkeit wissenschaftlicher Ergebnisse und am Tempo der weltweiten Innovationen, denen man eher hinterherhechelte. Trotz einer Stärkung der Kompetenzen des Rates durch ein Statut vom 7.1.1965 besserte sich wenig. Ehe im Plan die von den ZAK ermittelten technologischen Entwicklungen berücksichtigt werden konnten, war eben diese Entwicklung oft bereits darüber hinweggegangen.

Der Ministerrat zog daraus erst 1972 die Konsequenz dadurch, dass er wieder die Forschungsinstitute selbst, insbesondere die der Akademie der Wissenschaften (AdW) mit der Lieferung von Daten für die zentrale Planung beauftragte. Der Forschungsrat existierte zwar weiter, fortan aber eher als ein Beratungsgremium, das Expertisen zu besonders zukunftsträchtigen Forschungsfeldern wie Mikrobiologie oder Elektronik erstellte. Auch der Umweltschutz wurde thematisiert, ohne dass es im Braunkohleland nennenswerte Fortschritte etwa bei der Reinerhaltung der Luft gab. Der Forschungsrat leitete auch den „Wissenschaftlichen Rat für die friedliche Anwendung der Atomenergie" an, doch der Bau von Kernkraftwerken kam nur schleppend voran und konnte den Einsatz fossiler Energieträger allenfalls bremsen, aber kaum vermindern.

Forschungsinstitut Ardenne

Der mit Abstand prominenteste Wissenschaftler der DDR war Manfred Baron von Ardenne. Der 1907 geborene Tüftler und Forscher erhielt 1923 sein erstes Patent, dem 600 weitere folgen sollten. Schon als 23-jähriger entwickelte er die Grundlagen für die Fernsehübertragung und sieben Jahre später die für das Rasterelekronenmikroskop. Erfolglos wies er im Krieg Luftwaffenchef Hermann Göring auf die Möglichkeit des Atombombenbaus hin, stellte sich nach 1945 der UdSSR als Kernphysiker zur Verfügung und baute nach der Rückkehr 1955 in Dresden ein „Forschungsinstitut Manfred von Ardenne" auf, das zeitweilig bis zu 500 Mitarbeiter beschäftigte und seinen privaten Charakter bis zuletzt bewahren konnte. Als Nationalpreisträger 1. Klasse genoss der Institutsleiter großzügige Förderung und völlige Reisefreiheit. Weltweite Beachtung fand seine Krebs-Mehrschritt-Therapie. Ardenne starb 1997.

Der Forscher beim Forschen: Manfred von Ardenne in seinem Labor mit dem von ihm entwickelten Universal-Elektronenmikroskop.

Unmut über den Generalsekretär

Maßregelung der Parteiabweichler (1957)

Manche hatten aus der Rede Chruschtschows auf dem XX. Parteitag der KPdSU (Februar 1956) mehr herausgehört, als darin vorgekommen war. Kritik hatte der neue KP-Chef nur am Personenkult und an Verbrechen in der Stalin-Zeit geübt. Am bolschewistischen System, wie es der Diktator verstanden hatte, hatte Chruschtschow mit keinem Wort gerüttelt. Er definierte ausdrücklich die „Diktatur des Proletariats" wie sein Vorgänger als Führungsauftrag für die Partei. Der Schock über die Enthüllungen saß freilich so tief, dass nun alles, was irgendwie nach Stalinismus aussah, in die Kritik geriet, vor allem der Herrschaftsstil Ulbrichts in der DDR, der so unnachsichtig die Politik seines sowjetischen Vorbilds exekutiert hatte. Die Zugeständnisse nach dem Volksaufstand vom 17.6.1953 hatten daran nichts geändert, und in der Parteiführung wuchs der Unmut über die unkollegiale Amtsführung des Chefs; unter Gleichgesinnten im ZK und im Politbüro wäre doch eine intensivere gegenseitige Abstimmung ohne Risiko.

Ablenken und abwarten

Schon diesen Vorhalt aber sah Ulbricht als Risiko an. Er musste jedoch erst einmal abwarten, wie sich die Dinge entwickeln würden. Derweil setzte er auf Ablenkung und gab Parolen aus wie „Weiterentwicklung der sozialistischen Demokratie" oder „Festigung der Arbeiter-und-Bauern-Macht". Dagegen konnte schlecht jemand etwas haben und darauf konnte er verweisen, wenn mehr innerparteiliche Demokratie angemahnt wurde. Bald versuchten Ulbricht und die Seinen die Initiative zurückzugewinnen, indem sie verurteilte angebliche „Agenten" amnestierten und einige Leitsätze Stalins für falsch erklärten. Zum Sozialismus, hieß es nun, führten mannigfache Wege. Vielleicht auch ein deutscher Sonderweg, hörten daraus Parteimänner wie Karl Schirdewan, 1. Sekretär des ZK und Politbüromitglied, Ernst Wollweber, Minister für Staatssicherheit, Fred Oelßner, stellvertretender Vorsitzender des Ministerrats, oder ZK-Sekretär Gerhard Ziller.

Diesen Ulbricht-Kritikern schlug die Stunde, nachdem mit der blutigen Unterdrückung des Aufstands in Ungarn im November 1956 klar geworden war, dass Abweichlertum nicht geduldet wurde. Erbarmungslos bootete Ulbrich nun seine einstigen engen Mitarbeiter aus. Sie mussten ihre Ämter 1957 räumen, wurden wegen „Fraktionstätigkeit" gemaßregelt und hatten mit dem Schlimmsten zu rechnen. Ziller wartete das nicht ab und nahm sich im Dezember 1957 das Leben. Die anderen verschwanden in der Versenkung, an die Existenz ging es ihnen nicht. Ulbricht triumphierte und goss das in die Parole: „Der Sozialismus siegt!"

Politbüro

Staats- und Parteiführung waren in der DDR eins; was der Ministerrat als Regierung tat oder ließ, geschah auf Anweisung der Leitungsgremien der SED, deren oberstes das Politbüro des Zentralkomitees (ZK) war. Daneben existierte noch ein Sekretariat des ZK, das aber wie das Politbüro vom Generalsekretär der SED geführt wurde, so dass beide Gremien zentral angeleitet wurden. Das Politbüro wurde formell von den ZK-Mitgliedern gewählt, ergänzte sich aber de facto selbst, indem es beim Ausscheiden von Mitgliedern oder bei Erweiterung des Gremiums Personalvorschläge machte, die immer vom Plenum des ZK akzeptiert wurden. Das zunächst elf stimmberechtigte Mitglieder und zwei nicht stimmberechtigte Kandidaten umfassende Politbüro wuchs schließlich auf 21 Mitglieder und fünf Kandidaten an, insgesamt gehörten seit Gründung der DDR 68 Personen zu dieser Führungsspitze, darunter nur fünf Frauen. Die wahre Macht übte ein Kreis enger Vertrauter des jeweiligen Generalsekretärs aus.

„Der Sozialismus siegt"! So jedenfalls versprach es die Propaganda – allen Irrungen und Wirrungen zum Trotz (Foto um 1957).

„Höhen der Kultur erstürmen“

Beschluss zur Veranstaltung von Arbeiterfestspielen (24.7.1958)

Auf dem V. Parteitag der SED (10.-16.7.1958) präsentierte sich ein gestärkter Ulbricht und verkündete die Leitlinien der künftigen Politik, die sich auch der geistigen Förderung der Menschen intensiver annehmen werde. Nun sollte die „Arbeiterklasse die Höhen der Kultur erstürmen“ und den bürgerlichen Einfluss eindämmen. Schon wenige Tage später beschloss der FDGB, Arbeiterfestspiele ins Leben zu rufen und damit das Verhältnis der Arbeiterschaft zur Kunst enger zu gestalten. Man wollte damit den westdeutschen Ruhrfestspielen bewusst ein eigenes Konzept gegenüberstellen und einen Kontrapunkt zu deren „bürgerlicher Dekadenz“ setzen. In jährlichem Wechsel sollten die Spiele in den 15 Bezirken veranstaltet werden und damit flächendeckend kulturell mobilisierend wirken. Mit Flugschriften bereitete der Vorstand des FDGB die ersten Festspiele im Bezirk Halle vor, wo sie vom 13. bis 21.6.1959 als „Höhepunkt des sozialistischen Kulturlebens“ gefeiert wurden. Der jährliche Rhythmus wurde 1972 auf einen zweijährlichen umgestellt.

Tanz und Sport

Anfangs stand im Vordergrund der Arbeiterfestspiele das fruchtbare Miteinander von Laien- und Berufskünstlern; ganze Ensembles wie das des Leipziger Gewandhausorchesters oder das der Dresdener Staatsoper musizierten und spielten Theater zusammen mit begabten Laien. Ganz nebenbei ergab sich dadurch eine Nachwuchs- und Talentsichtung. Die Zahl der aktiven Teilnehmer erreichte zeitweilig 25 000 Darsteller, Sänger, Orchestermitglieder, Filmemacher, Schriftsteller, Maler, die in gemeinsamen Konferenzen ihre Erfahrungen austauschten. Auch ausländische Künstler wurden engagiert und Gruppen aus den sozialistischen Ländern eingeladen; die Zuschauerzahlen gingen in die Hunderttausende. Allmählich verschob sich der Akzent der Spiele hin zur Demonstrationen der „kulturschöpferischen Kräfte der Arbeiterklasse“; das Publikum genoss eher den Volksfestcharakter der Veranstaltungen, vergnügte sich bei Disko-Tanz, Sport- und Kinderfesten und anderen Geselligkeiten.

Zu Beginn der 1970er Jahre wurden diese Hauptereignisse durch Betriebsfestspiele flankiert, die Großbetriebe und Kombinate organisierten unter Einbeziehung kleinerer Unternehmen und kultureller Einrichtungen der Region. Die LPGs sollten und wollten da nicht zurückstehen und luden entsprechend zu Dorffestspielen. Die Festspielbewegung erhielt so landesweite Bedeutung. Ein Teil ihres Reizes lag auch in Mal- oder Schreib-Wettbewerben, im Auftreten von Prominenten aus Politik und Kultur und in Musikparaden der NVA. Weniger Zuspruch fanden politische Angebote etwa in Form von Propagandaausstellungen.

Arbeitertheater

Im Bemühen um authentische Darstellung hatten schon in den 1920er Jahren Regisseure Arbeiter als Laienschauspieler auf die Bühne gebracht. Das geschah auch 1958 im Volkstheater Rostock; die Darsteller, Werftarbeiter aus Warnemünde, gründeten danach dort das erste Arbeitertheater der DDR, dem bis 1963 noch 134 weitere folgten. Die Initiative ging nicht immer von Arbeitern aus, sondern oft von Schauspielern und Regisseuren, die meist auch die ehrenamtliche Leitung und Beratung der Laienensembles übernahmen. Meist spielten sie Stücke von DDR- oder anderen sozialistischen Autoren oder entwickelten selber Stoffe, die Probleme des Alltagslebens zum Thema hatten. Anfangs recht erfolgreich, verloren die Arbeitertheater mit staatlich verordneter Ideologisierung an Resonanz. Erst als hier vorsichtiger vorgegangen wurde und die Theater wieder mehr Spielraum erhielten, beeindruckten einige erneut mit beachtlichen Inszenierungen.

Walter Ulbricht bei den 3. Arbeiterfestspielen des Freien Deutschen Gewerkschaftsbundes FDGB in Magdeburg am 12.6.1961.

Klassisches Gelände

Einweihung der Gedenkstätte Buchenwald (14.9.1958)

„Antifaschismus" gehörte zur Staatsdoktrin der DDR. Insofern nahm es Wunder, wie zögerlich Gedenkstätten für die Opfer des Nazi-Reiches entstanden. Eine der größten Opferstätten liegt nur acht Kilometer von Goethes einstigem Wohnhaus in Weimar entfernt auf dem Ettersberg. Hier errichtete die SS 1937 ein KZ, das wegen der Verbindung mit dem klassischen Gelände nicht Ettersberg heißen durfte, sondern als Buchenwald in die Leidensgeschichte der Menschheit einging. Für bis zu 8000 Häftlinge geplant, wurde es während des Krieges beständig erweitert und überbelegt, so dass schließlich fast eine Viertelmillion Menschen das Lager durchlaufen hatte. Mindestens 43 000 Häftlinge kamen bis 1945 ums Leben, vermutlich aber deutlich mehr (registrierte Todesfälle 34 375), dazu über 7000 kriegsgefangene Rotarmisten, die in einer Genickschussanlage, dem so genannten Pferdestall außerhalb des Lagerzauns, ermordet wurden.

Monumentaler Turm

Schon in den ersten Wochen nach Kriegsende fanden sich ehemalige Buchenwald-Insassen am Ettersberg ein und begründeten eine quasi private Gedenkstätte an Reihen- und Massengräbern des Südhangs. Am 11.9.1949 erhielt sie staatliche Anerkennung als „Gedenkstätte Ehrenhain". Das weitgehend erhaltene Lager mit dem SS-Bereich wurde aber großenteils abgerissen und das Areal 1951 für die Gestaltung einer Gedenkstätte mit einem Mahnmal vorgesehen. Als erstes entstand in der einstigen Lagerkantine eine Ausstellung, am Krematorium erinnerte eine Tafel an den hier am 18.8.1944 ermordeten KPD-Chef Ernst Thälmann. Erst am 14.9.1958 konnte die eigentliche Nationale Mahn- und Gedenkstätte mit einer Figurengruppe des Bildhauers Fritz Cremer und einem monumentalen Glockenturm („Turm der Freiheit") eingeweiht werden (siehe Kasten). An den Reden, die wie die Gestaltung des Ortes vor allem dem kommunistischen Widerstand galten, war besonders interessant, was nicht gesagt wurde: Mit keinem Wort erwähnten die hochrangigen SED-Redner den wirklichen Grund für die späte Ehrung der Opfer: Im August 1945 nämlich hatte die sowjetische Besatzungsmacht Buchenwald kurzerhand umfunktioniert in das Speziallager 2 als Haftort für tatsächliche und angebliche Nazis und Kriegsverbrecher. Es bestand immerhin vier volle Jahre und wurde zum Trauma für die Überlebenden. Insgesamt wurden hier 28 455 Menschen eingesperrt und von der Außenwelt völlig isoliert bei unmenschlicher Behandlung, schlechter Ernährung und entsetzlichen hygienischen Zuständen. Bei einer Sterblichkeit in der ebenfalls hungernden Bevölkerung von drei Prozent, erreichte sie im Lager 25 Prozent. Sowjetische Dokumente sprechen von 7113 Todesfällen.

Nationale Mahn- und Gedenkstätten

Das 1953 gegründete Komitee Antifaschistischer Widerstandskämpfer in der DDR gab wichtige Impulse für den Aufbau Nationaler Mahn- und Gedenkstätten (NMG). Buchenwald war die erste und erlebte bei der Einweihung am 14.9.1958 einen Ansturm von 80 000 Besuchern aus aller Welt. Das Regime, vertreten durch den Ersten Sekretär der SED Ulbricht und Ministerpräsident Grotewohl als Festredner, nutzte die Veranstaltung zur Selbstdarstellung und zur Abgrenzung von der „reaktionären" Bundesrepublik. Selbstgefällig titelte die Parteizeitung „Neues Deutschland" mit Blick auf die große Zahl der Teilnehmer am Folgetag: „Gesamtdeutsche Volksbewegung gegen Bonner Atompolitik". Im Unterschied zur BRD habe die DDR die „große Idee der antifaschistischen Kämpfer verwirklicht". 1959 folgte die Einweihung der NMG Ravensbrück; 1961 wurde die NMG in Sachsenhausen eröffnet.

Den Kampf der Häftlinge im Lager Buchenwald gegen die SS-Willkür gestaltete Fritz Cremer in dieser Figurengruppe vor dem hohen „Turm der Freiheit". Er arrangierte sie aber nicht zu einem Bild des Leidens, sondern schildert die befreiende Macht der Solidarität.

Im Sputnik-Rausch

Vorstellung des ersten Trabant-Pkw (5.9.1958)

Wie ein Dauer-Ohrgeräusch tönte es den Westlern seit dem 4.10.1957 in den Ohren, das „Piep, Piep, Piep" des ersten künstlichen Himmelskörpers: Die Sowjetunion hatte den Erdtrabanten „Sputnik" (Begleiter) gestartet und bewiesen, dass sie über Interkontinental-Raketen verfügte. Im Osten feierte man den Erfolg begeistert, und die Autobauer der DDR beschlossen, ihren in Entwicklung begriffenen ersten Nachkriegswagen des Typs P 50 „Trabant" zu nennen. Er wurde am 5.9.1958 auf der Leipziger Herbstmesse (siehe Kasten) vorgestellt und mit der Zeit fast so berühmt wie sein Weltraumkollege. Das lag allerdings nicht an technischer Fortschrittlichkeit. Im Gegenteil: Er war schon bei der Taufe fast veraltet. Sein späterer Ruhm rührte eher daher, dass er so etwas wie ein Ost-Volkswagen wurde.

Dass er massenweise Käufer fand, verdankte er seiner Alleinstellung auf dem DDR-Markt, dem niedrigen Preis (anfangs 4000 Mark) und einer gewissen Robustheit trotz der Kunststoff-Außenhaut. Schwach motorisiert mit nur 18 PS (1963 auf 23 PS gesteigert), erreichte das liebevoll „Rennpappe" genannte Gefährt aus den VEB Sachsenring Automobilwerken Zwickau ganze 110 Stundenkilometer, und das bei einer Abgaswolke, die einem Lkw Ehre gemacht hätte. In der ganzen DDR roch es nach Trabant, denn insgesamt kam die Produktion auf drei Millionen Exemplare der verschiedenen Baureihen und Ausführungen; es gab eine Camping-Version, einen Kombi („Universal") und einen Lieferwagen sowie eine S-Klasse (S für Sonderwunsch).

Wenige Verbesserungen

Die ungeheuren Lieferfristen bis zu zehn Jahren oder mehr ließen die Beliebtheit zusätzlich steigen; Volksmund: „Warum heißt die neue Serie des Trabant 601?" – „Sechshundert haben ihn bestellt, einer hat ihn bekommen." Wenn dann endlich der ersehnte Wagen vor der Tür stand, wurde er von Nachbarn und Bekannten ausgiebig bestaunt. Und er verlor eben wegen dieser Fristen kaum an Wert; noch nach Jahren ließ er sich fast zum Neupreis verkaufen. Mit den stets raren Ersatzteilen für die meist überalterten Kisten wurde schwungvoller Handel getrieben; die Produktion deckte nie den großen Bedarf. Nur geringfügig stieg mit der Zeit die Motorleistung, kamen eine bessere Lichtmaschine, Scheibenwischanlage und Verbrauchsanzeige hinzu, wurde der Innenraum vergrößert. Insgesamt aber verlor der Trabant hoffnungslos den Anschluss an die technische Entwicklung und spiegelte so die Immobilität der DDR-Wirtschaft. Eine Viertakt-Version des auch als „Arbeiter-und-Bauern-Mercedes" bespöttelten Wagens kam zu spät.

Leipziger Messe

Die im Frühjahr und Herbst stattfindende Warenschau in Leipzig gehört zu den großen internationalen Messen und ist die älteste der Welt, schon Mitte des 12. Jahrhunderts belegt. Die DDR führte diese Tradition fort, wobei im Frühjahr Elektrotechnik, Gerätebau, Schwer- und Werkzeugmaschinenbau dominierten, während im Herbst Chemie, Straßenfahrzeuge, Textil- und Bekleidungsindustrie die Akzente setzten. Ursprünglich war es dem Regime um einen technischen Leistungsvergleich mit den kapitalistischen Ländern gegangen und um die Förderung des Ost-West-Handels mit ideologischer Grundierung. In dem Maße aber, in dem sich das Ziel, die BRD wirtschaftlich einzuholen, ja zu überflügeln, als illusorisch erwies, verlor sich die politische Instrumentalisierung und machte Wirtschaftspragmatismus Platz. Das zeigte sich auch in der später geübten Praxis von der Präsentation der Exponate nach Nationen abzugehen und zum branchenorientierter Ausstellung zu kommen.

Ein sozialistischer Verkaufsschlager der besonderen Art: Bereits bei Einführung technisch überholt, dennoch Jahrzehnte lang fast unverändert produziert und begehrt bei jung und alt – der „Trabant" des VEB Sachsenring (Foto um 1989).

Vogelfreie Stadt

Berlin-Ultimatum Moskaus (27.11.1958)

Stalins Konzept einer Neutralisierung Deutschlands war gescheitert und die UdSSR nach seinem Tod in die Defensive geraten. Mit dem sensationellen Sputnik-Erfolg wendete sich das Blatt. Chruschtschow, der neue Kremlherr, hatte ein neues Konzept entwickelt. Ihm ging es nun um die Konsolidierung des Vorfelds gegen den Westen und damit vor allem um Stabilisierung der strategisch so wichtigen DDR. Sie litt weiterhin unter einer Abwanderungswelle, die der Wirtschaft schwer zu schaffen machte. Und weil Berlin dabei eine Schlüsselrolle spielte, drängte Ulbricht Moskau, hier initiativ zu werden. Mit einer Rede im Moskauer Sportpalast am 10.11.1958 bereitete der Kremlchef daraufhin eine Offensive vor, die wenige Tage später mit einer Note an die Westmächte begann. Darin kündigte er an, die Sowjetunion werde den Vier-Mächte-Status der ehemaligen Reichshauptstadt überdenken und die Kontrolle der Zufahrtswege für die Westmächte und die des Transitverkehrs der DDR überlassen, wenn der Westen nicht in Halbjahresfrist in konstruktive Verhandlungen über West-Berlin einwillige.

Brandts Befürchtungen

Nach Chruschtschows Vorstellung sollte bei den Verhandlungen auch über die Möglichkeit der Umwandlung West-Berlins in eine „Freie Stadt" nachgedacht werden. Das waren gleich zwei Kröten, die niemand im Westen zu schlucken bereit war: Zum einen hätte man sich dann den Kontrollen durch einen für die Westmächte gar nicht existierenden Staat zu unterwerfen gehabt, zum anderen wäre Berlin langsam aber sicher abgestorben. Der damalige Regierende Bürgermeister von West-Berlin Willy Brandt sah sogar die Gefahr, dass die Stadt umstandslos „in die Zone eingemeindet" würde, denn sie wäre im „roten Meer" keine „Freie", sondern eher eine „vogelfreie Stadt", wie die Berliner unkten.

Als die Westalliierten daher hinhaltend mit Gesprächen auf unterschiedlichen Ebenen reagierten, zog der Kreml die Schraube weiter an, indem er im März 1959 mit dem Abschluss eines separaten Friedensvertrags mit der DDR drohte. Die Rechte der sowjetischen Siegermacht würden dann ganz an die DDR übergehen. Jetzt kam es wenigstens zu Verhandlungen der Außenminister in Genf, doch die monatelangen Sondierungen blieben ergebnislos. Einen letzten Versuch unternahmen daher die Führer der beiden Supermächte höchstselbst. US-Präsident Eisenhower lud Chruschtschow mit Frau in die USA ein und verhandelte mit ihm auf seinem Landsitz Camp David. Substantielles aber ergab sich allenfalls insofern, als sich Verkrampfungen lösten und der Kremlherr vom ultimativen Kurs abließ. Man sprach hoffnungsvoll vom „Geist von Camp David". Er sollte nicht lange wehen.

Militärakademie der NVA

Bei anhaltenden internationalen Spannungen galt das Augenmerk der SED-Führung in besonderer Weise den Streitkräften und dem Nachwuchs an Offizieren. Das Politbüro beschloss daher am 5.8.1958 die Gründung einer Militärakademie der NVA in Dresden, die den Namen Friedrich Engels tragen sollte. Schon mit diesem Bezug auf den Freund und Mitarbeiter von Karl Marx suchte man zu betonen, was Ulbricht bei den Feierlichkeiten zur Eröffnung am 5.1.1959 ausführte: Die DDR könne stolz verkünden, dass nicht militaristische Erwägungen hinter der Gründung stünden, sondern erstmals der Gedanke des „Kampfes gegen den Militarismus". Zum vierjährigen Studium an der Akademie waren bewährte Berufsoffiziere zugelassen, die Diplome in Militär-, Ingenieur- und Gesellschaftswissenschaften erwerben und sich für höhere Aufgaben empfehlen konnten.

US-Präsident Eisenhower mit seinen Gästen KPdSU-Chef Nikita Chruschtschow und dessen Frau Nina im September 1959 in Washington. Der temperamentvolle Russe und die mütterliche Nina punkteten bei den Amerikanern, ungeachtet der fortdauernden politischen Differenzen.

Glänzende Bilanz

Gesamtdeutsche Mannschaft bei Olympia 1960

Wie schon vor vier Jahren kam es 1959 im Vorfeld der Olympischen Spiele im Folgejahr zu einem deutsch-deutschen Tauziehen um Symbole. Im Mittelpunkt stand dieses Mal die Fahne, da inzwischen in die DDR-Nationalflagge das Hammer-und-Zirkel-Emblem offiziell aufgenommen worden war. Das IOC regte als Kompromiss ein schwarz-rot-goldenes Banner mit Olympia-Symbol an. Die DDR-Seite akzeptierte das, doch in Bonn empörte sich Kanzler Adenauer: „Wenn Sie jetzt die Olympischen Ringe in die Fahne reinmachen, dann kommt der Zirkus Sarrasani und will einen Elefanten und die Metzgerinnung will mit einem Schweinskopf auf die Fahne." Der westdeutsche Vertreter im IOC, Willi Daume, aber bestand auf der Autonomie des Sports und segnete den Kompromiss ab. Zusammen mit den DDR-Spitzensportlern wuchs die Chance auf Medaillen entscheidend, und da wollte er eine gesamtdeutsche Mannschaft nicht an der Fahnenfrage scheitern lassen.

Politische Gewinne

Das zahlte sich bereits bei den Winterspielen im kalifornischen Squaw Valley 1960 aus: Zwei der vier deutschen Goldmedaillen holten DDR-Athleten und sorgten für eine glänzende Gesamtbilanz (Sommerspiele in Rom: 42 Medaillen, davon 12 goldene). Vor allem der Sieg des Thüringers Helmut Recknagel im Spezialsprunglauf wurde gefeiert. Erstmals hatte ein Nicht-Skandinavier in dieser Disziplin triumphiert. Auf Höchstleistungen wie diese zielte das gesamte System der DDR-Sportförderung, weil sich damit die innenpolitische Akzeptanz des Regimes und das außenpolitische Prestige stärken ließen. Grundlage war schon aus Gründen der geringen Bevölkerungszahl eine intensive Nachwuchssichtung, die im Kindergarten begann, sich auf alle Grundschulklassen ausdehnte und in dauernden Erstlings- und Anfänger-Wettbewerben niederschlug. Besonders talentierte Kinder und Jugendliche wurden in Internaten der Sportclubs (SC, siehe Kasten) weiter gefördert.

Auch die NVA übernahm eine tragende Rolle in der Sportförderung durch die am 1.10.1956 gegründete Armeesportvereinigung „Vorwärts" (ASV). Alle Wehrdienstleistenden wurden automatisch aufgenommen und auf Herz und Nieren geprüft. Bei besonderer Eignung bekamen sie jede Freiheit zum Training und beste Ausbilder, die meist ein Studium an der 1950 gegründeten Deutschen Hochschule für Körperkultur in Leipzig absolviert hatten. Die DDR-„Staatsamateure" verstießen im Grunde gegen die olympischen Statuten, doch da auch in westlichen Ländern großzügige Fördereinrichtungen entstanden, blieben nicht diese Halb-Profis, sondern auf längere Sicht blieb der Amateurstatus der Olympiateilnehmer auf der Strecke.

Sportclubs

Zur systematischeren Leistungsförderung rief man 1954 sogenannte Sportclubs (SC) ins Leben, Zentren des Spitzensports mit idealen Trainingseinrichtungen. Für die Aufnahme konnte man sich nur durch hervorragende Leistungen bei Meisterschaften empfehlen; in den geeigneten Sportclub wurden die Besten delegiert. Dort ging die Bewährung weiter; die Kinder und Jugendlichen mussten immer wieder bestimmte Normen erfüllen, wenn sie nicht wieder auf eine normale Schule zurückgeschickt werden wollten. Die meisten fragten daher nicht, was das für angebliche Vitaminpräparate waren, die man ihnen verabreichte. Die Vorteile, die Spitzenathleten genossen, etwa Reisen oder Sonderzuteilungen, reizten zu sehr, als dass man unliebsam auffallen wollte. Die Dopingpraxis nahm daher derartige Formen an, dass selbst in der Bevölkerung Gerüchte darüber umliefen. Vor allem die Maskulinisierung der Topathletinnen war bald nicht mehr zu übersehen.

In der seinerzeit üblichen „Superman-Haltung" mit vorgestreckten Armen flog der noch nicht 23-jährige Skispringer Helmut Recknagel in Squaw Valley der internationalen Konkurrenz auf und davon.

„Greif zur Feder, Kumpel!“

Bitterfelder Weg (24.4.1959)

Es entbehrt rückblickend nicht der Ironie, dass der Brückenschlag zwischen Literatur und Arbeitswelt gerade dort versucht wurde, wo diese Welt am finstersten war: Im Elektrochemischen Kombinat Bitterfeld (EKB), ganz in der Nähe der Braunkohleveredelungwerke „Schwarze Pumpe“ in Hoyerswerda, trafen sich am 24.4.1959 Autoren des Mitteldeutschen Verlages zur Beratung, wie Kunst und Leben, Künstler und Werktätige enger verflochten werden und damit weitere Schritte auf dem Weg zum Sozialismus gelingen könnten. Indem die Schriftsteller aufgefordert wurden, sich selbst durch Mitarbeit in der Produktion ein Bild vom Arbeitsalltag in der Industrie zu machen, erhoffte man sich dichterische Aufarbeitung von gesellschaftlichen und menschlichen Problemen. Umgekehrt sollten die Arbeiter ermutigt werden, für sich kulturelle Felder zu erobern und die bürgerlichen Elemente zurückzudrängen. Motto: „Greif zur Feder, Kumpel, die sozialistische Nationalkultur braucht dich!“

Kein Heldenlied

Der Appell an die Schriftsteller trug Früchte. Selbst Prominente wie Christa Wolf, Heiner Müller oder Franz Fühmann begaben sich auf den Bitterfelder Weg, wie das dort entworfene Programm genannt wurde, und schufteten in Betrieben. Und eine Autorin wurde eben durch das Buch über die dabei gemachten Erfahrungen selber prominent: Brigitte Reimann (1933-1973) hatte sich im Kombinat „Schwarze Pumpe“ engagiert und veröffentlichte darüber 1961 den Roman „Ankunft im Alltag“. Darin beschreibt sie den Aufbruch dreier Jugendlicher nach dem Abitur in die harten Anforderungen eines Großbetriebs. Sie traf den richtigen Ton bei der Beschreibung der Probleme, Hoffnungen, Erfolge und Enttäuschungen. Das brachte ihr Kritik von parteipolitischer Seite, aber viel Zuspruch von seiten der Leserschaft ein. Offizielle Anerkennung stellte sich erst ein, als die große Anna Seghers (1900-1983) das Werk der jungen Kollegin bewundernd würdigte.

Trotz der Bemühung der Schriftsteller um mehr Alltagsnähe und der Bildung von „Zirkeln schreibender Arbeiter“: die Kunst ließ sich nicht kommandieren, und die Furcht vor Instrumentalisierung durch die SED-Propaganda schreckte viele Autoren letztlich doch ab. Spätere Versuche der Partei, der Literatur den Bitterfelder Weg erneut zu weisen, scheiterten 1964 und 1971. Tölpelhafte Direktiven von ahnungslosen Funktionären diskreditierten das Vorhaben ebenso wie schlechte Ergebnisse. Der Schriftsteller Erwin Strittmatter (1912-1994, „Ole Bienkopp“, 1963) brachte es auf die Formel: Die Literatur der schreibenden Arbeiter sei den lesenden Arbeitern nicht zuzumuten.

Sozialistischer Realismus

Durch Beschluss der KPdSU vom 23.4.1932 wurde der offiziellen sowjetischen Literatur, Kunst und Musik sozialistischer Realismus als verbindliche Theorie und Methode verordnet. Er fordere „vom Künstler eine wahrheitsgetreue, konkret-historische Darstellung der Wirklichkeit in ihrer revolutionären Entwicklung“. Der positive Held als Überwinder der bürgerlichen Verhältnisse, als treues Parteimitglied und als Verteidiger sozialistischer Errungenschaften rückte in den Mittelpunkt einer affirmativen Kunst, die zum bloßen Propagandainstrument verkam. Sozialistischer Realismus galt nach 1945 auch als oberste kulturpolitische Leitlinie in der DDR, wie sie etwa im Bitterfelder Weg zum Ausdruck kam. Sie wurde mittels Zensur und Fördermaßnahmen durchgesetzt. Erst allmählich wandelte sich das Bild seit Ende der 1960er Jahre, als etwa in der Malerei die Lösung vom starren Realismus gelang.

Erfahrungsaustausch zwischen Arbeitern und Schriftstellern: Helmut Jobst (d.v.r.), Brigitte Reimann (z. v. r) und Siegfried Pietschmann (r) im Gespräch mit schreibenden Arbeitern aus Aue, dem Kombinat „Schwarze Pumpe" und Rönneberg, April 1961.

Justiz im Dienst der Propaganda

Urteil gegen Theodor Oberländer (29.4.1960)

Die deutsch-deutsche Auseinandersetzung wurde von der DDR gern auch mit vergangenheitspolitischen Mitteln ausgetragen. Da alte Nazis in der Bundesrepublik Karriere gemacht hatten, versuchte Ostberlin den westdeutschen Staat insgesamt in ein „faschistisches" Licht zu rücken. Dankbare Zielscheibe war vor allem der NS-Jurist Hans Globke, als Staatssekretär im Kanzleramt ein enger Vertrauter Adenauers. 1960 entdeckten die DDR-Fahnder einen fast genauso gut propagandistisch nutzbaren Makel auf der demokratischen BRD-Weste: Theodor Oberländer, seit 1953 im Kabinett Adenauer ausgerechnet für Vertriebene zuständig.

In Mordaktionen verwickelt

Anders als beim angeblichen KZ-Baumeister und Bundespräsidenten Heinrich Lübke (im Amt 1959-1969), den man mit gefälschtem Material anzuprangern suchte, erwies sich die Anklage gegen Oberländer als durchaus brisant. Der Politiker war ein Nazi der ersten Stunde, hatte am Hitler-Putsch 1923 teilgenommen und war nach 1933 zügig als Ost-Experte und Anhänger der NS-Volkstumspolitik zum Professor aufgestiegen und im Krieg zum Leiter des Sabotagetrupps „Nachtigall" und zum „Bandenbekämpfer" gegen Partisanen im Osten. Seine Einheiten waren nachweislich in Mordaktionen verwickelt. Das Oberste Gericht der DDR (siehe Kasten), das Oberländer im April 1960 den Prozess in Abwesenheit machte, unterstellte seine Beteiligung an diesen Massakern, was aber nach Ansicht der Bonner Staatsanwalt nicht nachzuweisen war. Während diese daher entsprechende Ermittlungen einstellte, verurteilte das Ostberliner Gericht den 54-jährigen Oberländer am 29.4.1960 zu lebenslanger Haft.

Ablenkung von eigenen Schurken

Trotz der Zweifel an den Beweisen des Gerichts wurde der Druck auf den Minister so groß, dass ihn Adenauer nicht mehr halten konnte; Oberländer trat im Mai 1960 zurück. Für die DDR war sein Fall endlich ein Erfolg, der bei Globke nicht geglückt war. Er zahlte sich auch nach innen aus, stellte die SED-Propaganda die DDR doch stets als das „andere Deutschland" dar, das mit den Verbrechen der Hitler-Zeit nichts zu tun habe. Etwaige alte Nazis hätten sich längst in den Westen abgesetzt oder seien rechtskräftig abgeurteilt, während sie in der BRD wieder in Schlüsselpositionen säßen. In Wirklichkeit bezweckte die DDR-Führung mit solchen spektakulären Fällen auch Ablenkung davon, dass eben doch noch eine erkleckliche Zahl von NS-Tätern auch in ihren Grenzen lebte und etwa in der jungen NVA untergekommen war.

Oberstes Gericht

Mit Gesetz vom 8.12.1949 wurde in der DDR ein Oberstes Gericht geschaffen für Strafsachen von „überragender Bedeutung" und als Instanz, die rechtskräftige Entscheidungen anderer Gerichte in Zivil- und Strafsachen aufheben (kassieren) konnte. Seine Rechtsprechung und Auslegung der Gesetze war nach der Verfassung von 1968 maßgeblich für alle Gerichte der DDR. Die Richter des Obersten Gerichts wurden von der Volkskammer auf fünf Jahre gewählt und waren dem Parlament und zwischen dessen Tagungen dem Staatsrat verantwortlich. Entgegen den in demokratischen Rechtsstaaten geltenden Prinzip der Gewaltentrennung war diese höchstrichterliche Instanz also nicht unabhängig, sondern nach dem Grundsatz des Demokratischen Zentralismus ein politisches Instrument der Staatsführung und damit letztlich der SED. Da es in besonders schwerwiegenden Fällen angerufen wurde, fehlte gerade in politischen Strafsachen jede Berufungsmöglichkeit.

Noch nach dem Urteil gegen Oberländer wurde die Kampagne durch Steckbriefaktionen fortgesetzt und die „Bonner Revanchepolitik“ angeprangert (Foto vom 20.6.1960 in Ostberlin).

Regierung über der Regierung

Bildung des Staatsrats (12.9.1960)

Nach dem Vorbild des Obersten Sowjets in der UdSSR schaffte die DDR am 12.9.1960, fünf Tage nach dem Tod von Wilhelm Pieck, das Präsidentenamt als „bürgerliches Relikt" ab und bildete als ein Organ der Volkskammer den Staatsrat als kollektives Staatsoberhaupt. Den Vorsitzenden und damit das eigentliche Staatsoberhaupt stellte die stärkste Fraktion, also die SED, die Walter Ulbricht ins Amt wählen ließ; ihm standen acht Stellvertreter aus der SED und den anderen Blockparteien (siehe Kasten) sowie zwanzig oder mehr weitere Mitglieder aus FDGB, Politbüro, Zentralkomitee zur Seite. Sie alle wurden vom Parlament auf fünf Jahre gewählt. Der Vorsitzende des Staatsrats unterzeichnete und verkündete die Gesetze, nahm die völkerrechtliche Vertretung der DDR wahr und verpflichtete (vereidigte) die Mitglieder des Ministerrats (Regierung) bei Amtsantritt. Der Staatsrat ratifizierte und kündigte internationale Verträge, ernannte die Botschafter der DDR, verlieh Orden und hatte das Gnadenrecht; bei ihm waren die ausländischen Geschäftsträger akkreditiert.

Oberster Gerichtsherr

Mit der Zeit verlagerte Ulbricht immer mehr Kompetenzen in den Staatsrat bis hin zu gesetzgeberischen Funktionen und Kontrollrechten gegenüber den anderen Organen des Staatsapparats. Der Staatsrat sorgte für die verbindliche Auslegung von Gesetzen, entschied über Annahme und Weiterleitung von Gesetzesvorlagen an das Parlament, beraumte die Wahlen zur Volkskammer an, berief deren konstituierende Sitzung nach der Wahl ein, ließ Volksbefragungen ansetzen und ernannte den Wahlleiter der DDR. Der Staatsrat berief die Mitglieder des Nationalen Verteidigungsrates und verkündete den Verteidigungsfall. Das Oberste Gericht des Staates und der oberste Ankläger (Generalstaatsanwalt) unterlagen den Weisungen des Staatsrats, der zudem die Volkskammer während deren Sitzungspausen vertrat.

Wegen der vielfältigen Personalunion mit den Spitzen der SED wurde der ursprünglich eher repräsentativ angelegte Staatsrat zur eigentlichen Regierung über der Regierung und gewann durch das Recht zur Berufung der Mitglieder des Nationalen Verteidigungsrates und zur Proklamation des Verteidigungsfalles eine Schlüsselrolle. Ulbricht war damit als Parteichef und Staatsoberhaupt fast allmächtig; die formal bei Beginn jeder neuen Legislaturperiode erforderliche Neuwahl des Staatsrats durch die Volkskammer bestand aus purem Abnicken. Das rief den Widerstand des Politbüros und des Ministerrats hervor, und nach Ulbrichts Sturz wurde der Staatsrat durch Verfassungsänderung vom 7.10.1974 wieder auf seine ursprünglichen Funktionen zurückgestuft.

Blocksystem

Die Lehren aus dem Debakel der Arbeiterparteien 1933 wurden in der SBZ und in der DDR nicht durch mehr Demokratisierung gezogen, sondern durch ein Bündnis aller „antifaschistisch-demokratischen" Kräfte zum Blocksystem: Die Kommunisten suchten die Verbindung mit den bürgerlichen Kräften und banden sie in einen Einheitsblock ein, in dem sie sich zuvor die Führung gesichert hatten. In der DDR bildete sich so eine Nationale Front aus den Parteien SED, CDU, LDPD (Liberaldemokraten), NDPD (Nationaldemokraten) und DBD (Bauernpartei) sowie den Massenorganisationen FDGB, FDJ, KB (Kulturbund), DFD (Frauenbund) und VgB (Bauernhilfe). Sie konnten sich nur gemeinsam in einer Einheitsliste für die Parlamente bewerben, wobei die Mandatszahl der einzelnen Parteien vorher festgelegt war. Die Blockparteien handelten im Parlament einheitlich und bildeten die Regierung, eine Opposition gab es nicht. Das Blocksystem ist damit faktisch ein Einparteiensystem.

Nein, kein Barockbau, sondern eine moderne Fassade mit einem eingefügtem Portal des Stadtschlosses aus dem frühen 18. Jahrhundert. Im Dezember1964 fertiggestellt, wurde das Gebäude am Schlossplatz (damals Marx-Engels-Platz) zum Sitz des Staatsrats. Vom Balkon des Portals hatte Karl Liebknecht am 9.11.1918 die sozialistische Republik ausgerufen, wie sie aber erst die DDR nach eigenem Verständnis realisierte.

Donner an der Donau

Gipfeltreffen Kennedy/Chruschtschow (3./4.6.1961)

Die sowjetische Drohkulisse um Berlin war auch im Juni 1961 noch nicht abgebaut, und der sowjetische Parteichef Chruschtschow schien sie auch noch eine Weile nutzen zu wollen. Die Gelegenheit war günstig: Der neue US-Präsident Kennedy war gerade erst ein halbes Jahr im Amt und daher vielleicht anfällig für Drohungen. Der UdSSR war es soeben (12.4.) geglückt, den ersten Menschen, Juri Gagarin, in eine Umlaufbahn um die Erde zu schießen. Und die USA standen nach der zur selben Zeit desaströs gescheiterten Invasion von Exil-Kubanern auf der vom Revolutionär Castro eroberten Zuckerinsel vor einem politischen Scherbenhaufen. Mit seinem vollen Gewicht konnte der runde Sowjetführer am 3.6. dem jung-schlanken amerikanischen Präsidenten gegenübertreten, als es zum ersten Gipfeltreffen der beiden mächtigsten Männer der Welt in Wien kam.

Drohende Konfrontation

Im Zentrum der Beratungen stand die deutsche Frage, doch durften weder DDR noch BRD mitreden. Chruschtschow erläuterte noch einmal, dass es endlich einen Friedensvertrag mit dem besiegten Deutschland geben müsse, und wenn die Westmächte da nicht mitzögen, werde die UdSSR eben einseitig mit der DDR abschließen. Kennedy protestierte energisch gegen die damit verbundene Verletzung der von den Westmächten erkämpften Rechte in West-Berlin. Einige Beobachter fanden allerdings, der Präsident habe zu weich reagiert, wohl weil ihm eine Konfrontation mit der Atommacht Sowjetunion größere Sorgen machte, als er eingestand. Nach der Rückkehr in Washington beauftragte er jedenfalls umgehend seine Stäbe, Pläne auszuarbeiten für den Fall, dass es zu einer erneuten Abriegelung von West-Berlin kommen würde.

So wenig der Gipfel also greifbare Ergebnisse zeitigte, als so aufschlussreich erwies sich das, was danach geschah: nichts. Jedenfalls nichts von dem, was vom Kremlherrn angedroht worden war. Hatte die DDR gehofft, nun bald die Berliner Beute einsacken zu können, so sah sie sich getäuscht. War Chruschtschows Fuchteln mit einem separaten Friedensvertrag nur Theaterdonner gewesen? Das begann man jedenfalls in Bonn bald zu hoffen, bis dann doch der Blitz einschlug (siehe nächstes Kapitel), wenn auch in anderer Form als erwartet. Die Wiener Kraftmeierei der Sowjets war die Artillerie-Vorbereitung für einen Coup, mit dem der Westen nicht gerechnet hatte. Dabei hätte man durchaus etwas ahnen können. Was hatte Ulbricht kurz nach dem Wiener Gipfel gesagt: „Niemand hat die Absicht, in Berlin eine Mauer zu bauen." Hatte auch keiner behauptet. Warum dann das Dementi?

Außenpolitik

Vorbehaltsrechte der Siegermächte schränkten die Souveränität beider deutscher Staaten ein. In der DDR hatte das schon fünf Tage nach Gründung des Staates geschaffene Außenministerium aufgrund der sowjetischen Vorherrschaft noch weniger Spielraum als das Bonner Auswärtige Amt; das änderte sich auch später nicht, da gemäß einer 1968 verkündeten Doktrin von der eingeschränkten Souveränität der sozialistischen Länder die Richtlinien aus Moskau kamen. Die DDR wandelte sich daher nur von einer Besatzungszone in einen sowjetischen Satellitenstaat, dem wegen seiner Lage im Kalten Krieg besondere Bedeutung zukam. Die DDR wurde in den Rat für gegenseitige Wirtschaftshilfe (RGW) und in den Warschauer Pakt eingegliedert. Dank wachsender Wirtschaftskraft gewann sie im Ostblock an Gewicht, musste aber der Entstalinisierung durch Chruschtschow Ende der 1950er Jahre widerwillig folgen, weil sie etwa in der Berlin-Frage auf die Hilfe aus Moskau angewiesen war.

Nikita Chruschtschow und Jackie Kennedy beim Empfang in Schloss Schönbrunn während des Gipfeltreffens im Juni 1961 in Wien.

Schlupfloch geschlossen

Bau der Berliner Mauer (13.8.1961)

Mitschriften der Gespräche zwischen Chruschtschow und Kennedy lagen Ulbricht schon wenige Tage später vor, und er arbeitete sie akribisch durch. Seine Unterstreichungen belegen, was er daraus folgerte: Bei einer neuen Berlin-Blockade war mit dem jungen US-Präsidenten nicht zu spaßen. Wenn aber an den Rechten in und am Zugang der Westmächte nach West-Berlin nicht gerüttelt würde, konnte der Osten mit Stillhalten rechnen. Jetzt galt es zu handeln: Es ging weder dem Kreml noch der SED um einen Friedensvertrag, sondern allein darum, dass der alltägliche Aderlass Richtung Westen gestoppt wurde. Im Vorjahr hatten rund 200 000 meist junge, gut qualifizierte Menschen dem Arbeiter-und-Bauern-Paradies den Rücken gekehrt, im ersten Halbjahr 1961 waren es schon über 150 000 und insgesamt belief sich die Fluchtbilanz seit der Staatsgründung der DDR auf 2,7 Millionen; Berlin war das Hauptschlupfloch. Das hätte selbst eine stärkere Volkswirtschaft nicht verkraftet.

Anfang August 1961 ging dann alles sehr schnell: Am 3. tagten die Warschauer-Pakt-Staaten in Moskau und gaben Ulbricht grünes Licht für „Maßnahmen zur Sperrung der Sektorengrenze in Berlin". Am 6. wurden vier Divisionen der Volksarmee nach Berlin in Marsch gesetzt. Am 7. traf der sowjetische Marschall Konjew in der DDR ein und übernahm das Oberkommando über die dort stationierten Kräfte der Roten Armee. Täglich beriet das Politbüro. Am 11. segnete die Volkskammer die geplanten Aktionen ab. Am 12. gingen Ulbrichts Einsatzbefehle an die NVA-Truppen heraus; die sowjetischen Streitkräfte im Land wurden in Gefechtsbereitschaft versetzt. Und während der Westteil Berlins in den 13.8. schlief, wurde es im Osten lebendig. Scheinwerfer flammten auf. Posten bezogen entlang der Sektorengrenze Stellung. Lastwagen rumpelten heran. Pioniere luden Betonpfähle ab. Stacheldraht rollte.

Kein Weg mehr hinaus

In den nächsten Tagen und Wochen verstärkte die DDR die Sperren zu einer mehrere Meter hohen und 43,1 Kilometer langen Mauer quer durch Berlin. Dieser „Antifaschistische Schutzwall" sollte also angeblich nicht Flüchtlinge stoppen, sondern das Einsickern von „Lockvögeln, Agenten und Saboteuren" verhindern. Die 111,9 Kilometer langen Grenzanlagen rund um West-Berlin wurden ebenso drastisch ausgebaut, so dass auch dort kein Weg mehr hinaus- oder hineinführte. Dass sich die Mauer vorwiegend gegen die eigene Bevölkerung richtete, belegte schon der Schießbefehl für die dort stationierten Grenzer. Insgesamt über 200 Menschen sollten in den folgenden 28 Jahren Versuche, Sperranlagen und Mauer zu überwinden, mit dem Leben bezahlen.

> ### *Tauwetter*
> *Nach einem Roman von Ilja Ehrenburg (1891-1967) wurde die nach Stalins Tod 1953 einsetzende Lockerung der ideologischen Dogmen durch die sowjetische Führung unter Chruschtschow als „Tauwetter" bezeichnet. Die DDR-Führung folgte dieser minimalen Liberalisierung aufgrund der Erfahrungen mit dem Volksaufstand des 17.6.1953 nur zögernd und begrüßte es, als Moskau nach dem Ungarnaufstand 1956 die Zügel wieder anzog. Das wirkte sich auch kulturell aus. Hatten sich im Zuge der Entstalinisierung vermehrt kritische Geister zu Wort gemeldet, so signalisierte den DDR-Intellektuellen die Kampagne gegen den sowjetischen Schriftsteller Boris Pasternak bald, dass das Tauwetter wieder vorbei war. Pasternaks Roman „Dr. Schiwago" (1957) durfte in der UdSSR wegen religiöser Tendenzen und revolutionskritischer Passagen nicht erscheinen, den 1958 verliehenen Nobelpreis für Literatur musste der Dichter ablehnen (1989 postum seinem Sohn übergeben).*

„Ostdeutschlands Ulbricht" – Bis auf den Titel des weltbekannten US-Nachrichtenmagazins „Time" brachte es der spitzbärtige SED-Chef mit seinem Mauerbau, symbolisiert durch das zuschnappende rote Kettenschloss (Ausgabe vom 25.8.1961).

Ein typischer Eklat

Dramatiker Heiner Müller gemaßregelt (30.9.1961)

Schon der Titel weckte Argwohn bei den Parteifunktionären: „Die Umsiedlerin oder Das Leben auf dem Lande", nannte der Dramatiker Heiner Müller (1929-1995) sein Stück über die Bodenreform der SMAD und die nachfolgende Kollektivierung der Landwirtschaft in der DDR. Hatte er etwa den seltsamen Sprachgebrauch der SED karikiert, die nie von „Vertreibung" sprach, sondern von „Umsiedlung"? Ganz sicher konnten sich da die Spitzel nicht sein, die sich am 30.9.1961 die Uraufführung an der Studentenbühne der Berliner Hochschule für Ökonomie ansahen. Immerhin fing die Sache noch ganz vernünftig an, indem die Landzuteilung an bisher mittelose Menschen durch die Bodenreform als Chance dargestellt wird. Aber dann: Es fehlt an allem, was die kleinen Parzellen erfolgreich arbeiten ließe. Die Bürokratie macht den Leuten das schwere Leben noch schwerer, und die Idealisten, die den „neuen Menschen" verkünden, wirken eher komisch im allzumenschlichen Gerangel.

„Reaktionäres Machwerk"

Und da lag der Haken: Was Müller als rustikale Komödie mit Hintersinn angelegt und auf die Bühne gebracht hatte, nahmen die Parteiaufpasser zum Nennwert, nämlich als Kritik am holprigen Weg in die verkündete schöne, neue, sozialistische Welt. Und das jetzt in der Unruhe wegen des Mauerbaus! Das Stück wurde als „reaktionäres Machwerk" sofort abgesetzt, 32 Beteiligte erhielten Parteistrafen, Heiner Müller wurde aus dem Schriftstellerverband ausgeschlossen. Das hätte für einen anderen Autor wohl das Aus bedeutet, und auch Müller hatte es schwer in der Folgezeit. Obwohl er das Stück 1965 umschrieb, konnte es in der DDR erst 1976 aufgeführt werden. Müller wurde Dramaturg am „Berliner Ensemble", seine Stücke kamen fortan oft zuerst im Westen auf die Bühne. Ihre Erfolge ließen auch die Partei aufhorchen. Müller erhielt Auszeichnungen, wurde in die Akademie der Künste und auch wieder in den Schriftstellerverband aufgenommen.

Fördern und beaufsichtigen

Seine wechselvolle Karriere spiegelte die Unsicherheit der SED-Kulturpolitiker, die nie so recht wussten, welche Miene sie zu den Produktionen ihrer Künstler und Schriftsteller machen sollten. Phasen der Liberalität wechselten mit Eiszeiten, und bespitzelt wurden alle Intellektuellen und die, die man dafür hielt. Dabei war unbestritten, dass man sie brauchte zu erfolgreicher Selbstdarstellung. In die Förderung und Ausbildung von Künstlern, Musikern und Literaten steckte der Staat erhebliche Mittel (siehe Kasten), in ihre Beaufsichtigung freilich kaum weniger. Und dennoch oder gerade deswegen blieb ein Fremdeln zwischen Politik und Geist, nicht zuletzt sichtbar an der großen Zahl von Wechslern in den Westen.

Kunsthochschulen

Kaum zu zählen waren die Schulen, Fördereinrichtungen, Stipendien und sonstige Anreize für künstlerisch-literarisch Begabte. Das reichte von Jugendmusikschulen bis zu den Kunsthochschulen. Erfolgreiche Absolventen konnten sicher sein, dass sie Arbeitsmöglichkeiten und Aufträge bekommen würden. Allerdings nur dann, wenn sie sich gewissen Ansprüchen anpassten. Nicht erwünscht waren Experimente. Die Auftraggeber, gewöhnlich staatliche Stellen, Massenorganisationen, Verbände, Gewerkschaften, bevorzugten wie die amtlichen Kulturfunktionäre Ware für das breite Publikum. Die Arbeiter finanzierten den Kulturbetrieb, also hatten sie auch ein Anrecht auf für sie Verständliches. Was noch vor nicht allzu langer Zeit als „entartet" diffamiert worden war, hieß jetzt „dekadent".

Als „Brecht der zweiten Jahrhunderthälfte" wurde Heiner Müller von einigen Literaturkritikern gepriesen. Leider war er nicht so weltberühmt wie dieser und daher allerhand Schikanen der Kulturfunktionäre ausgesetzt (Foto um 1995).

Babyjahr und Kinderkrippe

Politbüro-Bilanz zur Rolle der Frau (23.12.1961)

In der DDR gehörte die Gleichstellung der Frau von Anfang an zu den Zielen der Gesellschaftspolitik. Der Demokratische Frauenbund Deutschlands (siehe Kasten) sah als seine Hauptaufgabe, „Frauen aus allen Schichten der Bevölkerung für die Arbeit in der Produktion zu gewinnen". Das entsprach auch dem Anliegen der SED, deren Politbüro am 23.12.1961 eine Resolution veröffentlichte mit dem Titel: „Die Frau – der Frieden und der Sozialismus". Darin wurden die Leistungen der Frauen gebührend gewürdigt und hervorgehoben, wie weit sie es im sozialistischen Staat schon gebracht hätten. Weiter hieß es: „Das Politbüro ist jedoch der Meinung, dass diese großen Fähigkeiten und Leistungen der Frauen und Mädchen ungenügend ... genutzt werden. Die Hauptursache dafür ist die bei vielen – besonders bei Männern, darunter auch leitenden Partei-, Staats-, Wirtschafts- und Gewerkschaftsfunktionären – noch immer vorhandene Unterschätzung der Rolle der Frau."

Sparkassen als Frauendomäne

Das Politbüro war das beste Beispiel für die Berechtigung der Kritik: Unter den sieben Mitgliedern zur Zeit der Entschließung war keine Frau, unter den 15 Kandidaten waren gerade einmal zwei Frauen. Und auch in den folgenden Jahren brachte es keine Frau zur Vollmitgliedschaft im Politbüro. Man(n) sorgte lieber für soziale Wohltaten: Zur Erleichterung der Vereinbarkeit von Familie und Beruf wurden zahlreiche Maßnahmen ergriffen (Verlängerung des Wochenurlaubs, bezahltes Babyjahr, Arbeitszeitverkürzung für Mütter, Erhöhung des Kindergeldes, Ausbau von Kinderkrippen, Straffreiheit bei Schwangerschaftsabbruch bis zur zwölften Woche). Der Anteil von Frauen in frauenuntypischen Berufen lag höher als in der BRD, ebenso der Anteil von Frauen auf der mittleren Führungsebene der Betriebe (so wurden 90 Prozent der Sparkassen von Frauen geleitet). Höher hinaus allerdings ging es ebenso selten wie im kapitalistischen Westen. Diese „Emanzipation von oben" konnte bestimmte Traditionen nicht verändern. Die männlichen Vorurteile bröckelten, wenn überhaupt, nur sehr allmählich, die Hausarbeit blieb weiter weibliche Domäne, und die sozialen Errungenschaften vermochten die Doppelbelastung nie ganz auszugleichen. Die verordnete Emanzipation blieb beschränkt auf eine Fürsorge für die Frau und wurde in feministischen Kreisen als „Muttipolitik" verspottet. Feministinnen formierten sich in der DDR erst sehr spät, weil der Staat gegensteuerte; er hielt die eigenen Bemühungen um die Durchsetzung der vollen Gleichberechtigung für völlig ausreichend, ja für weitgehender als die Utopien von radikalisierten Frauen.

Demokratischer Frauenbund Deutschlands (DFD)

Bei Kriegsende bildeten sich in der SBZ „antifaschistische Frauenausschüsse", aus denen am 8.3.1947 auf dem „Deutschen Frauenkongress für den Frieden" der Demokratische Frauenbund Deutschlands entstand. Überparteilich gedacht, geriet er bald ins Schlepptau der SED und ihr Blocksystem; der DFD war mit 32 Abgeordneten in der Volkskammer vertreten. Ein 1951 gegründeter bundesdeutscher Ableger wurde 1957 verboten. Programmatisch unterschied sich der DFD von der Staatspartei nur in der stärkeren Betonung seines Kampfes für die Verwirklichung des Verfassungsgebots der Gleichberechtigung. In der Praxis widmeten sich seine Organisationen vor allem der Ehe-, Erziehungs- und Familienberatung und bemühten sich um Entlastung berufstätiger Mütter. Außerdem bot der zuletzt anderthalb Millionen Mitglieder umfassende DFD ein breites Kultur- und Bildungsprogramm an und schuf seit 1967 eigene „Frauenakademien".

Durch Krieg und Flucht war in den 1950/60er Jahren ein erheblicher Facharbeitermangel spürbar. Frauen sollten einspringen. Sie konnten ihre Kleinen schon acht Wochen nach der Geburt oder nach einem Babyjahr in Kinderkrippen betreuen lassen (Foto: Krippe in Hoyerswerda 1963).

Schutz des sozialistischen Vaterlandes

Einführung der Allgemeinen Wehrpflicht (24.1.1962)

Der Einsatz der NVA in der gespannten Lage während des Mauerbaus hatte Unzulänglichkeiten in Ausbildung und Ausrüstung, aber auch hinsichtlich der Personalstärke sichtbar werden lassen. Bisher hatten sich die Streitkräfte durch Freiwillige ergänzt, doch erbrachten selbst aufwändige Werbekampagnen von FDJ, Gewerkschaften und Partei nicht genügend Bewerber, unter anderem auch weil sich Betriebe weigerten, Männer zum Wehrdienst freizustellen. Am 24.1.1962 verabschiedete daher die Volkskammer ein Gesetz zur Einführung der Allgemeinen Wehrpflicht als „Recht und Ehrenpflicht" aller Männer vom 18. bis zum 50., Offiziere bis zum 60. Lebensjahr; im Verteidigungsfall sollte sich die Wehrpflichtigkeit generell bis zum 60. Lebensjahr erhöhen. Die Dauer des Wehrdienstes betrug 18 Monate und wurde gewöhnlich mit 18 oder 19 Jahren, also nach Abschluss der Berufsausbildung oder zwischen Abitur und Aufnahme des Studiums bei der NVA oder bei den Grenztruppen abgeleistet.

Freiwillige Frauen

Soldaten, Unteroffiziere und Offiziere auf Zeit dienten mindestens drei Jahre. Berufssoldaten gehörten der NVA zehn (Unteroffiziere) oder 25 Jahre (Offiziere) an. Voraussetzung für die Zeit- oder Berufssoldaten-Laufbahn war der erfolgreiche Abschluss der 10. Klasse einer allgemeinbildenden Oberschule und eine Facharbeiterausbildung, für die Karriere als Offizier war das Abitur Voraussetzung. Dienst im Ministerium des Staatssicherheitsdienst (Stasi), in kasernierten Einheiten der Volkspolizei oder der Transportpolizei waren dem Wehrdienst gleichgestellt. Frauen konnten freiwillig Wehrdienst leisten, erhielten aber keine Grundausbildung wie die Männer an der Waffe, sondern wurden im Sanitätsbereich oder zu administrativen Tätigkeiten eingesetzt.

Uniformzwang

Eine Wehrdienstverweigerung der „Ehrenpflicht" zum „Schutze des sozialistischen Vaterlandes", des Staates und seiner Bürger konnte es nicht geben. Aufgrund vieler Widerstände schuf man jedoch am 7.9.1964 die Möglichkeit, einen waffenlosen Wehrdienst als Bausoldat zu leisten (siehe Kasten). Alle Männer wurden im 17. Lebensjahr durch die Wehrbezirkskommandos gemustert, für wehrfähig befundene erhielten einen Wehrdienstausweis und unterlagen fortan der Wehrüberwachung. Während des Grundwehrdienstes mussten die Rekruten stets Uniform tragen; Ausgeh- und Urlaubszeiten waren äußerst kurz, damit sich die jungen Männer an das Leben im Kollektiv und an harte Lebensumstände anpassen lernten.

Bausoldat

Obwohl nicht vorgesehen, kamen vor allem von religiös eingestellten jungen Männern immer wieder Anträge, vom Waffendienst befreit zu werden. Manche, wie die Zeugen Jehovas, weigerten sich überhaupt, einen Dienst zu leisten, weil sie den Eid auf den Staat nicht mit ihrer Überzeugung vereinbaren konnten. Sie sahen sich schweren Strafen ausgesetzt wie schon in der Zeit des Hitlerreiches. Für andere aber, die natürlich lieber ganz befreit worden wären, gab es „als gerade noch vertretbares Zugeständnis der Regierung" die Möglichkeit, der Dienstpflicht als Bausoldat der NVA nachzukommen. Bevorzugt zog man sie für die Mitarbeit bei der Beseitigung von Manöverschäden oder zur Errichtung militärischer Anlagen heran, weil die ebenfalls dem Ministerium für Nationale Verteidigung unterstellten Soldaten auch ein Stück zur Verteidigung beitragen sollten. Bausoldaten hatten nicht selten nach ihrer Dienstzeit erhebliche gesellschaftliche und berufliche Nachteile und galten als „Drückeberger".

Die preußisch-konservativen Uniformen der NVA ähnelten denen von Reichswehr und Wehrmacht auf überraschende Weise. Ja selbst der vergleichsweise modern anmutende Stahlhelm war kein originäres DDR-Design, sondern griff zurück auf deutsche und sowjetische Vorbilder.

Devisen abschöpfen

Gründung der Handelsorganisation Intershop (1962)

Devisenknappheit war zu allen Zeiten eines der Hauptprobleme der DDR-Wirtschaft. 1957 wurde daher die GENEX gegründet (siehe Kasten), die viel, aber natürlich nicht genügend einbrachte. Es folgte daher 1962 eine weitere Gründung: Die Ladenkette Intershop, eine staatliche Handelsorganisation, nahm den Betrieb auf. In ihren Geschäften konnten zunächst ausschließlich Reisende aus westlichen Ländern mit frei konvertierbarer Hartwährung einkaufen, weswegen es anfangs nur an Grenzübergangsstellen, auf Transitwegen, in den 1965 gegründeten Interhotels und in Bahnhöfen Intershops gab. Sie boten vornehmlich Qualitätswaren aus dem „kapitalistischen Ausland" an.

Westgeld, Kurzbezeichnung für D-Mark, aber auch für Dollar, lief in der DDR in wachsendem Maß um und wurde zu einer Art Nebenwährung, für die es Dinge und Dienstleistungen gab, die mit Ost-Mark kaum zu bekommen waren. Überlegungen, wie auch diese Devisen am besten abgeschöpft werden könnten, kursierten schon eine Weile, ehe der Ministerrat am 19.12.1973 beschloss, vom kommenden Jahresbeginn an auch den eigenen Bürgern den Besitz offiziell zu gestatten und ihnen die Möglichkeit zu geben, damit in den Intershops einzukaufen. Das führte zu einer deutlichen Vermehrung der Läden, die nun auch in fast allen größeren Städten öffneten. Schließlich boten insgesamt 250 Filialen die Möglichkeit zum „West-Einkauf". Zur Angebotspalette gehörten vor allen Nahrungs- und Genussmittel, Elektronik, Kleidung, Schmuck, Kosmetik- und Toilettenartikel, Autozubehör, Spielwaren und Blumen.

Währungsgefälle

Das führte zu sozialen Verwerfungen, denn so verbreitet Westgeld auch sein mochte, nicht jeder hatte es. Solche Leute gehörten damit zum „DDR", wie im Volksmund „der dämliche Rest" der Habenichtse in Sachen Hartwährung hämisch hieß. Dem schuf der Staat noch im gleichen Jahr 1962 ein Ventil durch die so genannten Exquisit-Läden, in denen man einen Teil der raren Waren, die im Intershop erhältlich waren, auch mit DDR-Mark kaufen konnte, allerdings zu deftigen Preisen, die bis zu einem gewissen Grad das offiziell geleugnete wirkliche Wertgefälle zwischen den Währungen spiegelte. Das wurde 1979 mit einer weiteren Verordnung gegen die hohe Verschuldung im Ausland genutzt, indem fortan DDR-Bürger nicht mehr direkt mit Westgeld im Intershop zahlen durften, sondern nur mit Mark-Schecks, die vorher 1:1 bei Banken einzutauschen waren. Diese Schikane forderte vom Personal die Überprüfung der Staatsangehörigkeit der Kunden, wozu die Bereitschaft wenig ausgeprägt war, so dass die Bestimmung bald wieder verpuffte.

GENEX

Der ständige Devisenmangel der DDR machte erfinderisch: 1957 rief die DDR-Regierung eine Geschenkdienst GmbH ins Leben, kurz GENEX genannt. Über die von der SED betriebene Firma und ihre Filialen in Dänemark und der Schweiz konnten Bürger westlicher Staaten DDR-Bürgern hochwertige, unerschwingliche Waren aus dem Westen oder auch aus östlicher Produktion schenken, mussten dafür aber in „harten" Devisen, also in Westwährungen bezahlen. Die fast ausschließlich von wohlhabenden Bundesdeutschen genutzte GENEX lieferte ohne Wartezeiten und zu erheblich niedrigeren Preisen als sie in der DDR galten: So kostete der 20 000 Ost-Mark teure Wartburg-Pkw nur rund 9000 DM. Damit unterlief die GENEX den zum Schein aufrechterhaltenen offiziellen Kurs von 1:1, weswegen über ihre Geschäfte in DDR-Medien wenig bis nichts berichtet wurde.

Über zehn Jahre mussten die DDR-Bürger warten, ehe auch sie in die Konsumtempel der Intershops Einlass und dort für ihr Westgeld Waren bekamen, die es sonst meist nicht einmal für Berge von Geld gab.

Papiertiger

Einsetzung der Arbeiter-und-Bauern-Inspektion (13.5.1963)

Planwirtschaft bedeutet notwendig immer auch Kontrollwirtschaft. In der DDR war eine der wichtigsten der zahllosen Kontrolleinrichtungen die am 13.5.1963 vom ZK der SED und dem Ministerrat eingesetzte Arbeiter-und-Bauern-Inspektion (ABI), hervorgegangen aus der Zentralen Kommission für Staatliche Kontrolle beim Ministerrat. Nach Lenins Devise: „Misstrauen ist gut, Kontrolle ist besser" sollte diese streng hierarchisch gegliederte Organisation Missstände aufdecken, mit Kritik anspornen, durch ihre Kontrolleure die Ordnung in Betrieben und Ämtern, LPGs und Vereinen stärken, Strafen verhängen, Belobigungen öffentlich machen und der Staats- und Parteiführung ein ungeschminktes Bild der Lage in Wirtschaft und Gesellschaft liefern.

Ein Heer von Ehrenamtlichen

Eine Ministerratsverordnung vom 6.8.1974 forderte von der ABI, „systematisch die tatsächliche Durchführung der Beschlüsse und Direktiven der Partei der Arbeiterklasse ... zu kontrollieren, zur Vervollkommnung der Leitung und Planung beizutragen und die Staatsdisziplin sowie die sozialistische Gesetzlichkeit zu festigen". An der Spitze der Inspektion stand das Komitee der ABI, das Befehlsgewalt über alle nachgeordneten Instanzen hatte wie Bezirkskomitees, Inspektionen der bezirksgeleiteten Kombinate, Kreis-, Stadt- und Stadtbezirkskomitees. Auf all diesen Ebenen arbeiteten hauptamtliche Kontrollpersonen, während an der Basis in Volkskontrollausschüssen in Gemeinden und Wohngebieten sowie in Kommissionen der ABI in Betrieben, Genossenschaften und anderen Einrichtungen gewählte Ehrenamtliche, insgesamt eine Viertelmillion, dominierten.

Selbstblockade

Die Komitees und Kommissionen der ABI arbeiteten mit anderen Kontrollinstanzen, insbesondere mit den Kontrollposten der FDJ (siehe Kasten) und den Arbeiterkontrolleuren des FDGB, zusammen. Da sie alle von der SED angeleitet wurden, blieben deren Gliederungen von Prüfungen verschont. Und da Unregelmäßigkeiten in Ämtern oder volkseigenen Betrieben (VEB) ebenfalls auf die Partei hätten zurückfallen können, mussten es die ABI-Kontrolleure oft bei bloßen Rügen bewenden lassen und sich mit der Rolle des Papiertigers zufrieden geben, obwohl sie Weisungsbefugnis hatten und auch Rechenschaft fordern durften. Der „demokratische Zentralismus" blockierte sich auch auf dem lebenswichtigen Gebiet der Plandurchsetzung oft selbst. Man tröstete sich über diese Ineffizienz damit hinweg, dass das Instrument der Inspektionen eher erzieherischer Art sei und auf längere Sicht dadurch Erfolge zu verzeichnen haben werde.

Kontrollposten der FDJ

Da der Jugend die Zukunft gehörte, sollte sie auch ein Recht darauf haben zu prüfen, ob in ihrem Sinne in den Betrieben gearbeitet wurde. Schon seit 1952 beriefen daher die FDJ-Leitungen sogenannte Kontrollposten, die zusammen mit der ABI, aber auch selbstständig ausrücken und Stichproben hinsichtlich Produktqualität oder sparsamer Mittelverwendung machen durften. Sie wurden aber auch zu gezielten Aktionen eingesetzt. So im Dezember 1972: Es hatte sich herausgestellt, dass es eine Schrottlücke geben werde, so dass die Stahlwerke nicht mehr zügig würden produzieren können. Die FDJ-Kontrollposten schwärmten daher aus und beschafften binnen Monatsfrist 30 000 Tonnen Schrottreserven aus zahlreichen Betrieben. Sie konfiszierten gehortetes Material, manchmal aber auch mangels Sachverstand wichtige Teile ohne viel Federlesens.

Verplante Kontrollwirtschaft: Um akutem Personalmangel Herr zu werden, setzten Nahverkehrsbetriebe (wie hier in Rostock) während der Schulferien auch Jugendliche ein. Ein „Jugendschaffner" im Blauhemd der FDJ (Foto 1961).

Politik der Nadelstiche

Passierscheinabkommen für Westberliner (seit 17.12.1963)

Obwohl die Sowjetunion mit ihrem Plan, West-Berlin zu isolieren, gescheitert war, und obwohl inzwischen die Mauer das Hauptproblem der DDR, die Abwanderung, eingedämmt hatte – die Vier-Sektoren-Stadt blieb ein Unruheherd. Ostberlin, das sich trotz der alliierten Rechte in Gesamtberlin „Hauptstadt" der DDR" nannte, bemühte sich, den Westteil von der Bundesrepublik abzukoppeln und womöglich mit einer Politik der Nadelstiche das zu erreichen, was beim großen Anlauf Chruschtschows noch nicht gelungen war. So durften nach dem Mauerbau Westdeutsche bald wieder zu Besuchen in den Ostteil der Stadt, nicht aber Westberliner. Für Bundesbürger war schon seit 1960 eine Aufenthaltsgenehmigung vorgeschrieben; nun sollte eine eigene für Westberliner geschaffen werden und in Ämtern auf S-Bahnhöfen im Westen ausgegeben werden. Das aber tangierte die Hoheitsrechte der westlichen Siegermächte, die das Vorhaben scheitern ließen.

Verhandlungsmarathon

Bis sich deutsche Vertreter zur Regelung eines Besuchsrechts für die Bewohner des Westteils von Berlin an einen Tisch setzten, dauerte es viele Monate. Hinter den Kulissen wurde um den Status etwaiger Verhandler und um den Rang eines eventuell ausgehandelten Papiers heftig und lange ergebnislos gerungen. Erst als vom Westen ein DDR-Staatsekretär statt des gewünschten Vertreters des Ostberliner Magistrats akzeptiert wurde und als die Ostseite von der Einstufung einer künftigen Regelung als Völkerrechts-Vertrag abrückte, konnten die Verhandlungen beginnen und nach dreißig Stunden in sechs Sitzungen mit einer Weihnachtsregelung am 17.12.1963 erfolgreich abgeschlossen werden: Vom 19.12.1963 bis zum 5.1.1964 hatten nun Westberliner nach 28 Monaten erstmals wieder die Möglichkeit, Verwandte im Ostteil Berlins zu besuchen. Über 1,24 Millionen Passierscheine wurden in dieser Zeit genutzt. Das zeigte, wie eng noch immer die menschlichen Beziehungen waren, die auch von der DDR zu berücksichtigen waren.

Es folgten in mehrmonatigen Abständen drei weitere Passierscheinabkommen bis Ostern 1966 für sieben Besuchszeiträume. Erst mit dem Berlin-Abkommen der Alliierten 1971 fand man zu einer dauerhaften Regelung. Bis dahin überbrückte eine im Oktober 1964 eingerichtete Passierscheinstelle für dringende Familiensachen (Geburten, Hochzeiten, lebensbedrohliche Erkrankungen, Todesfälle) den wichtigsten Besuchsbedarf. Und kam dem Devisenhunger der DDR entgegen, die einen Mindestumtausch (siehe Kasten) von Westwährung bei allen Besuchen in der DDR und in Ostberlin (meist halber Satz) verlangte; Sonderreglungen gab es für Kinder und Rentner.

Mindestumtausch

In Staaten mit Devisenbewirtschaftung war und ist es nicht unüblich, von einreisenden Ausländern den Umtausch gewisser Beträge der Fremdwährung in landesübliches Geld zu fordern. Die DDR kündigte eben dies am 25.11.1964 für den 1.12. an (5 Mark für Westdeutsche, 3 Mark für Westberliner pro Tag und Person). Da dies in aller erster Linie DM-Besitzer aus der BRD traf und diese damit als Ausland behandelt wurde, hatte Ostberlin davon einen politischen und einen wirtschaftlichen Gewinn. Letzterer bestand auch aus dem Zwang, Westgeld zum Kurs von 1:1 umzutauschen, obwohl die tatsächliche Wertrelation eher bei 1:4 und mehr zugunsten der DM lag. Nicht verbrauchtes DDR-Geld durfte nicht wieder ausgeführt werden, so dass der Gesamtbetrag (später bis zu DM 25.- pro Tag und Person) stets im Lande blieb. Im Westen hieß der Mindestumtausch daher bitter „Zwangsumtausch".

Nach zähem Ringen konnten im Dezember und Januar 1963/64 erstmals auch wieder Westberliner in den Ostteil der Stadt reisen. DDR-Grenzbeamte stellen an der Sektorengrenze Passierscheine aus (Dezember 1963).

Frucht der Freiheit

Parteiausschluss von Robert Havemann (12.3.1964)

Noch 1957 hatte er Selbstkritik geübt und damit eine Maßregelung durch die SED abwenden können: Der Chemie- und Physik-Professor Robert Havemann hatte aber mit seinem Vorpreschen in Sachen mehr Meinungsvielfalt Argwohn geweckt. Nur noch unvollkommen schützten den 1910 in München geborenen Wissenschaftler sein Ruhm als Widerstandskämpfer gegen die Nazis (Todesurteil von 1943 im Zuchthaus Brandenburg überlebt), seine eifrige Spitzeltätigkeit für die Stasi als Geheimer Informant „Leitz" seit 1953 und sein Mandat als Volkskammer-Abgeordneter des Kulturbunds. Seine Gefährdung dürfte ihm bewusst gewesen sein. Dass er noch 1959 mit dem Nationalpreis der DDR ausgezeichnet wurde, hat ihn wohl kaum täuschen können.

Skala von Möglichkeiten

Um so kühner seine öffentlichen Äußerungen in der Folgezeit. Im September 1962 hielt er in Leipzig einen Vortrag, der an die schon 1956 geäußerte, aber dann doch noch einmal zurückgenommene Kritik an Dogmatismus und politischer Erstarrung anknüpfte. Als er für den Text keine Druckmöglichkeit bekam, vervielfältigte er das Manuskript und versandte es an Kollegen in der DDR und im Ausland. Das führte zu seiner Abberufung aus der Parteileitung der Humboldt-Universität – und zu einem neuen Vorstoß Havemanns mit seiner Vorlesung „Naturwissenschaftliche Aspekte philosophischer Probleme". Darin entwickelte er einen Freiheitsbegriff, der sich nicht mehr in der marxistischen Formel erschöpfte, nach der Freiheit „Einsicht in die Notwendigkeit" sei. Stattdessen formulierte Havemann fordernd: „Wahre Freiheit haben wir erst, wenn es für unser Tun und Lassen eine breite Skala von Möglichkeiten gibt."

Revisionismus

Die Sozialdemokratie war ursprünglich eine marxistisch-revolutionäre Bewegung. In Deutschland entschied sich die SPD unter dem Einfluss von Eduard Bernstein (1850-1932) für die Revision des revolutionären Ansatzes und für die parlamentarische Demokratie. Die diesen Wandel zu einer Reformpartei nicht mitmachen wollten, spalteten sich ab und sammelten sich in der KPD, die nach 1945 in der SBZ die SPD aufsog und als SED Staatspartei der DDR wurde. Ihr galt der Revisionismus, auch Sozialdemokratismus genannt, als schlimmste Abweichung von der marxistischen Lehre, zu der wesensmäßig Klassenkampf und Weltrevolution gehörten. Gefährlich erschienen ihr vor allem Kritiker in den eigenen Reihen. Sie wurden gern als Revisionisten und damit Verräter gebrandmarkt. Auch die Entstalinisierung hatte aus SED-Sicht revisionistische Züge und wurde entsprechend halbherzig umgesetzt.

Das empfand die SED als Kampfansage und sorgte am 12.3.1964 dafür, dass der „Revisionist" (siehe Kasten) Havemann die Partei verlassen und seinen Lehrstuhl räumen musste. Als Vorwand dafür nutzte man ein Interview, das der Forscher dem „Hamburger Echo" gewährte hatte. Dieses Paktieren mit der Westpresse sei „Verrat an der Arbeiter-und-Bauernmacht", wurde ihm vorgeworfen und zudem festgestellt, dass er mit diesem Verhalten „die gegen die DDR gerichteten Pläne der Militaristen und Revanchisten" in der BRD unterstützt habe. Havemann hatte der Zeitung gesagt, die Menschen in sozialistischen Ländern brauchten nicht weniger, sondern mehr Freiheit als die in kapitalistischen Staaten. Der Sozialismus nämlich sei eine Frucht der Freiheit. Fortan hatte auch der Publizist Havemann Berufsverbot. Dennoch fand er immer wieder Möglichkeiten, sich über westliche Medien zu Wort zu melden. Zeitweilig wurde er daher sogar unter Hausarrest gestellt. 1982 verstarb der unbeugsame Kommunist und Regimekritiker.

Die von Robert Havemann im Wintersemester 1963/64 an der Humboldt-Universität gehaltene kritische Vorlesungsreihe „Naturwissenschaftliche Aspekte philosophischer Probleme" erschien in der Bundesrepublik im Jahr 1964 unter dem Titel „Dialektik ohne Dogma?" (Foto 1968).

Einmal jährlich in den Westen

Beschluss über Reisefreiheit für Rentner (9.9.1964)

Im Vorfeld des 15. Jahrestages der Staatsgründung am 7.10.1964 schlug die SED in der Deutschlandpolitik eine Doppelstrategie in mehrerlei Sinn ein. Zum einen nahm sie Abstand von der Forderung nach einem Separatfrieden mit der Sowjetunion, zum anderen sprach sie nun beharrlich von zwei deutschen Staaten und der „besonderen politischen Einheit West-Berlin". Zum einen schürte sie den innerdeutschen Konflikt durch die absurde Forderung nach 120 Milliarden DM, mit denen Bonn bei ihr wegen der „Abwerbung" von Einwohnern der DDR in der Kreide stehe; gemeint war die Massenflucht bis zum Mauerbau 1961. Zum anderen zeigte sie einen bisher ungewohnten Pragmatismus in der Frage einer Besuchsregelung für DDR-Bürger in der Bundesrepublik. Natürlich nicht für alle, aber wenigstens für Rentner. Am 9.9.1964 beschloss der Ministerrat, dass Frauen über 60 und Männer über 65 Jahren einmal jährlich bis zu vier Wochen nach Westdeutschland und nach West-Berlin reisen durften.

Seltsamer Sinneswandel

Am ersten Reisetag und auch in den Wochen danach gab es einen erheblichen Ansturm auf die Interzonenzüge, die sich deswegen bald den Spitznamen „Mumienexpress" zuzogen. 240 000 DDR-Rentner wurden allein in West-Berlin registriert. Die erste Welle war auch deswegen so stark, weil man in den verbleibenden Wochen 1964 die Chance sofort nutzen wollte, damit man 1965 erneut reisen konnte. Über den Sinneswandel der SED in der Reisefrage wurde viel gerätselt, weil noch kurz vor der Mauer der damalige stellvertretende Ministerpräsident Willi Stoph, nach dem Tod von Otto Grotewohl seit 21.9.1964 selber Regierungschef, seine Landsleute vor der brutalen westdeutschen Polizei gewarnt hatte. Mancher munkelte, die DDR hoffe anscheinend, dass eine gewisse Zahl von Ausreisenden nicht mehr wiederkommen werde, so dass man die Versorgungsbezüge sparen könne. Wenn, dann ging diese Rechnung nicht auf. Die Zahl derer, die in der Bundesrepublik blieben, war verschwindend gering. Trotz der Überwältigung durch den Konsum-Glanz im Westen, war den allermeisten das heimatliche Hemd näher als die westliche Wohlstandsjacke. Außerdem konnte man fortan ja jedes Jahr Visite machen und sich bei der Gelegenheit mit Westwaren eindecken – für sich selbst und für Freunde oder Verwandte. Manche aber verzichteten selbst darauf, weil sie sich im Westen oft überheblich als Almosenempfänger behandelt vorkamen und auch dem dortigen Tempo, genauer: der Hektik nicht viel abgewinnen konnten. Blenden jedenfalls ließen sich beileibe nicht alle.

Amnestie

Bei Jubiläen oder als Signal bei besonderen politischen Anlässen griff die DDR-Führung zum Mittel des Straferlasses. Zuständig dafür war seit 1960 der Staatsrat. Er verfügte am 3.10.1964 auch zum 15. Geburtstag der Republik eine Amnestie, die neunte seit Staatsgründung. Es handelte sich um einen Gnadenakt, in dessen Genuss nur solche Häftlinge kommen sollten, die nach Einzelfallprüfung begründet vermuten ließen, dass sie sich künftig an die „sozialistische Gesetzlichkeit" halten würden. Politische Gefangene, deren Existenz die DDR weiterhin bestritt, waren daher nur in geringer Zahl unter den rund 10 000 Freigelassenen (z. B. Wolfgang Harich). Schon vorher war eine Amnestie für NS- und Kriegsverbrecher sowie für verurteilte Spione ausgeschlossen worden. Der Amnestie-Beschluss bestätigte zudem die Verfügung des Staatsrats über Straffreiheit für „Republikflucht" vor dem Mauerbau (13.8.1961). Der Straferlasswurde auf drei Jahre zur Bewährung ausgesetzt.

*Erstes Wiedersehen nach dem Mauerbau.
Westberliner begrüßen Verwandte
aus dem Ostteil der Stadt am Grenzübergang
Oberbaumbrücke (Foto 2.11.1964).*

Jubel zu Beethoven-Klängen

Gesamtdeutsche Mannschaft bei Olympia in Tokio (10.-24.10.1964)

Es grenzte schon an ein Wunder, dass auch 1964 wieder eine gesamtdeutsche Mannschaft zu den Olympischen Sommerspielen nach Tokio reisen konnte. Nach dem Mauerbau war die innerdeutsche Temperatur auf den Gefrierpunkt gesunken, der grenzüberschreitende Sportverkehr war vom westdeutschen Sportbund als Antwort auf die Berlin-Schikanen der DDR eingefroren worden. Wenn auf längere Sicht doch wieder Kontakte geknüpft wurden, dann wegen des Prestigedenkens der DDR-Sportpolitiker und wegen des hohen gesellschaftlichen Stellenwerts des Sports, gerade des olympischen. Die DDR schluckte wieder die Kröte einer schwarz-rot-goldenen Fahne ohne Staatswappen, die stattdessen die olympischen Ringe zeigte. Auch die Kompromisshymne „Freude, schöner Götterfunke" erklang bei deutschen Siegen wie schon vor vier Jahren in Rom.

Platz drei in der Medaillenausbeute

Diese Musik war und ist gerade in Japan ungeheuer populär und brachte den Deutschen besonderen Beifall bei den ersten Spielen in einem asiatischen Land. Nach der amerikanischen, sowjetischen und japanischen Hymne brandete am häufigsten Jubel auf zu den Klängen Beethovens; zehn Mal erklommen deutsche Athleten das oberste Treppchen des Sieger-Podests. Drei DDR-Sportler und sieben westdeutsche errangen höchsten olympischen Lorbeer, hinzu kamen 22 Silbermedaillen (elf durch ostdeutsche Wettkämpfer) und 18 Bronzemedaillen (fünf davon für Sportler aus der DDR). Die Ausbeute von insgesamt 50 Medaillen war die größte seit dem deutschen Triumph bei den Spielen in Berlin 1936. Besonders gefeiert wurden die 21-jährige ostdeutsche Kunstspringerin Ingrid Krämer, die hier bereits ihre dritte Goldmedaille holte und auch noch eine silberne gewann, und der westdeutsche Zehnkämpfer Willi Holdorf, der erstmals die Dauersiegesserie der Amerikaner in dieser Disziplin durchbrechen konnte.

Aufwertung durch das IOC

Die ostdeutschen Erfolge führten aber letztlich dazu, das in Tokio zum letzten Mal eine gesamtdeutsche Mannschaft ins Olympiastadion einmarschierte und ihren Beitrag zu den „happy games" (glücklichen Spielen) leistete, als die Tokios Fest in die Sportgeschichte einging. Das IOC beschloss wenig später (8.10.1965), dem Nationalen Olympischen Komitee (NOK) der DDR die Vollmitgliedschaft zu gewähren, die zur Teilnahme an künftigen Spielen mit einer eigenen Mannschaft berechtigte.

Sportmedizinischer Dienst

Sicher stand hinter dem Aufbau einer gesundheitlichen Überwachung des Sportbetriebs zunächst wirkliche Fürsorge, allerdings auch der Wunsch nach Kontrolle. Als 1963 ein Sportmedizinischer Dienst (SMD) auf Landes-, Bezirks- und Kreisebene ins Leben gerufen wurde, ging es inzwischen schon um mehr: Der Sport hatte sich als effektives Mittel zur Selbstdarstellung des Staates und zur Bindung der Menschen an ihn entpuppt. Nun wollte man die „Körperkultur" auf eine wissenschaftlichere Basis stellen und zugleich organisatorisch straffen. Der SMD spielte eine wichtige Rolle bei der Talentsichtung und ließ sich von Funktionären ohne sonderliche Gegenwehr in die Pflicht nehmen für eine Leistungssteigerung um buchstäblich jeden Preis. Er kümmerte sich daher bevorzugt um den Spitzensport und stellte immer weniger Mittel und Personal für den Freizeit- und Breitensport bereit. Doping mit ständig weiter ausgeklügelten Methoden, angewandt schon bei Kindern ohne Information der Eltern, galt hier nicht als Delikt, sondern als patriotisch im Wettstreit der Systeme.

Die ostdeutsche Kunstspringerin Ingrid Krämer trug am 10.10.1964 beim Einmarsch der Nationen in das Olympiastadion von Tokio die mit den olympischen Ringen geschmückte Fahne der gesamtdeutschen Mannschaft.

Weich ruhen für hartes Geld

Gründung der Vereinigung Interhotel (1.1.1965)

„Westniveau" reichte der SED als Zielvorgabe für die Wirtschaft nicht, es sollte sogar „Weltniveau" angestrebt werden. Zwar blieb dunkel, worin da der Unterschied bestand, doch hörte sich „Welt" einfach besser an als die ewige Fixierung auf alles Westliche. Und wem und wo konnte die DDR die geplante Schauseite besser zeigen als ihren Gästen aus dem Ausland bei der Unterbringung? Am 1.1.1965 rief das Ministerium für Handel und Versorgung die Vereinigung Interhotel ins Leben, zu der Häuser in allen Bezirksstädten und Touristenzielen gehörten, insgesamt schließlich 35 Volkseigene Betriebe (VEB) des Gastgewerbes. Man orientierte sich beim Service und Komfort an den Standards der großen internationalen Hotel-Ketten und setzte vor allem auf Neubauten, aber auch auf traditionsreiche Häuser wie das „Hotel Elephant" in Weimar, das bereits seit über 250 Jahren hochmögende Gäste bewirtete. Der Bau stammte zwar aus der Zeit des Dritten Reiches (eigens angebauter Balkon für den „Führer"), doch die Weihe durch die Klassiker machte das mehr als wett.

Anspruchsvolle Einstufung

Hochmögend waren in den Augen der Devisenbewirtschafter in den modernen Zeiten vor allem Reisende aus Hartwährungs-Ländern und die Mächtigen aus dem sozialistischen Lager. DDR-Bürger durften nur ausnahmsweise so fürstlich logieren, etwa im Interhotel „Panorama" im berühmten Wintersportort Oberhof. Hier hielt der Feriendienst des FDGB (siehe Kasten) Zimmer für ausgewählte Inländer bereit, die sich solchen Luxus verdient hatten und sich, bei geringeren Preisen als für Ausländer, auch leisten konnten. Eingestuft wurden die Interhotels als mindestens Vier-, meist jedoch als Fünf-Sterne-Hotels, wobei das im internationalen Vergleich etwas zu hoch gegriffen war. Besondere Mühe gab man sich in den Häusern, die ausschließlich Gästen aus dem „kapitalistischen Ausland" vorbehalten waren, inoffiziell „Valutahotels" genannt.

Dort, aber auch in den meisten anderen Interhotels, boten Intershops ihre Waren an. Die von der Stasi sorgsam überwachten und abgehörten West-Gäste fanden sogar ein politisch vorsortiertes Angebot an westlicher Presse vor; zuweilen fehlten schon mal einzelne Ausgaben, weil selbst die als „liberal" eingestuften Blätter manchmal zu offen über Zustände in der DDR oder in anderen sozialistischen Ländern berichteten. Devisen brachten die Interhotels also nicht nur durch Übernachtungen, sondern auch durch Einkäufe und Verzehr der Gäste, die in den hoteleigenen Restaurants und Bars ein gutes Angebot erwartete. Und – kontrollierter – Kontakt zu Einheimischen, die dort ebenfalls Zutritt hatten.

Feriendienst des FDGB

Einfach so in den Urlaub fahren, das war in der DDR so gut wie unmöglich. Erholungseinrichtungen, Hotels, Strände – alles in staatlicher Hand. Vor allem die begehrtesten Gegenden, Ostsee, Erzgebirge, Thüringer Wald, kontrollierte der schon 1947 gegründete Feriendienst des FDGB. Er vergab Urlaubsschecks, um die sich die Werktätigen bei den Betriebsgewerkschaftsleitungen (BGL) bewerben mussten. Diese waren gehalten, Familien, Schwerarbeiter und „gesellschaftlich aktive" Genossen zu bevorzugen. Doch selbst diese Privilegierten, insbesondere die schwer unterzubringenden großen Familien, kamen oft zu kurz bei einem ständig viel zu knappen Angebot. Wer aber einen der begehrten Schecks ergattern konnte, den erwartete ein preiswerter, allerdings nicht immer komfortabler Urlaub, denn der Staat subventionierte die schönste Zeit im Jahr in erheblichem Umfang. Einkommensschwache trugen gewöhnlich kaum ein Drittel der tatsächlichen Kosten.

Wo einst Goethe Gäste untergebracht hatte und wo für Hitler eine „Führersuite" reserviert gewesen war, nächtigten seit 1965 bevorzugt „Devisenausländer": im aufwändig renovierten Interhotel „Elephant" in der Klassiker-Stadt Weimar.

Vom Krieg geläutert

Premiere des Films „Die Abenteuer des Werner Holt" (4.2.1965)

Der Roman des 33 Jahre jungen Dieter Noll startete nach Erscheinen 1960 durch: „Die Abenteuer des Werner Holt" packten die Leute, und es hätte gar nicht mehr der offiziellen Belobigungen bedurft, dem Buch zu einem so sensationellen Erfolg zu verhelfen. Noll schildert das Schicksal eines 16-jährigen Mannes, der 1943 nichts sehnlicher wünscht, als der Schule zu entkommen, in der ihn alte und gebrechliche Lehrer nerven, weil die jüngeren im Krieg sind. Auch Werner, der im Roman fast nur beim Nachnamen Holt genannt wird, sieht im Krieg den besten Fluchtweg aus der Enge von Schule und Familie. Vor allem den Mitschüler Gilbert Wolchow bewundert er, den Wortführer der Klasse und Sohn eines Obersten der Wehrmacht. Wolchow weiß genau, was lebenswert ist: Kampf mit heißem Herzen für Deutschland, Kampf und nochmals Kampf. Die beiden Freunde erhalten denn auch bald die ersehnte Einberufung zur Flak.

Nur noch heim!

Gegen Kriegsende, das Wolchow immer noch im baldigen „Endsieg" erwartet, haben sie dann endlich Gelegenheit, sich als reguläre Soldaten an der Ostfront zu bewähren. Holt, dem schon vorher Zweifel am blutigen Handwerk gekommen sind, wacht hier endgültig auf, als er die Gräuel erlebt, die im Sinn des Freundes eben zum Kampf gehören nach dem geflügelten Wort, dass Späne beim Hobeln halt unvermeidlich anfallen. Als Gilbert einen kaum den Kinderschuhen entwachsenen Deserteur erschießt, ermannt sich Werner, entreißt dem Schützen die Waffe; „Du bringst keinen mehr um!" Er kehrt der Front den Rücken. Er will nur noch heim. Jetzt begreift er endlich, warum sein Vater seine kriegerischen Ambitionen immer missbilligt hat, und er weiß, dass er leben will. Zusammen mit Gundel, dem Mädchen aus den Tagen der frühen Jugend. Er kommt durch und in einer lohnenden Zukunft an.

Die Kulturfunktionäre hatten endlich ein Buch, das den Wandel zum aufrechten Antifaschisten nicht an kommunistischen Widerständlern exemplifizierte, sondern an Erfahrungen einer ganzen Generation. Die Lehre träufelte so weit nachhaltiger in Herzen und Seelen. Und das Buch nahm nicht einmal Schaden daran, dass es zur Pflichtlektüre in Schulen wurde. Entsprechend begeistert wurde der gleichnamige Film begrüßt, der am 4.2.1965 Premiere hatte. Er verzichtete jedoch auf den zweiten Teil des Romans, den Noll inzwischen 1963 vorgelegt hatte. Darin geht es um Holts Heimkehr und sein schwieriges Leben zwischen Ost und West. Das kam nun sehr viel weniger gut an, denn Holt erweist sich darin als Sozialist mit durchaus eigenem Kopf, der sogar den FDJ-Beitritt verweigert. Noll selber kannte solche Zweifel offenbar nicht, sondern erwies sich stets als linientreu.

Schriftstellerverband

Seit 1954 gehörte Dieter Noll dem Deutschen Schriftstellerverband an, der 1950 als Untergliederung des Kulturbunds entstanden und seit 1952 eine selbstständige Organisation war. Aufnahme fanden darin Autoren von belletristischen Werken und von Jugendliteratur, Literaturkritiker, Übersetzer, Essayisten und Literaturwissenschaftler. Außerdem konnten Kulturfunktionäre aufgenommen werden, wenn sie sich um die „sozialistischer Nationalkultur" verdient gemacht hatten, was auf alle im literarischen Betrieb tätigen SED-Amtsträger bis hin zu Mitarbeitern der Zensur zutraf. Deswegen gelang es dem Verband nie, ein nennenswertes Eigenleben zu entwickeln, und schon gar nicht, politisches Gewicht zu gewinnen. Da die Mitgliedschaft für die nicht eben auf Rosen gebetteten Autoren aber lebenswichtig war, wirkte er im Sinn der Partei disziplinierend. Abweichlern drohte der Ausschluss.

Klaus-Peter Thiele als Werner Holt und Monika Woytowicz als Gundel in einer Szene des aufwändigen DEFA-Film „Die Abenteuer des Werner Holt"; Regie: Joachim Kunert. Weitere Stars u.a.: Angelica Domröse, Wolfgang Langhoff.

Vom Geschmähten zum Staatsgast

Marschall Tito zu Besuch in Ostberlin (8.-13.6.1965)

Die Politik kennt keine ewigen Freundschaften oder Feindschaften. Es geht immer nur um Interessen. 1948 war es opportun für die SED-Führung, auf dem jugoslawischen Sonderweg unter Marschall Tito (1892-1980) herumzuhacken. Zum einen hatte der sich mit Stalin überworfen, weil er für sein Land keine Direktiven vom „großen Bruder" entgegennahm. Zum anderen hatten sich einige „Verräter" an der Sache des Sozialismus, wie ihn Ulbricht sah, nach Belgrad abgesetzt, darunter der vielversprechende junge Mann des SED-Chefs Wolfgang Leonhard (*1921). Er hatte bei Tito Unterschlupf gefunden und die Stirn, über die Stalinisierung Ostdeutschlands und die unbedingte Moskauhörigkeit der Gruppe Ulbricht aus intimer Kenntnis ein Buch zu schreiben: „Die Revolution entlässt ihre Kinder" (1955). Eigentlich also hätte der jugoslawische Staatschef in Ostberlin alles andere als willkommen sein müssen. Aber:

Hohe Hürden

Ulbrichts Lieblingsfeind in der BRD, Bundeskanzler Adenauer, hatte gegen das Streben der DDR nach internationaler Anerkennung hohe Hürden aufgebaut. Er hatte seinen Außenamtsstaatssekretär Walter Hallstein im September 1955 verkünden lassen, dass es die Bundesregierung als unfreundlichen Akt werte, wenn ein Staat die DDR völkerrechtlich anerkenne. Man werde dann die diplomatischen und andere Beziehungen zu ihm abbrechen; Ausnahme nur die Sowjetunion. Bei der inzwischen beachtlichen ökonomischen Potenz Westdeutschlands war das eine wirkungsvolle Drohung. Man umging sie in einigen Ländern wie Ägypten durch botschaftsähnliche Generalvertretungen der DDR, die Bonn mit einigen Stirnrunzeln noch hinnehmen konnte. Einen regulären Fuß aber in die internationale diplomatische Tür zu bekommen, wollte der DDR nicht glücken. Mit dem reichen Mann vom Rhein mochte es sich niemand verderben.

Erste Bresche in der Abwehrfront

Nur einer, der schon dem Roten Zaren getrotzt hatte: Tito ließ sich nicht schrecken und vereinbarte 1957 volle diplomatische Beziehungen mit Ostberlin. Die Bundesregierung reagierte wie angekündigt und zog ihren Botschafter aus Belgrad ab. Das mochte andere abschrecken, konnte aber an der ersten Bresche in der Abwehrfront gegen eine Anerkennung der DDR nichts ändern, denn Titos Rendite stimmte; Ostberlin übernahm manche Lieferungen, die bisher aus der BRD gekommen waren, zu Konditionen, wie sie der Westen nicht hätte bieten können und wollen. Der Dank Titos bestand in einem Staatsbesuch in der DDR vom 8. bis 13. Juni 1965, bei dem sich die SED-Granden im Ruhm des weltweit geachteten Tito sonnen konnten.

Pankow

Im Westen und in der Bundesrepublik wurde die einseitige Erklärung der DDR, Ostberlin sei ihre Hauptstadt, nicht akzeptiert, da ganz Berlin unter Viermächtekontrolle stand und wieder als Hauptstadt eines vereinten Deutschlands vorgesehen war. Wie man daher kurz von „Bonn" sprach, wenn die Bundesregierung gemeint war, so bürgerte sich im Westdeutschland der 1950er Jahre die Bezeichnung „Pankow" ein für die Staatsführung der DDR, denn in diesem Ostberliner Stadtteil residierte u.a. Pieck, erster Präsident der DDR, im Schloss Niederschönhausen. Einige Ministerien befanden sich ebenfalls in Pankow . Mit der Kurzbezeichnung betonte man im Westen den Alleinvertretungsanspruch, der auch hinter der Hallsteindoktrin stand. Die DDR-Bürger fühlten sich dadurch eher diskriminiert, denn sonderlich vornehm war der Vorort Pankow nicht; die eigentliche Regierung saß zudem in Berlin-Mitte.

Jovanka Broz (links), Ehefrau des jugoslawischen Staatschefs Tito, zusammen mit Lotte Ulbricht bei einem zwanglosen Treffen im Berliner Ausflugsrestaurant Müggelturm am Rande des Staatsbesuchs (Foto 9.6.1965).

Viel versprechendes Pflänzchen

Entstehung der Singebewegung (1966)

„Hootenanny" – darunter kann sich heute kaum noch jemand etwas vorstellen. Und auch damals, 1966, als in Ostberlin der erste so benannte Klub gegründet wurde, hätten nur wenige erklären können, woher der Begriff kommt. Kenner führen ihn auf Namen der ersten Akteure in den 1920er Jahren zurück, die damals an der Westküste der USA ausgelassene Partys veranstalteten, bei denen getrunken und getanzt, vor allem aber spontan gemeinsam Musik gemacht wurde; Markenzeichen Gitarre und Banjo. Der jazzige Stil bereitete die Pop-Musik vor, überwand auch die Grenzen der politischen Blöcke mühelos und fand in der DDR eine rapide wachsende Anhängerschaft. Vielleicht standen am Anfang aber auch Protestsongs der Schwarzenbewegung und der politischen Musik in Amerika, die der kanadische Sänger Perry Friedman mitbrachte, als er 1959 in die DDR übersiedelte. Er gab jedenfalls entscheidende Impulse für das Aufkommen mitreißender Rhythmen und Melodien, die den ersten Hootenanny-Klub zum Magneten machte.

Attraktives Bindemittel

Er entstand am 15.2.1966 und bildete noch im selben Jahr Ableger in anderen Städten der DDR. Die FDJ, immer auf der Suche nach attraktiven Bindemitteln für die Jugendlichen, wurde aufmerksam auf die wuchernde Musikszene und erkannte: Daraus könnte etwas höchst Nützliches werden, wenn es erst einmal ordentlich organisiert wäre. Und natürlich einen vernünftigen Namen bekäme. „Hootenanny", das würde bloß wieder die Parteiaufpasser auf den Plan rufen, die vor „imperialistischer Infiltration" der Kultur warnen und das viel versprechende Pflänzchen im Keim ersticken würden. Noch im Gründungsjahr des Berliner Klubs ergriff der Zentralrat der FDJ die Initiative zu einer landesweiten „Singebewegung", aus dem Gründungsverein wurde der „Oktoberklub", an der FDJ-Basis bildeten sich mehrere tausend Singeklubs.

Es spricht für die enorme Vitalität der Bewegung, dass sie diese staatliche Umarmung zunächst weitgehend schadlos überstand. Zwar erreichte sie in der Breite nicht das ursprüngliche Niveau, doch die Könner blieben ihr erhalten und leisteten Beachtliches. Aber eben nicht mehr spontan, sondern in der üblichen Frontalbeschallung von Bühnen aus. Das zehrte an der Substanz, was zunächst durch Importe verdeckt war. Sie kamen durch das von der FDJ seit 1970 alljährlich veranstaltete „Festival des politischen Liedes" ins Land. Dazu reisten am Jahrestag der ersten Klubgründung nicht nur Musiker und Sänger aus der DDR an, sondern vor allem auch aus der westdeutschen und internationalen linken Szene, deren Texte sich am Vietnamkrieg der USA entzündeten und sich gegen Unterdrückung aller Art wandten. Konflikte mit der SED waren programmiert.

„Spur der Steine"

Im selben Jahr, in dem die Singebewegung aufkam, konnten deren Protagonisten schon ahnen, dass es mit den künftigen Freiheiten nicht weit her sein würde. Der Liedermacher Wolf Biermann war schon im Dezember 1965 wegen seiner aufmüpfigen Gesänge gerüffelt worden. Im Sommer 1966 ereilte der Bannstrahl einen der besten DEFA-Filme: „Die Spur der Steine" mit Manfred Krug in der Hauptrolle verschwand nach der Uraufführung am 12.6.1966 im Giftschrank. Die Geschichte um einen staatskritischen, harten, aber menschlich integren und herzlichen Bauarbeiter und Brigadeführer (Krug), der wegen einer jungen Ingenieurin mit einem strebsamen Parteisekretär in Konflikt gerät, gebe ein verzerrtes Bild, so das „Neue Deutschland", vom „Kampf der Arbeiterklasse, ihrer ruhmreichen Partei und dem aufopferungsvollen Wirken ihrer Mitglieder".

Noch vergleichsweise unorganisiert und weitgehend frei von staatlicher Umarmung: der Ostberliner Schauspieler und Sänger Manfred Krug (M., mit Gitarre) und Ruth Hohmann (r) beim Auftritt der „Jazz-Optimisten" am 31.10.1965 in der Kongresshalle am Berliner Alexanderplatz.

Operationen im rechtsfreien Raum

„Bereich Kommerzielle Koordinierung" gegründet (1.4.1966)

Im Ministerium für Außenhandel der DDR siedelte man am 1.4.1966 einen seit zwei Jahren vorbereiteten „Bereich Kommerzielle Koordinierung" (KoKo) an. 1972 erhielt diese Dienststelle den Status einer Valutabehörde und eines Devisenausländers, so dass sie internationale Bankgeschäfte tätigen und Konten unterhalten konnte. Die Stasi sicherte sich Einfluss auf die KoKo durch gezielte Platzierung von „Offizieren im besonderen Einsatz" (DDR-Kürzel: OibE), zu denen auch der KoKo-Chef Alexander Schalck-Golodkowski selbst gehörte, seit 1975 im Rang eines Staatssekretärs. Er hatte über Wirtschaftskriminalität im innerdeutschen Handel promoviert. Die KoKo operierte unkontrolliert und in einem rechtsfreien Raum, die Geschäftsführung wurde konspirativ betrieben, auch die einzelnen Abteilungen wussten kaum voneinander.

Strohmänner in Steueroasen

Formell zwar immer noch dem Ministerium für Außenhandel unterstellt, war die KoKo jedoch tatsächlich seit 1976 in den Apparat des ZK der SED eingegliedert und unterstand dort dem ZK-Sekretär für Wirtschaft Günter Mittag. Dieser, wie auch Staats- und Parteichef Honecker und Stasi-Minister Mielke, die als einzige in die Tätigkeit der KoKo eingeweiht waren, ließen ihr freie Hand. Mit den Geschäften der KoKo hoffte die DDR-Führung der immer weiter wachsenden Auslandsverschuldung zu begegnen. Die sorgfältig abgeschottete Behörde sollte Devisen beschaffen – egal wie. Die KoKo betreute Firmen im „nicht-sozialistischen Wirtschaftsgebiet" (NSW), in der Bundesrepublik annähernd zwanzig Unternehmen, die der SED politisch verbunden waren; über eine in Bochum ansässige Holdinggesellschaft und Strohmänner in Liechtenstein und in der Schweiz flossen die Gewinne nach Ostberlin.

Die KoKo bemühte sich um Zugriff auf westliche High-Tech-Produkte für den militärischen Bereich, lieferte aus NVA-Überschussbeständen Waffen in die Krisenregionen der Welt (im Golfkrieg 1980-1988 sogar an Iran und Irak gleichzeitig) und verschleuderte über die „Kunst- und Antiquitäten GmbH" Kulturgut der DDR in alle Welt. Nicht einmal vor dem Handel mit NS-Relikten schreckte sie zurück. Die weltweit rund 160 von der Koko unterhaltenen Firmen verschafften der DDR zwischen 1966 und 1987 Deviseneinnahmen von über 29 Milliarden DM – immer noch zu wenig, um der chronischen Devisennot der DDR wirklich abzuhelfen. Außerdem flossen die auch durch Steuerbetrug und Schmuggel erwirtschafteten Mittel fast im vollen Umfang in geheime Operationen der Stasi oder kamen befreundeten Parteien wie der westdeutschen DKP zugute.

Wandlitz

Der Volksaufstand vom 17.6.1953 saß den SED-Oberen in den Knochen. Schon Ende der 1950er fassten sie den Plan, sich ein Refugium zu schaffen, das optimal polizeilich abzuschirmen und militärisch zu sichern war: Am Liepnitzsee nördlich von Berlin entstand 1958-1960 für die Mitglieder des Politbüros und ihre Familien die Waldsiedlung Wandlitz aus geräumigen, aber nicht übermäßig luxuriösen Doppelhäusern mit einer Sonderverkaufsstelle, wo alles zu haben war, was gut und teuer war, auch Westprodukte. Den Polit-Prominenten standen Klubräume und ein eigenes Schwimmbad zur Verfügung. Eine auch als Landebahn geeignete vierspurige Straße sorgte für Anbindung an den Autobahn Berlin-Stettin. Eine Reihe von Bunkern bot ausreichend Schutzraum für die Bewohner der Siedlung. Versorgt wurde sie von der sogenannten VEB Letex unter Leitung der Ehefrau von Schalck-Golodkowski, die mit Geldern der KoKo, zuletzt rund sechs Millionen DM pro Jahr, wirtschaftete.

Kriegsgerät als Devisenbeschaffer: Von diesem lukrativen Handel schnitt sich auch die DDR ein saftiges Stück ab. (Foto: Leere Kartuschenhülsen aus ehemaligen NVA-Beständen werden für die Entsorgung vorbereitet, 1993)

Von Moskau zurückgepfiffen

Scheitern des Redneraustauschs SED-SPD (Juli 1966)

Bonn wie Ostberlin blieben stets bemüht, der anderen Seite die Verantwortung dafür anzulasten, dass es auf dem Weg zur Einheit nicht voran gehe. Dabei wusste man im Westen genau, dass sich die SED freien Wahlen in seinem Sinn nicht stellen konnte. Und die DDR-Strategen stellten ihrerseits an die Bundesrepublik Forderungen, die einer Aufforderung zur Selbstentleibung gleichkamen: Austritt aus der NATO, Verzicht auf atomare Waffen, Herrschaft der Arbeiterklasse. Im Klartext: Westdeutschland sollte erst einmal neutral und sozialistisch werden, ehe an eine Vereinigung überhaupt zu denken sei. Damit konnte die SED selbst die SPD nicht beeindrucken, die sie in dieser Richtung zu bearbeiten suchte. Erste entsprechende Briefe Anfang 1966 beantwortete die SPD denn auch mit der Forderung, es doch zunächst einmal mit „kleinen Schritten" zu einer Annäherung kommen zu lassen.

Übergroße Hoffnungen

Ulbricht griff den Vorschlag auf. Er regte mit einem Schreiben vom Februar 1966 an, die beiden Parteien sollten Redner austauschen, die im jeweiligen anderen Teil Deutschlands den Menschen ihre Position erläutern könnten. Nach manchem Hin-und-Her traten die Planungen bald ins konkrete Stadium. Sorgen machte der SED allerdings, dass sie mit der Initiative offenbar übergroße Hoffnungen bei der DDR-Bevölkerung geweckt hatte.

Die SPD hingegen musste erst einmal juristische Steine aus dem Weg räumen, ehe die anvisierten Reden am 14.7.1966 in Karl-Marx-Stadt (Chemnitz) und eine Woche später in Hannover würden stattfinden können: Jede kommunistische Tätigkeit nämlich auf bundesdeutschem Gebiet war strafbar, und der Deutsche Bundestag musste am 23.6. eilends ein „Gesetz über eine befristete Freistellung von der deutschen Gerichtsbarkeit" verabschieden, damit die SED-Redner freies Geleit bekämen.

Das nahm die SED zum Anlass, den Austausch am 29.6. abzusagen, da sie sich ein solches „Handschellengesetz" wie für gemeine Verbrecher nicht bieten lassen könne. Mancher in der SPD hatte dafür zwar durchaus Verständnis, doch war zugleich unübersehbar, dass die SED Angst vor der eigenen Courage bekommen hatte und dass hinter der Absage ihre Sorge stand, der innerdeutsche Dialog könne ihrer Kontrolle entgleiten und bei den Bürgern unerwünschte patriotische Frühlingsgefühle wecken. Hinzu kam ganz offensichtlich, dass Moskau energisch auf die Bremse getreten hatte, weil es derartige deutsche Alleingänge nicht zu tolerieren gedachte.

Staatssekretariat für westdeutsche Fragen

Schon seit 1954 unterhielt die DDR-Regierung einen Ausschuss für deutsche Einheit, der sich kritisch mit der gesellschaftlichen und politischen Entwicklung in der BRD auseinandersetzte und „demokratische Veränderungen" anmahnte. Ende 1965 zu einem Staatssekretariat für gesamtdeutsche Fragen aufgewertet, setzte er diese Arbeit ohne große Wirkung fort. Dafür war schon der Demokratie-Begriff viel zu kontrovers: Die „führende Rolle der Partei der Arbeiterklasse" war in den Augen liberaler Bürger das Gegenteil von Demokratie, nämlich Tyrannei einer Partei. Und nach Ansicht der selbsternannten Sozialisten musste eine pluralistische Gesellschaft wie in der BRD auf der Basis kapitalistischer Produktionsverhältnisse immer ausbeuterisch sein. Dass dies die Arbeiter vorziehen könnten, ließ sich aus marxistischer Sicht nur durch Verblendung erklären. Man fand keine gemeinsame Sprache. Aus „gesamtdeutschen" wurden daher 1967 „westdeutsche Fragen" im Namen des Staatssekretariats, das 1971 schließlich aufgelöst wurde.

Ihn ließ Ulbricht am 29.6.1966 das Aus für den Redneraustausch verkünden. Politbüromitglied Albert Norden (1904-1982), hier bei einer Pressekonferenz 1962, auf der er NS-Belastungsmaterial gegen hohe westliche Polizeiführer vorstellte.

Zwei-Völker-These

Gesetz über die DDR-Staatsbürgerschaft (20.2.1967)

Gern hätte die SED mehr Tempo gemacht bei der Abgrenzung der DDR von der BRD, doch man befürchtete, das könne von den Menschen als Abkehr vom Wiedervereinigungsstreben missbilligt werden. Zwar operierten gesetzliche Bestimmungen schon seit 1957 mit dem Begriff „Bürger der Deutschen Demokratischen Republik", und so stand er auch seit 1964 in den Personalausweisen. An der seit 1913 gesetzlich geregelten (gesamt-) deutschen Staatsangehörigkeit aber wurde nicht gerührt. Sie blieb hüben und drüben weiter in Kraft; Menschen aus dem jeweils anderen Teil Deutschlands galten beim Nachbarn nicht als Ausländer. Jedenfalls bis 1967, dann glaubte die SED, einen Schritt weiter gehen zu können, und ließ die Volkskammer am 20.2. das „Gesetz über die Staatsbürgerschaft der Deutschen Demokratischen Republik" verabschieden, womit der Zwei-Staaten-Theorie nun die Zwei-Völker-These an die Seite gestellt wurde. Weitere Änderungen unterstrichen die Abkopplung von der alten Regelung und von der bundesdeutschen Praxis.

Sprengstoff Ausbürgerung

Wichtigste Neuerung: Im Gesetz war auch der Fall vorgesehen, dass die Staatsbürgerschaft unter gewissen Umständen – wie seinerzeit im Dritten Reich – aberkannt, der Betroffene also ausgebürgert werden konnte. Das betraf Bürger, die ihren Aufenthalt außerhalb der DDR und ihre staatsbürgerlichen Pflichten gröblich verletzt hatten. Dafür, dass sich jemand außerhalb der DDR niederließ, konnte man mit Schikanen und politisch-polizeilichem Druck sorgen, oder man konnte ihn einfach nicht wieder einreisen lassen. Pflichtverletzung war Definitionssache. Wer darüber zu befinden hatte, blieb ungesagt, war aber unschwer zu erahnen: die SED oder unter ihrer Anleitung eine entsprechende Behörde. Der Punkt sollte nur ein Jahrzehnt nach Erlass des Gesetzes erheblichen Sprengstoff entwickeln. Wie andere Länder sah auch die DDR Möglichkeiten der Entlassung aus ihrer Staatsbürgerschaft vor. Aber: Man brauchte die Zustimmung der „zuständigen staatliche Organe" zu einer Verlegung des Wohnsitzes ins Ausland. Diese Genehmigung erhielt man nur, wenn dem keine zwingenden Gründe entgegenstanden. Die nun ließen sich in beliebiger Zahl konstruieren, weswegen es sich DDR-Bürger zehnmal überlegten, ehe sie einen solchen Ausreiseantrag stellten. Zum einen konnte es bis zur Genehmigung Jahre dauern oder der Antrag konnte auch als „ungesetzliches Übersiedelungsersuchen" abgelehnt werden. So oder so hatten die Antragsteller mit schweren Konsequenzen zu rechen von verschärfter Bespitzelung, über Verlust des Ausweises bis hin zu beruflichen Nachteilen oder gar zur Entlassung (z.B. aus staatsnahen Stellungen).

Alleinvertretungsanspruch

Ständiger Stein des Anstoßes in den innerdeutschen Beziehungen war die Tatsache, dass sich die Bundesrepublik als alleiniger Rechtsnachfolger des Deutschen Reiches verstand und als einziger legitimer Vertreter des ganzen deutschen Volkes, also auch der Menschen in der DDR. Eine Wiedervereinigung konnte gemäß diesem Anspruch nur in einem Anschluss der DDR bestehen, die nicht völkerrechtlich anerkannt wurde und deren Anerkennung durch andere Staaten verhindert werden sollte. Das gelang in die 1960er Jahren immer weniger, so dass die erste SPD-geführte Bundesregierung unter Brandt 1970 den Alleinvertretungsanspruch fallen ließ und den Grundvertrag mit der DDR schloss. Allerdings klammerte auch dieser die Frage der Staatsangehörigkeit aus. Umgekehrt hielt die DDR daran fest, dass eine Wiedervereinigung nur mit einer „sozialistischen" BRD möglich sei.

Der Fahnen-, Orden- und Wappenkult der DDR zeugte nicht gerade von überbordendem Selbstbewusstsein. Nur schrittweise löste man sich aus nationalen Traditionen: Es blieb bei Schwarz-Rot-Gold trotz eigener Staatsbürgerschaft und eigenem Emblem in der Fahne.

Helfer, Schleuser, Menschenhändler

Richtungweisender Prozess gegen Fluchthelfer (18.8.1967)

In Ostberlin begann am 18.8.1967 ein Prozess gegen drei Dutzend „Menschenhändler", wie Fluchthelfer von den DDR-Behörden genannt wurden. Er endete mit langjährigen Freiheitsstrafen und wirkte sich auf das neue Strafrecht aus, das am 12.1.1968 die bisherigen, seit 1871 gültigen und 1957 ergänzten Bestimmungen des Strafgesetzbuches ersetzte. Das Verfahren machte erneut deutlich, dass die gängige Praxis, gerichtlich gegen Schleuser vorzugehen, auf eine bessere gesetzliche Grundlage gestellt werden musste. Nach dem Mauerbau von 1961 war die Fluchtwelle aus der DDR ja nur gebremst, aber keineswegs unterbunden. Zwar handelte es sich inzwischen nicht mehr um gravierende Zahlen, doch die Tatsache der Absetzbewegung selbst trotz der drastisch gestiegenen Fluchtrisiken kratzte am Image des sozialistischen Staates: Die Bürger stimmten mit den Füßen gegen ihn ab. Durch die Kriminalisierung von Fluchhelfern erhoffte man sich Ablenkung von den wahren Gründen des Exodus. Entgegen kam den DDR-Juristen dabei ein gewachsenes Unbehagen auf westdeutscher Seite. Die Fluchhilfe störte umso mehr, je länger die bilateralen Verhandlungen um Passierscheinabkommen, menschliche Erleichterungen oder Familienzusammenführung dauerten. Zwar ließ sich gegen Fluchthilfe selbst nicht vorgehen, verhalf sie den Flüchtlingen doch nur zu dem, was allen Deutschen im Grundgesetz garantiert wird: Freizügigkeit. Doch es kamen im Verlauf der Operationen immer wieder auch nach bundesdeutschem Recht strafbare Handlungen vor, von Fälschung bis Bestechung, gegen die man einschreiten konnte.

Der Preis der Freiheit

Unmittelbar nach dem Mauerbau war es noch eine Weile relativ leicht, die Sperren zu überwinden, und die Empörung saß so tief, dass selbst offizielle Berliner Stellen unter der Hand Fluchthilfeaktionen förderten. Bei immer hermetischerer Abriegelung und Schießbefehl aber wuchs der Aufwand für einigermaßen aussichtsreiche Fluchtversuche dermaßen, dass ein einzelner Helfer überfordert war, vom einzelnen Fluchtwilligen nicht zu reden. Offizielle Geldquellen aber versiegten aus dem oben genannten Grund, und so blieb nur Kostenübernahme durch die Kunden. Das wurde gängige Praxis, wobei die Preise nicht nur wegen der wachsenden Schwierigkeiten stiegen, sondern auch weil Geschäftemacher die Notlage der Verzweifelten ausnutzten. So richtig empören mochten sich da viele nicht mehr darüber, dass die DDR einen Straftatbestand „staatsfeindlicher Menschenhandel" plante und erhebliche Freiheitsstrafen für „Provokateure" vorsah.

Republikflucht

Noch ehe die Grenzen der DDR durch Todesstreifen und Mauer fast völlig undurchlässig geworden waren, erfanden die DDR-Juristen den Straftatbestand „Republikflucht" und schrieben ihn 1957 in das Passgesetz. Der Begriff verschwand zwar wieder aus den offiziellen Verlautbarungen nach dem Bau der Mauer, der Tatbestand aber blieb als „ungesetzlicher Grenzübertritt" bestehen und war im Normalfall mit bis zu zwei Jahren Haft, in schweren Fällen wegen des Mitführens von Waffen, der Fälschung von Papieren, Mitnahme von „Volkseigentum", Ausnutzung einer Vertrauensstellung mit bis zu fünf Jahren Haft oder mehr bedroht. Strafbar war nicht nur die Republikflucht selbst, sondern bereits ihre Planung. Die Strafen wurden auch über Nichtrückkehrer, also erfolgreiche Flüchtlinge verhängt, so dass ihnen der Rückweg versperrt war und sie von Besuchsregelungen erst Gebrauch machen konnten, als Amnestien wie 1972 und 1981 Straffreiheit für Altfälle zusicherten.

Verschnaufpause für den Fluchthelfer Wolfgang Fuchs Anfang 1964 im Schacht: In zehn Monten bauten er und seine Gruppe einen 145 Meter langen und 80 Zentimeter hohen Tunnel unter der Mauer: 57 Menschen gelang durch ihn die Flucht am 3./4.10., ehe die Stasi am Tag darauf das Schlupfloch schließen konnte.

Ohne Bindekraft

Neue Verfassung für den sozialistischen Staat (8.5.1968)

Was in der Einparteien-Diktatur eine Verfassung wert war, erlebten die Menschen in der DDR anhand der bei Staatsgründung (7.10. 1949) in Kraft gesetzten. Sie trug noch parlamentarische Züge und enthielt föderale (bundesstaatliche) Elemente. Bemerklich aber war schon ein Trend zur Machtkonzentration, indem der Volkskammer der höchste Verfassungsrang eingeräumt wurde. Die stärkste Fraktion darin sollte den Regierungschef stellen und dieser eine Regierung bilden unter Einbeziehung aller anderen Fraktionen. Dagegen konnte sich zwar keine Partei stellen, doch sich der Mitarbeit verweigern, das sollte möglich sein. Auf dem Papier: Nie hat eine der in der Nationalen Front zusammengeschlossenen Parteien von der Regelung Gebrauch gemacht. Ebenso beseitigt wurden bei passender Gelegenheit 1952 die Länder und durch Bezirke ersetzt, obwohl die Länderkammer, im demokratischen Zentralismus ohnedies machtlos, noch bis 1958 bestand.

Nachrangige Grundrechte

Mit den Grundrechten sah es nicht anders aus: Über das Verbot einer Pressezensur setzte sich die Praxis der SED ebenso von Anfang an hinweg wie über das verfassungsmäßig garantierte Streik-, das Widerstands- und das Auswanderungsrecht. Und auch die Beschwörungen der deutschen Einheit erwiesen sich mit der Zeit als Phrasen ohne politische Substanz. Als daher im Februar 1968 der Entwurf einer neuen Verfassung veröffentlicht wurde, erstaunte es wenig, dass er im Grunde nur festschrieb, was sich trotz der ersten Verfassung, ja gegen sie entwickelt hatte: die sozialistische Gesellschaftsordnung. Es war also erneut eine Bestandsaufnahme und keine Normsetzung. Die Führungsrolle der „Partei der Arbeiterklasse" war oberstes Prinzip, hinter dem Rechte aller Art, auch sogenannte Grundrechte, im Zweifelsfall zurückzustehen hatten.

> ***Demokratischer Zentralismus***
>
> *Staat und Partei waren in den kommunistischen Staaten, nach liberaleren Anfängen seit 1950 auch in der DDR nach dem Prinzip aufgebaut, das Lenin 1902 in seiner Schrift „Was tun?" entwickelt hatte. Was Lenin zunächst allerdings treffend als „bürokratischen Zentralismus" bezeichnet hatte, wurde schon 1906 zum Begriff „Demokratischer Zentralismus" veredelt. Danach galt: 1. die Wählbarkeit aller Organe, 2. eine Rechenschaftspflicht der Organe gegenüber den Wählern, 3. unbedingte Unterordnung der Minderheit unter die Mehrheit, 4. absolute Verbindlichkeit der Beschlüsse übergeordneter Gremien für die nachgeordneten. Dieses Modell lässt sich als eine Art „kollektives Führerprinzip" bezeichnen, das nicht selten in ein persönliches entartete. Schon Leo Trotzki (1879-1940) hatte prophezeit: „Die Organisation tritt an die Stelle der Partei selbst, das Zentralkomitee an die Stelle der Organisation, und schließlich tritt der Diktator an die Stelle des Zentralkomitees."*

Liberale Gespenster

Wunder nahm vielmehr, dass die SED eine „Volksaussprache" über den Entwurf anberaumte: Alle Bürger bekamen Gelegenheit, den Text zu studieren und auf Hunderttausenden von Veranstaltungen der Betriebe, Kommunen, Parteigliederungen darüber zu diskutieren. Die Debatte wurde allerdings bald abgebrochen, weil von Süden laue Lüfte des „Prager Frühlings" (siehe Folgekapitel) herüberwehten und das Gespenst des Liberalismus zu wecken drohten. Es blieb im Kern beim Parteientwurf, über den am 6.5. ein Volksentscheid stattfand und der zwei Tage später in Kraft trat. Dass „nur" 94 Prozent mit „Ja" gestimmt hatten, stimmte bereits bedenklich. Da aber die DDR-Führung diese zweite Verfassung so wenig wie die erste als bindend ansah, ließ sich mit dem Ergebnis leben.

Stimmauszählung beim Volks-„Entscheid" am 6.5.1968 über die neue Verfassung. Ein zwiespältiges Dokument, in dem etwa das Verbot einer Zensur von 1949 gestrichen war, die Pressefreiheit aber garantiert sein sollte, eine zensierte Freiheit also.

Frühlingsverwelken

Intervention des Warschauer Pakts in der CSSR (21.8.1968)

Wenn es um dogmatische Linientreue im Ostblock ging, ließ sich die DDR von niemandem übertreffen. Das Trauma des 17.6.1953 und die Bedrohung durch die Bundesrepublik als weit größerer und ökonomisch weit erfolgreicherer Teil Deutschlands zwangen sie eng an die Seite der UdSSR. Alles, was den Zusammenhalt schwächen konnte, rief daher Ostberliner Argwohn hervor wie schon 1956, als Ungarn und Polen aus der sozialistischen Reihe getanzt waren. 1968 erlaubte sich die Tschechoslowakei (CSSR) eine Sondertour: Im Januar stürzte der stalinistische KP-Chef Novotny und musste dem jungen slowakischen Reformer Alexander Dubcek (1921-1992) weichen. Der bescheiden lächelnde Mann erwies sich als radikal kehrender neuer Besen; er räumte mit undemokratischen Verfahren innerhalb der Partei auf und machte mit Meinungsfreiheit und liberaler Kulturpolitik Ernst.

Angst vor Ansteckung

Das bedeutete für DDR-Bürger eine große Chance. Ins südliche Nachbarland zu fahren, konnte ihnen niemand verwehren, auch wenn aus Gründen der Devisenknappheit nur geringe Mark-Beträge in tschechische Kronen umgetauscht werden durften. Gerade das aber führte dazu, dass die deutschen Besucher engen Kontakt zu Tschechen suchten und so die dortige Aufbruchstimmung hautnah erlebten. Dieser „Prager Frühling" faszinierte die Menschen im gedeckelten Osten ebenso wie die unruhigen Jugendlichen im Westen, so dass Prag zu einem internationalen Treffpunkt wurde. In tiefer Sorge vor Infizierung durch das Reform-Virus versuchte die DDR-Führung alles, den Reiseverkehr nach Süden zu hemmen. Ohne Erfolg. Und ohne Erfolg blieb auch der diplomatische Druck aus Moskau auf die Demokratisierer in der CSSR. Dubcek und die Seinen bemühten sich intensiv, die „Schwesterparteien" für ihre neue Politik zu gewinnen. Am 12.8.1968 war der neue Prager KP-Chef auch bei Ulbricht und erhielt von ihm beruhigende Zusagen: Niemand denke an konkrete Maßnahmen gegen seinen Kurs. Ulbricht dachte in Wirklichkeit an nichts anderes, und nur sechs Tage später wirkte er entscheidend mit am Moskauer Beschluss der Ostblockstaaten, militärisch in der CSSR zu intervenieren. In der Nacht zum 21.8. fluteten Panzerverbände der Warschauer-Pakt-Staaten über die tschechischen Grenzen und machten dem „Frühling" ein spätsommerliches Ende. Die NVA hatte zwei Divisionen als Reserve bereit gestellt, die aber nicht benötigt wurden. Es blieb den Tschechen erspart, wie 1938 einen Einmarsch deutscher Gefechtstruppen zu erleben. Die Prager Reformer wurden verhaftet, in die UdSSR verschleppt und zur Rücknahme ihrer „konterrevolutionären" Maßnahmen gezwungen; Dubcek wurde abgesetzt.

Breschnew-Doktrin

Was Dubcek versucht hatte, durfte es nach „reiner" marxistisch-leninistischer Lehre nicht geben: einen nationalen Sonderweg zum Sozialismus, und schon gar keinen liberalen. Was im Osten als „Sozialismus mit menschlichem Antlitz" hoffnungsvoll diskutiert wurde, galt den Gralshütern in Moskau und Ostberlin als „Sozialdemokratismus", der dem Klassenfeind in die Hände arbeite. Zur Rechtfertigung des gewaltsamen Vorgehens dagegen entstand die nach dem sowjetischen Parteichef Breschnew benannte Doktrin von der eingeschränkten Souveränität der Länder des sozialistischen Lagers, die Änderungen an der politischen Linie nur mit Billigung der „Bruderländer", sprich: der Sowjetunion vornehmen dürften. Sonst gerate die „Weltrevolution" in Gefahr. Das Ende der Prager Hoffnungen führte in der DDR zu ohnmächtigen Protesten und zu einer großen Zahl von Verhaftungen.

„Keine Gegenwehr!" hatte die KP-Führung die Bürger beschworen. Zähneknirschend hielten sich die meisten Prager daran, so dass „nur" 94 Opfer beim Vormarsch der „befreundeten" Panzer zu beklagen waren. Doch Luft machen mussten sich die Menschen. Sie umringten die Kampfwagen und verwickelten die einrückenden Soldaten in heftige, aber aussichtslose Diskussionen.

Sport als Außenpolitik

Eigene DDR-Mannschaft bei Olympia in Mexiko (12.-27.10.1968)

Nicht nur der Einmarsch der Warschauer-Pakt-Truppen in die CSSR überschattete die vom 12. bis zum 27.10.1968 in der Höhenluft von Mexiko (2240 Meter) abgehaltenen XIX. Olympischen Sommerspiele. Rassenkonflikte in den USA und der Ausschluss des südafrikanischen Apartheid-Staates von den Spielen sorgten zusätzlich für Zündstoff. Die deutsch-deutsche Problematik fiel daneben kaum auf: Erstmals durfte die DDR mit eigener Mannschaft antreten, zum Ärger der SED-Führer allerdings immer noch nicht mit eigener Hymne und Fahne; es blieb bei der schwarz-rot-goldenen Flagge mit den olympischen Ringen und bei der Musik von Beethoven – die sich manche bis heute zurückwünschen, beim Deutschlandlied schwingen doch viele, zu viele schwere Erinnerungen mit. Damals fiel auch der DDR der Kompromiss nicht schwer, weil sie mit der eigenen Hymne inzwischen Probleme hatte. „Deutschland einig Vaterland", hieß es darin. Davon wollte man nichts mehr wissen. Bald durfte nur noch die Musik gespielt werden.

Imponierende Leistung

Neunmal hätte sie in Mexiko intoniert werden müssen, so oft siegten DDR-Athleten (5. Platz im Medaillenspiegel). Die westdeutschen kamen nur auf fünf goldene Medaillen (8. Platz), auf 26 insgesamt und damit auf eine einzige mehr als die Mannschaft aus der kleinen DDR. Relativ zur Bevölkerungszahl stellte sie damit das erfolgreichste Team der gesamten Spiele; Ulbrichts „Diplomaten im Trainingsanzug" hatten sich bewährt, auch wenn sie nicht die ganz großen Schlagzeilen lieferten. Die galten dem „Jahrhundertsprung" des amerikanischen Weitspringers Bob Beamon auf 8,90 Meter und seinem Kollegen im Hochsprung Dick Fosbury, der eine Revolution der Sprungtechnik („Flop") einleitete und mit 2,24 Metern Gold holte. Auch der Triumph des Deutschland-Achters zog mehr Glanz auf sich als die Siege der Sportler aus dem deutschen Osten – Mitteldeutschland sagte man damals noch in der BRD wegen der weiter beanspruchten Ostgebiete.

Aus für die letzten Gemeinsamkeiten

Die Erfolge der DDR-Athleten waren erwartet worden, und das IOC trug dem schon einen Tag nach Beginn der Spiele Rechnung: Mit 44 zu vier Stimmen verlieh es der DDR das Recht, bei Olympia mit eigener Hymne und eigener Flagge anzutreten. Das war insofern ein besonders harter Schlag ins bundesdeutsche Kontor, weil 1972 München die Spiele ausrichten und ausgerechnet dort die „sogenannte DDR" oder die „DDR" in Gänsefüßchen, so die damals üblichen Bezeichnungen, erstmals mit „Spalterflagge" und „Becher-Hymne" auftreten würde. Blieb nur der Trost des DDR-Witzes: Man könne ja weiter gemeinsam Bier trinken, dann habe man wenigstens privat dieselbe Fahne.

Sportvereinigung Dynamo

Eine große Zahl der international renommierten DDR-Athleten kam aus der Sportvereinigung Dynamo, 1953 hervorgegangen aus den Sportvereinigungen der Volkspolizei. Sie hatte sich schon in der Satzung zum Ziel gesetzt, „Sportlerinnen und Sportler zur höchsten Leistungsfähigkeit zu entwickeln", und die Forderung aufgestellt: „Für jeden Mitarbeiter des Ministeriums für Staatssicherheit und der Deutschen Volkspolizei muss es eine Sache der Ehre und der Verpflichtung sein, Mitglied der SV Dynamo zu werden." Die Vereinigung unterhielt bestens ausgerüstete Zentren für Leistungssport in Dresden (Schwerpunkt Fußball), Potsdam (Leichtathletik) und Berlin (Boxen). Nominell war die SV Dynamo eine Bezirksorganisation des Deutschen Turn- und Sportbundes (DTSB), doch die Stasi-Anbindung sorgte für völlige Unabhängigkeit. Rund 1400 Mitarbeiter, darunter die besten Trainer des Landes, arbeiteten für sie.

Wo es um Kraft ging wie beim Schwimmen und bei den technischen Disziplinen der Leichtathletik, zeichneten sich DDR-Sportlerinnen aus: Margitta Gummel bei der Siegerehrung im Kugelstoßen nach ihrem Weltrekord von 19,61 Metern in Mexiko.

Zeugnisgemeinschaft im Sozialismus

Gründung des Bundes Evangelischer Kirchen (10.6.1969)

Die acht evangelischen Landeskirchen auf dem Gebiet der DDR, die bisher der gesamtdeutschen Evangelischen Kirche in Deutschland (EKD) angehört hatten, schlossen sich am 10.6.1969 zum Bund Evangelischer Kirchen (BEK) in der DDR zusammen. Das war die Konsequenz aus dem ständig wachsenden staatlichen Druck, sich von der „NATO-Kirche" des Westens zu lösen, die ihre „Seele verkauft" habe, als sie im Jahr 1957 einen Militärseelsorgevertrag mit der Bundesregierung schloss. Zunächst hatten die Landeskirchen in der DDR dem Druck widerstanden und auf ein „Überwintern" bis zur Wiedervereinigung gehofft, doch rückte diese nach Abschottung der DDR durch die Berliner Mauer in unerreichbare Ferne. Außerdem gestaltete sich der Informationsaustausch mit den Landeskirchen im Westen nun immer schwieriger, so dass sich die Stimmen mehrten, die dem staatlichen Wunsch nach gleichen Grenzen von DDR und Kirchenbund entsprechen wollten. Ein Bund Evangelischer Pfarrer in der DDR machte sich zum Sprecher dieser Bestrebungen.

Wege aus der Vereinzelung

Nachdem am 8.5.1968 eine neue DDR-Verfassung in Kraft getreten war, die den deutsch-deutschen Graben vertiefte, schwenkten die Landeskirchen auf den von der SED gewünschten Kurs ein und gründeten den BEK. Da künftig grenzüberschreitende Organisationen verboten waren, hätte sonst zudem die Gefahr bestanden, dass der Staat durch Einzelabmachungen mit den Landeskirchen die Einheit der evangelischen Kirche unterminierte. Der BEK suchte eine neue Identität als „Zeugnis- und Dienstgemeinschaft in der Gesellschaft der DDR" – „nicht neben, nicht gegen, sondern im Sozialismus" (1971). Das ließ sich nur durch Kompromisse erreichen, die vielen zu weit gingen und immer wieder zu Zerwürfnissen führten. Darüber darf nicht vergessen werden, dass die Evangelische Kirche durch ihre Hilfen für Dissidenten, Wehrdienstverweigerer, Umwelt- und Friedensgruppen entscheidende Freiräume den Bestrebungen bot, die den Weg aus der typischen Vereinzelung im autoritären Staat wiesen und eine Art öffentliche Meinung herstellten.

Jugendweihe

Bei der Gewinnung der Jugend konnte die SED auf ein altes Ritual der Arbeiterbewegung zurückgreifen, das schon in der SBZ von freigeistigen Verbänden wieder aufgegriffen worden war: die Jugendweihe. Sie sollte an die Stelle von Konfirmation und Firmung treten und bei Ende der Schulpflicht Jugendliche feierlich in die erwachsene Gemeinschaft aufnehmen. Am 14.3.1954 beschloss das Politbüro, eine solche Feier allen Jugendlichen anzubieten und sie darauf mit „lebenskundlichem" Unterricht vorzubereiten, der marxistisch-leninistisch geprägt sein sollte. Ein Zentraler Ausschuss für Jugendweihe übernahm die Planung, und schon 1955 fanden erste Weihen statt. In ihrem Mittelpunkt stand das Gelöbnis, das im Chor von den 14/15-Jährigen gesprochen wurde und die Verpflichtung enthielt, sich stets für die „allseitige Stärkung und das Wohl des sozialistischen Vaterlandes" einzusetzen. Dann wurde erklärt, die Jugendlichen seien nun in die „Gemeinschaft aller Werktätigen unserer Deutschen Demokratischen Republik" aufgenommen. Während die SED die Teilnahme an beidem, Jugendweihe wie Konfirmation, zuließ, lehnten die Kirchen die Jugendweihe zunächst kategorisch ab, so dass die Partei ihre vorbildliche Toleranz herausstreichen konnte; später tolerierten auch die Kirchen die Jugendweihe. In der Praxis war durch enge Bindung der Feier an die Schulen erheblicher Druck auf die Jugendlichen entstanden, an der staatlichen Weihe teilzunehmen.

Die Menschen hüben und drüben hatten den kalten innerdeutschen Krieg satt. Auf dem Kirchentag 1967 in Hannover bildete sich ein Komitee „Friede mit der DDR", einem Titel, der 1968 die Nr. 22 der „Voltaire Flugschriften" zierte. Sie artikulierten auch Hoffnungen der DDR-Christen auf ein gedeihlicheres Verhältnis zum sozialistischen Regime. Zweistaatlichkeit müsse ja nicht Spaltung der Nation bedeuten.

Himmelhohes Ausrufezeichen

Inbetriebnahme des Berliner Fernsehturms (3.10.1969)

Im Nachhinein waren alle glücklich, dass es nicht geklappt hatte mit dem Fernsehturm auf den Müggelbergen bei Köpenick in den 1950er Jahren. Der Flughafen Schönefeld hatte dem Projekt einen Strich durch die Rechnung gemacht, weil die dort startenden und landenden Maschinen in Gefahr hätten geraten können. Gebraucht aber wurde ein solcher hoch ragender Sendemast für Rundfunk und Fernsehen. Und warum dann nicht gleich aus der Not eine Tugend machen? Nach allem, was überliefert ist, entschied schließlich Walter Ulbricht höchstselbst 1964 vor einem Modell Berlins stehend und auf den Alexanderplatz zeigend: „Da gehört er hin!" Er hatte erkannt, dass dieses auf eine Idee von Stalin-Allee-Erbauer Hermann Henselmann zurückgehende himmelhohe Ausrufezeichen in Berlin Mitte enorme Symbolwirkung auch nach Westen entwickeln würde. Vermutlich stand dahinter auch schon ein umfassenderer Plan, das Zentrum der „Hauptstadt der DDR" repräsentativ auszustatten.

Bereits im Jahr darauf war Baubeginn. Und obwohl die Techniker mit großen statischen und konstruktiven Schwierigkeiten zu kämpfen hatten, wurde das mit Antenne 365 (heute 368) Meter hohe Bauwerk am 3.10.1969 und mithin pünktlich zum zwanzigsten Geburtstag der DDR fertig. Das lag auch daran, dass an nichts gespart wurde, obwohl die schließliche Bausumme von 200 Millionen Mark der DDR fast beim Sechsfachen des veranschlagten Etats lag. Man zog ausländische Experten heran und importierte hochwertige Materialien für die besonders komplizierten Bauteile; Devisen spielten letztlich keine Rolle. Dafür stand schließlich das bis heute höchste Gebäude Deutschlands und zeugte davon, dass die DDR noch hoch hinaus wollte, auch wenn bislang alle Anstrengungen, westliches Wirtschaftsniveau zu erreichen oder gar zu übertreffen, sichtlich gescheitert waren. Der Volkswitz stichelte daher auch, vom Fernsehturm könne man vier Meere sehen: „Unten das Häusermeer, oben das Wolkenmeer, im Westen das Lichtermeer und im Osten gar nichts mehr."

Leuchtendes Kreuz

Bei allem Spott hatte Ostberlin fortan ein nicht zu übersehendes Wahrzeichen. Zwar setzte sich der von der DDR-Propagandisten ins Gespräch gebrachte Spitzname „Telespargel" für die silbern blinkende Himmelsnadel nicht durch, doch sie beschäftigte die Fantasie: In der Mittagssonne reflektiert die Glaskugel mit dem Drehrestaurant das Licht oftmals so, dass es ein leuchtendes Kreuz zu bilden scheint. Von „Rache des Papstes" war daher gern die Rede mit Spitze gegen den staatliche verordneten Atheismus. Auch Bezeichnungen wie „Sankt Walter" waren im Schwange. So oder so: Turm und Weltzeituhr auf dem Alexanderplatz wurden zu einzigartigen Touristenmagneten.

> ### *Plänterwald*
>
> *Einen Hauch von Wienerwald erlebten Ostberlin-Besucher, wenn sie einmal abseits der üblichen Fremdenverkehrswege wandelten und sich in die Gegend zwischen Treptow und Karlshorst verirrten. Dort fanden sie nahe der Spree ein Areal mit lichtem Baumbestand: den Plänterwald. In dem über hundert Hektar großen Erholungsgebiet präsentierte sich auf knapp einem Drittel der Fläche der gleichnamige, am 4.10.1969 eröffnete „Kulturpark" mit Karussells und anderen Fahrgeschäften, Restaurationsbetrieben, Imbissbuden, Rutschen und Spielflächen, Hauptattraktion ein 45 Meter hohes Riesenrad mit 36 Gondeln. In diesem einzigen Vergnügungspark der (ost-)deutschen Hauptstadt verlustierten sich vor allem Berliner Familien; 1,7 Millionen Besucher zählte man jährlich.*

Die Foto-Perspektive macht's – Alt und Neu, Geistlich und Weltlich auf Augenhöhe: Der Turm der Ostberliner Marienkirche (13. Jahrhundert, später barockisiert), und der über viermal höhere real-sozialistische Fernseh-Wolkenkratzer am Alex(anderplatz).

Marktwirtschaftliche Elemente

Zwanzigster Geburtstag der DDR (7.10.1969)

Auf zwei Jahrzehnte blickte die DDR am 7.10.1969 zurück. Dass dies zugleich das Bergfest ihrer Gesamtgeschichte sein könnte, kam natürlich niemandem in den Sinn. Dass man aber tatsächlich einen gewissen Gipfel in der Entwicklung erklommen hatte, war vielen bewusst. Allerdings um den Preis der Geiselnahme der eigenen Bevölkerung, die sich seit dem Mauerbau 1961 mit dem System wohl oder übel arrangierte. Aufgrund des steigenden Lebensstandards und des wachsenden internationalen Renommees gelang dem Gros der Bürger eine immer weitergehende Identifizierung mit ihrem Staat, der innerhalb des Ostblocks wegen seiner Lage und seiner erstaunlichen industriellen Entwicklung zum wichtigsten Partner Moskaus aufstieg.

Aufwertung fachlicher Eliten

Hinter den wirtschaftlichen Erfolgen standen Reformen des VI. Parteitags der SED 1963, die auf weniger Dirigismus und auf mehr Anreize zur Eigeninitiative setzte. Dieses Neue Ökonomische System der Planung und Leitung (NÖSPL) strebte nach marktwirtschaftlichem Vorbild eine gewisse Selbstregulierung der Wirtschaft an, setzte Zinsen, Prämien und dynamische Preisbildung zur Produktivitätssteigerung ein und förderte individuellen Einsatz auf allen Ebenen. Facheliten aus Technik, Wissenschaft und Ökonomie sahen sich deutlich aufgewertet. Die gestoppte Abwanderung machte sich ebenso positiv bemerkbar wie die verstärkte Förderung der Frauen. Wenn Frauen auch in Spitzenpositionen weiterhin deutlich unterrepräsentiert blieben, so konnte ihre Qualifizierung doch verbessert werden. Zwischen 1961 und 1968 verdoppelte sich die Zahl der Frauen mit Fach- oder Hochschulabschluss. Die weibliche Berufstätigkeit wuchs auf 80 Prozent.

Die Fortschritte verliefen nicht linear, sondern waren von Krisen und Verwerfungen begleitet, etwa in der Kulturpolitik, in der sich liberale Tendenzen mit neuer Gängelung abwechselten. Die Jugend erhielt größere Freiräume („Welchen Takt die Jugend wählt, bleibt ihr überlassen, Hauptsache sie bleibt taktvoll!"), zugleich aber achtete die Stasi peinlich darauf, dass Westimporte ideologieverträglich blieben. Die Balance glückte einigermaßen, und die Führung sonnte sich im Aufschwung. Das ging so weit, dass sie nicht alle Entwicklungen mitmachte, die vom „großen Bruder" für wünschenswert gehalten wurden. Nachdem Ulbricht mit dem Versuch eines Redneraustauschs zwischen BRD und DDR übers Ziel hinausgeschossen war, spielte er gegen Ende des Jahrzehnts im Ost-West-Entspannungsprozess den Bremser. Im Kreml begann sich Unmut darüber breitzumachen.

Umweltschutz

Der wirtschaftliche Aufschwung in der DDR war wie das sogenannte Wirtschaftswunder in der BRD mit erheblichen Umweltschäden erkauft worden. Im Wettbewerb der Systeme weit zurückliegend, entwickelten die SED-Wirtschaftsstrategen eine ausgefeilte Umweltschutzrhetorik, doch schoben sie die Probleme einerseits auf Altlasten aus dem Krieg und erforderliche Maßnahmen aus Gründen eines zügigen Wiederauf- und -ausbaus auf. Dabei ergaben sich gerade in der DDR besondere Risiken durch eine in erster Linie auf Braunkohlenutzung gerichtete Energiepolitik und durch eine völlig veraltete Wasserwirtschaft, die den Bedarf nur unter bedenklicher Vielfachnutzung von Brauchwasser decken konnte. Beim Raubbau an der Umwelt zog das Land zudem Nachbarn in Mitleidenschaft. Schwefeldioxidemissionen der Braunkohlkraftwerke waren mitursächlich für das Waldsterben in Polen, in der Tschechoslowakei und in den östlichen Mittelgebirgen der BRD. Kalieinträge führten zur Versalzung von Elbe und Werra.

So richtig glücklich waren die Dresdener wohl nicht über das Geschenk zum 20. Geburtstag der DDR: Der 1969 fertiggestellte Mehrzweck-Kulturpalast, auch „Kulti" genannt, wirkte und wirkt vor Hofkirche und Schloss provozierend banal.

„Türen öffnen"

Ostrock und die Gründung der Puhdys (19.11.1969)

Musiktrends machen nicht an Grenzen halt. In den 1960ern erfassten Beat- und Rock-Rhythmen auch die DDR-Jugendlichen. Platten aus dem Westen gingen von Hand zu Hand, Radiosendungen wurden mitgeschnitten, talentierte Musiker versuchten sich am neuen Sound. Nicht die erste, aber die erfolgreichste Rockgruppe der DDR wurden die Puhdys – der Name setzt sich zusammen aus den Anfangsbuchstaben von Peter (Meyer), Udo (Jacob), Harry (Jeske) und Dieter (Hertrampf) –, die am 19.11.1969 ihren ersten großen Auftritt in Freiberg (Sachsen) hatten. Sie fanden nicht zuletzt deswegen großen Zuspruch, weil sie deutsche Texte einsetzten, die von begabten Schreibern, darunter dem bekannten Dichter Ulrich Plenzdorf („Die neuen Leiden des jungen W."), stammten. Zu ihren ersten Hits gehörten „Türen öffnen sich zur Stadt", „Geh dem Wind nicht aus dem Weg" und „Wenn ein Mensch lebt", ein Lied, das in der Filmliebesgeschichte „Die Legende von Paul und Paula" der Sehnsucht Klang verlieh.

Bei den X. Weltjugendfestspielen 1973 in Ostberlin wurden die Puhdys international bekannt. Ihre Platten brachten Devisen und den Künstlern Reisemöglichkeiten. Im sozialistischen Ausland konnten sie bald auftreten, wenig später auch im Westen. Hatten sich bisher vor allem bekennende Kommunisten ihren „Ostrock" – neudeutsch gesagt – reingezogen, so entdeckten nun auch bürgerliche Schichten dessen Reize; die Plattenerlöse gingen nach oben. Als eine Art Sündenfall allerdings empfand mancher, dass auch die Puhdys dem Zeitgeist Zucker gaben und 1980 ein englischsprachiges Album „Far from Home" in London einspielten. Das aber blieb Ausnahme und das Publikum der Gruppe treu bis über das Ende der DDR hinaus.

> ### *DT64*
> *Nach dem Mauerbau war Schadensbegrenzung angesagt in der DDR, und zum Deutschlandtreffen (DT) der Jugend 1964 dachte man sich daher etwas Besonderes aus: Aus dem Westen wurden zwar eben wegen des Mauer-Schocks nur wenige Teilnehmer erwartet, doch die sollten wie die Ostbesucher bestens informiert und unterhalten werden. Der Berliner Rundfunk ging für die Veranstaltung mit einem 99-Stunden-Programm auf Sendung, das erstmals den Versuch machte, gezielt Jugendliche musikalisch und mit lockeren Wortbeiträgen anzusprechen. DT64 war geboren und blieb als fester Programmteil erhalten. Zwar bemäkelten Offizielle immer wieder, dass die Sendung zu viele Westanleihen mache, doch für die Rock-, Beat- und Pop-Gruppen des Landes wurde sie zur lebenswichtigen Plattform. Oktoberklub, Singebewegung und Festival des politischen Liedes erreichten über DT64 die Massen, und auch die FDJ nutzte den später zu einem eigenen Sender ausgebauten Multiplikator mit großem Erfolg.*

Mangelnde Tanzbarkeit

Ihr Aufstieg schien zu signalisieren: Auch im SED-Staat konnte es jeder schaffen, der das künstlerische Zeug dazu hatte. So einfach aber war es nicht: Die Puhdys hatten einen außergewöhnlich glücklichen Start. Andere sahen sich wegen ihres Gruppenamens angefeindet, wurden der Biermann-Nähe verdächtigt oder fielen durch vor den sogenannten Einstufungskommissionen. Der Staat nämlich war immer dabei, was auch die Puhdys merkten; ihr ältester Peter Meyer (*1940) musste oft Stasi-Hürden für Auftritte beiseite räumen oder Texte ein wenig „anpassen". Ja, der Staat selbst versuchte eine Art offiziellen Ostrock zu entwickeln, was aber kaum Resonanz fand, wie es denn diese Musikrichtung auch schwerer hatte als manche anderen, weil sie nicht auf Tanzbarkeit schielte und harmlose Unterhaltung ablehnte.

Erster Auftritt einer DDR-Rockband in einem westdeutschen Rockschuppen: Die Puhdys in der Hamburger „Fabrik", November 1976. Ihre Musik kam auch bei den verwöhnten West-Fans an.

Ohne Vorbedingungen

Erster deutsch-deutscher Gipfel in Erfurt (19.3.1970)

In Deutschland hatten sich nach dem totalen Zusammenbruch 1945 im Klima des Kalten Krieges zwei Staaten gebildet. Als Willy Brandt, seit Herbst 1969 neuer Bundeskanzler in Bonn, diese Tatsache in seiner Regierungserklärung erwähnte, gab es vehementen Protest von rechts. Und es änderte wenig, dass Brandt hinzufügte: Die beiden Staaten könnten natürlich niemals Ausland für einander und ihre Beziehungen zueinander immer nur „von besonderer Art" sein. Irritieren ließ er sich ohnedies nicht und bot der DDR umgehende Verhandlungen auf höchster Ebene an. Die Reaktion war unsicher. Ulbricht antwortete nicht ihm, sondern wandte sich an Bundespräsident Heinemann mit der Forderung nach vorheriger Aufnahme „gleichberechtigter Beziehungen", sprich: nach völkerrechtlicher Anerkennung.

Druck aus Moskau

Heinemann war nicht zuständig, und Brandt konnte das nicht akzeptieren. Er regte Verhandlungen ohne jede Vorbedingung über Gewaltverzicht und praktische Fragen an. Als neue Hürde baute die SED daraufhin den Ort eines solchen Treffens auf: Nach Ostberlin solle Brandt kommen, und zwar mit dem Flugzeug. Man wollte vermeiden, dass der beliebte frühere Bürgermeister über West-Berlin anreiste und die Stadt damit als BRD-zugehörig darstellte. Erst als das geplante Treffen mit Willi Stoph, dem Vorsitzenden des Ministerrats, zu platzen drohte, einigte man sich auf eine Begegnung im grenznahen Erfurt am 19.3.1970; Moskau hätte ein Scheitern beim eigenen Bemühen um Entspannung mit dem Westen, insonderheit mit der wirtschaftlich und politisch so wichtigen Bonner Republik, nicht akzeptiert.

Emotionale Momente

Es kam der 19.3., an dem Brandt in den Erfurter Hauptbahnhof rollte, von der DDR-Delegation unter Stoph begrüßt und zum nahen Hotel „Erfurter Hof" begleitet wurde. Es waren die emotionsgeladensten Momente in seinem bisherigen politischen Leben, bekannte Brandt in seinen Memoiren. Die Menschen durchbrachen die Absperrungen der Volkspolizei und jubelten ihm zu. Als er längst hinter den Hotel-Türen verschwunden war, wollten die Rufe nicht verstummen: „Willy Brandt ans Fenster!" Und dann zeigte er sich, erhob mit dämpfender Geste die Hände und konnte doch seine eigene tiefe Bewegung nicht verbergen. So viele Hoffnungen, die er, das stand außer Frage, nicht einmal ansatzweise würde erfüllen können!

Kassel

Gut zwei Monate nach Erfurt erhielt am 21.5.1970 der Sonderzug des Ministerratsvorsitzenden der DDR Willi Stoph Einfahrt an Gleis 3 in Kassel-Wilhelmshöhe. Mit Polizeieskorte ging es von dort weiter ins „Schloßhotel", wo die Gespräche zwischen Bundeskanzler Brandt und Stoph stattfinden sollten. Dieses Mal aber ein ganz anderes Bild als in Erfurt: Erbitterte rechtskonservative bis -extreme Demonstranten aus dem ganzen Bundesgebiet protestierten gegen den Besucher und das SED-Regime, Gegendemonstranten für Brandt und seine Politik hielten dagegen. Zu Gesprächsbeginn gleich ein Protest: Neonazis hätten die DDR-Fahne vom Quartier der Stoph-Delegation abmontiert. Dann der nächste Eklat: Die Kranzniederlegung Stophs am Mahnmal für die Opfer der Nazi-Herrschaft musste wegen der Randalierer zunächst abgesagt und konnte erst am Abend nachgeholt werden. Entschuldigungen von Brandt, Empörung auf der Gegenseite. Und die Verhandlungen? Ohne Ergebnis. Und doch: Die Überwindung der deutsch-deutschen Sprachlosigkeit an sich war Fortschritt.

„Willy Brandt ans Fenster!" Minutenlange Sprechchöre in Erfurt. Der Kanzler erschien und versuchte die Jubler zu mäßigen, die sich selbst in Gefahr brachten; 109 Festnahmen gab es während des Brandt-Besuches in der thüringischen Stadt.

Wegweiser zum Sozialismus

Enthüllung des Lenindenkmals in Ostberlin (19.4.1970)

Frei nach Lenin (1870-1924) galt für die SED der Grundsatz: Marxismus ist gut, Leninismus ist besser. Der erste Sowjetführer nämlich hatte die Lehren von Karl Marx dahingehend abgewandelt, dass die Geschichte Nachhilfe brauche, damit es auch so komme, wie in der Klassenkampf-Theorie vorgesehen. Danach werde sich letztlich das Proletariat durchsetzen, woran zwar Lenin nicht zweifelte, was er aber beschleunigen wollte. Die Arbeiterklasse müsse daher von einer Avantgarde angeleitet werden in Gestalt einer revolutionären, sprich: kommunistischen Partei. In der DDR sah sich als solche die SED, unter deren Führung die Arbeiterklasse den rechten Weg zum Sozialismus eingeschlagen habe und konsequent weiter gehen werde. Kein Wunder, dass Lenin in der DDR oberste aller ideologischen Instanzen war. Zu seinem 100. Geburtstag 1970 sollte daher Imposantes entstehen:

Roter Granit

Im Zuge des Ausbaus von Ostberlin als „Hauptstadt der DDR" plante die SED seit 1968 in Friedrichshain einen Leninplatz, der den Aufbruch in die sozialistische Zukunft architektonisch-bildhauerisch versinnbildlichen sollte. Der Erbauer der Stalin-Allee und Ideengeber für den Fernsehturm Hermann Henselmann (1905-1995) lieferte auch dafür den Entwurf: Mitten in eine moderne Wohnanlage für Werktätige platzierte er ein Denkmal für den großen Arbeiterführer. Es sollte den Schwung der Baulinie der 11- bis 25-geschossigen Häuserblocks aufnehmen und wegweisend ausrichten. Am 19.4.1970, drei Tage vor dem runden Geburtstag Lenins, war es so weit: Im Rahmen einer Großkundgebung mit 200 000 Menschen wurde das vom sowjetischen Bildhauer Nikolai Tomski (1900-1984), Präsident der sowjetischen Akademie der Künste, geschaffene 19 Meter hohe Standbild aus rotem ukrainischen Granit enthüllt.

Genialer Führer

Die Festansprachen hielten der sowjetische Botschafter Abrassimow und der Staatsratsvorsitzende Ulbricht, der von einem „Denkmal des Volkes" sprach und das Ensemble als Zeichen des „festen Zusammenschlusses der ganzen Gemeinschaft sozialistischer Staaten um die Sowjetunion" verstanden wissen wollte. Nur zwei Jahrzehnte Lebensdauer sollten dem Monument beschieden sein, dann fiel es einer neuen Zeit zum Opfer; Platz der Vereinten Nationen heißt der einstige Standort heute. Der sozialistische Traum des „genialen Führers des internationalen Proletariats" (Abrassimow) war ausgeträumt.

Marxismus

Die vom deutschen Philosophen Karl Marx (1818-1883) entwickelten sozioökonomischen Theorien werden unter dem Begriff „Marxismus" zusammengefasst. Er geht aus von der Erkenntnis, dass die menschliche Geschichte eine Geschichte von Klassenkämpfen sei, in denen sich Unterdrückte gegen Unterdrücker in Revolutionen durchsetzen, zuletzt in der Französischen Revolution das Bürgertum gegen den Adel. Die neue herrschende bürgerliche Klasse stütze sich auf das Privateigentum an Produktionsmitteln und beute die Arbeitskraft der besitzlosen Massen aus. Dieser Zustand muss nach marxistischer Lehre in einem letzten Klassenkampf beseitigt werden, in dem die Arbeiterschaft die Macht übernimmt („Diktatur des Proletariats"), die Produktionsmittel vergesellschaftet und die klassenlose Gesellschaft (Kommunismus) erstrebt. Auf den Marxismus, der auf einer genauen Analyse des Kapitalismus basiert („wissenschaftlicher Sozialismus"), beriefen und berufen sich alle kommunistischen Parteien und Staaten trotz zahlreicher Varianten vor allem auf dem Gebiet der Theorie der Revolution.

Energisch nach vorn blickte das 1970 errichtete Lenin-Standbild von Nikolai Tomski vor den hohen Plattenbauten im Arbeiterviertel Friedrichshain. Den Rücken stärkte ihm die steinerne rote Fahne der Revolution.

Verordneter Kurswechsel

Ablösung Walter Ulbrichts durch Erich Honecker (3.5.1971)

Nach über einem Vierteljahrhundert endete am 3.5.1971 eine Ära: In Ostberlin löste Erich Honecker den inzwischen zur Legende gewordenen Parteichef Walter Ulbricht ab. Der Wechsel wurde fast wie ein Routinevorgang dargestellt; Rundfunk und Fernsehen war die Sensation nur eine dürre Meldung wert: „Das Zentralkomitee der SED beschloss einstimmig, der Bitte des Genossen Walter Ulbricht zu entsprechen und ihn aus Altersgründen von der Funktion des Ersten Sekretärs des Zentralkomitees zu entbinden, um diese Funktion in jüngere Hände zu legen."

Beharren auf einem Sonderweg

Was der Öffentlichkeit ohne Schwierigkeiten als „altersbedingt" verkauft werden konnte, hatte ernstere Hintergründe. Ulbricht steuerte in seinen letzten Jahren einen von Moskau immer unabhängigeren Kurs, gestützt auf ansehnliche Wirtschaftdaten und im Gefühl der Überlegenheit über die relativ neue Administration im Kreml. Er spielte sogar mit dem Gedanken an eine Konföderation von DDR und BRD, wenn auch zu seinen, also zu sozialistischen Bedingungen. KPdSU-Chef Breschnew gegenüber hatte er auf seinem nationalen Sonderweg beharrt, die DDR als Modell für andere sozialistische Staaten hingestellt und sich am 20.8.1970 provokant offen geäußert: „Wir sind nicht Weißrussland, wir sind kein Sowjetstaat. Wir wollen echte Kooperation." Das konnte ein Mann natürlich nicht hinnehmen, nach dem die Doktrin von der „beschränkten Souveränität" der sozialistischen „Bruderländer" benannt war. Kurz: Moskau verlor allmählich die Geduld und suchte den „altersstarrsinnigen" Ulbricht loszuwerden. In Ost-Berlin fanden sich nur zu gern willige Helfer.

Allen voran der knapp zwei Jahrzehnte jüngere Erich Honecker, den Ulbricht zu einer Art Kronprinz aufgebaut hatte und dem er wie einem Ziehsohn vertraute. Honecker überzeugte nach und nach die Mehrheit der Mitglieder des Politbüros davon, dass es an der Spitze Zeit für einen Generationen- und – schon wegen des sowjetischen Drucks – für einen Kurswechsel wurde. In einem Brief an Breschnew wiesen zehn der 14 Vollmitglieder und drei der sechs Kandidaten des Politbüros im Januar 1971 darauf hin, dass es auch mit der Gesundheit des Endsiebzigers Ulbricht nicht mehr zum Besten stehe, und dass er mit den repräsentativen Funktionen des Vorsitzenden des Staatsrats mehr als ausgefüllt sei. Breschnew wurde gebeten, dem Parteichef den Rückzug aus dem Zentrum der Macht telefonisch schmackhaft zu machen. Mühe hatte er damit nicht, der geübte Befehlsempfänger Ulbricht wusste aus Stalins Zeiten nur zu gut, wann das Spiel aus war.

Sozialistische Lebensweise

Da der Sozialismus das Privateigentum an den Produktionsmitteln abgeschafft habe, schwänden rapide die Klassengegensätze, so dass nicht mehr Konkurrenz, sondern Solidarität und gegenseitige Achtung das menschliche Miteinander präge. Leistung sei immer nur eine für die Gemeinschaft, Verantwortung trage der Einzelne im Rahmen des Kollektivs. Trotz solcher hehren Sinnbestimmungen in der reinen Lehre wussten die Sozialpolitiker der SED, dass auch im Sozialismus, mit Brecht gesprochen, erst das Fressen kommt und dann die Moral. Honecker trat daher an die Spitze der SED mit dem Versprechen, künftig sollten die Werktätigen stärker an den Früchten der gesellschaftlichen Arbeit beteiligt werden, sprich: alle Anstrengungen sollten sich darauf richten, den Lebensstandard zu erhöhen, denn daran erweise sich letztlich die Überlegenheit des Systems. „Einheit von Wirtschafts- und Sozialpolitik" hieß das programmatisch-plakativ.

Das Volk fragte niemand: Die Partei, sprich: ihr Politbüro bestimmte allein, wer sie führen sollte beim Führen der Arbeiterklasse und damit des Staates. 1971 schickte der einstige FDJ-Chef Honecker (rechts) den glücklosen und müde gewordenen Walter Ulbricht aufs Altenteil.

Schwieriger Verhandlungsmarathon

Transitabkommen für West-Berlin unterzeichnet (17.12.1971)

Die Russen wollten Entspannung, sie wollten aber keinerlei deutsch-deutsche Kumpanei. Ulbricht hatte die Entspannung gebremst, mit einem Sonderverhältnis zur Bundesrepublik aber geliebäugelt. Jetzt war er weg, die neue Spitze der SED setzte auf strikte Abgrenzung gegen die „kapitalistische" BRD und machte damit paradoxerweise die Gespräche mit ihr erst wieder flott. Schub erhielten sie zwischendrin durch das Viermächteabkommen (siehe Kasten) der Alliierten über Berlin, das den deutschen Staaten die bilaterale Ausgestaltung der Abmachungen übertrug. Ende 1970 begannen Gespräche zwischen DDR-Staatssekretär Michael Kohl (1929-1981) und Egon Bahr (*1922), Staatssekretär im Kanzleramt, über ein Transitabkommen für den Verkehr von und nach West-Berlin.

Für Ostberlin lukrativ

Es waren die ersten innerdeutschen Vertrags-Verhandlungen auf Regierungsebene, und sie gestalteten sich schwierig. Westlicherseits hieß es jeden Anschein einer völkerrechtlichen Anerkennung der DDR zu meiden, und der DDR-Emissär musste die Sorgen vor neuen Schlupflöchern für Flüchtlinge mühsam als Schutz vor westlicher Provokation bemänteln. Dennoch stand nach einjährigem Verhandlungsmarathon am 17.12.1971 ein Papier, das nicht zuletzt wegen der wirtschaftlichen Bedeutung des Abkommens für die DDR und wegen des alliierten Drucks zustande gekommen war (in Kraft 3.6.1972). Es ersetzte die Einzelzahlungen von Transit-Reisenden von und nach Berlin durch Pauschalzahlungen des Bundes von zunächst 235 Millionen DM jährlich (bis 1975) und sagte Bundesmittel für Pflege und Bau von Transit-Strecken zu. Allein für die neue, landesintern auch für DDR-Bürger nutzbare Autobahn Hamburg-Berlin flossen 1,2 Milliarden DM nach Osten.

Damit endeten weitgehend die quälenden Schikanen durch DDR-Grenzer, denen westliche Reisende bisher auf Berlinfahrten ausgesetzt gewesen waren, für Westberliner gab es Aufenthaltsreglungen für den Ostteil der Stadt. Trotzdem fuhr die Angst weiterhin mit, denn ein Großteil der Vereinbarungen galt möglichem „Missbrauch" der Transit-Strecken. Der lag vor bei Verstoß „gegen die allgemein üblichen Vorschriften" der DDR. Klar, damit war vor allem Fluchthilfe gemeint, doch hatten die „Vopos" weiten Spielraum bei der Auslegung. Dennoch war ein großer Schritt auf dem Weg hin zu „menschlichen Erleichterungen" getan. Bewusst aber spielte das Verhandlungsführer Bahr herunter, als er ganz im Sinne der DDR betonte: „Ideologische Abgrenzung bleibt, auch wenn man von friedlicher Koexistenz spricht."

Viermächteabkommen

Nachdem die DDR Ostberlin entgegen dem Sonderstatus für ganz Berlin als ihre Hauptstadt behandelte, stand dieser Status insgesamt zur Disposition, so dass West-Berlin und seine Bindungen an die Bundesrepublik hochgradig gefährdet waren. Nach dem Deutsch-Sowjetischen Vertrag von 1970 fand sich Moskau bereit, diese Frage mit den anderen Siegermächten neu zu regeln. In einem Viermächteabkommen vom 3.9.1971 (in Kraft 3.6.1972) sicherte die UdSSR den ungestörten Transitverkehr von und nach West-Berlin zu, versprach eine Verbesserung des Verkehrs zwischen beiden Teilen der Stadt und akzeptierte die außenpolitische Vertretung West-Berlins durch den Bund. Die Westmächte hielten formal weiterhin am Sonderstatus für ganz Berlin fest und bewiesen Präsenz auch im Ostteil der Stadt, nahmen aber dessen Hauptstadtrolle für die DDR de facto hin. Wie das Abkommen in den Einzelheiten zu regeln sei, sollte den beiden deutschen Staaten überlassen bleiben.

Im Gobelin-Saal des Palais Schaumburg in Bonn unterzeichnen die Staatssekretäre Egon Bahr (Bundeskanzleramt, rechts) und Michael Kohl (DDR-Ministerrat, links) das Berlin-Transit-Abkommen (Foto: 17.12.1971).

Nachwuchssorgen

Freigabe des Schwangerschaftsabbruchs (9.3.1972)

Nur auf den ersten Blick nimmt es Wunder, dass in der DDR erst so relativ spät der Schwangerschaftsabbruch bis zur 12. Woche frei gegeben wurde. Eigentlich hätte man erwartet, dass sich die SED die sowjetische Praxis zueigen machen würde. In der UdSSR hatte schon seit 1954 die Frau die Entscheidung darüber, ob sie ein Kind austragen wollte oder nicht. In der DDR aber mussten andere Umstände berücksichtigt werden: Die Bevölkerungsentwicklung war durch die Fluchtbewegung massiv gestört, und es bestand die Sorge, dass es durch Liberalisierung des Schwangerschaftsrechts auf lange Sicht zu Nachwuchsengpässen kommen würde. Man bemühte sich daher lieber um Erleichterung der Entscheidung für Kinder durch Freizeitregelungen, Ausbau von Betreuungseinrichtungen für Kleinkinder (Krippen) und um eine fortschrittliche Frauenpolitik (bis hin zu einem Babyjahr mit vollem Lohnausgleich).

Gegenstimmen und Enthaltungen

In den 1960er Jahren führte die Anti-Baby-Pille, deren Einführung sich nur hatte aufschieben, aber nicht verhindern lassen, zu einem Umdenken. Mit puren Verboten, das wurde den Verantwortlichen nun klar, würde man künftig den Geburtenrückgang („Pillenknick") nicht aufhalten können. Am 9.3.1972 beschloss die Volkskammer die Straffreiheit der Schwangerschaftsunterbrechung in den ersten drei Monaten (Fristenlösung), wobei es zu einer kleinen Sensation kam: Erstmals wich man vom Einstimmigkeitsprinzip ab; es gab vierzehn Gegenstimmen und acht Enthaltungen. Darin spiegelte sich, wie schwer auch dem sozialistischen Hohen Haus die Abwägung zwischen der Selbstbestimmung der Frau und dem Schutz des ungeborenen Lebens fiel. Die Einwände gegen die Freigabe bewirkten immerhin weitere Bemühungen um Förderung für Familien mit Kindern.

Und sie führten auch zu einer restriktiveren Praxis, als öffentlich bekannt: Ein Abbruch war nur möglich auf Antrag bei einem Fach- oder Betriebsarzt und nach Beratung über die möglichen Risiken. Der von der Sozialversicherung finanzierte Eingriff durfte nur in einer Klinik vorgenommen werden. Alle beteiligten Stellen bemühten sich gewöhnlich, die Schwangere von ihrem Schritt abzubringen, wenn nicht wichtige persönliche oder medizinische Indikationen dafür sprachen. Ebenso aber konnten medizinische Bedenken gegen einen Abbruch bestehen, wenn etwa der vorige noch zu kurz (unter einem halben Jahr) zurücklag oder ihm sonstige gesundheitliche Gründe entgegen standen.

Sexualaufklärung

Zunächst einmal stand hinter der recht späten Einrichtung von Ehe- und Familienberatungsstellen (1965) die Absicht, die Zahl ungewollter Schwangerschaften zu vermindern. Die seelische Entwicklung der Jugendlichen im Zusammenhang mit Erotik und Sexualität war erst ein späterer Gedanke, der durch die aus dem Westen herüber schwappende Bilderflut dringlich wurde. Die Zunahme der venerischen Erkrankungen tat ein Übriges, die Beratungen zu intensivieren. Das aber, was Heranwachsende und junge Eheleute wirklich interessiert, nämlich die Frage nach sexueller Erfüllung, überließ man der Initiative von Psychologen. Zu nennen ist hier vor allem das Buch von Siegfried Schnabl „Mann und Frau intim – Fragen des gesunden und des gestörten Geschlechtslebens", das 1969 erschien und 18 Auflagen erlebte. Der damals 42-jährige Leiter der Ehe- und Sexualberatungsstelle in Karl-Marx-Stadt näherte sich seinem Thema sachlich bis trocken, was aber im reizarmen Klima des DDR-Alltags bereits elektrisierte und ihn zur obersten Aufklärungsinstanz machte.

Die Industrie war auf Frauenarbeit angewiesen (Bild: Bedienung einer Steuerungsanlage im petrochemischen Werk Schwedt/Oder). Durch die größere Selbständigkeit der Frauen wandelte sich auch das Miteinander der Geschlechter, nur sehr allmählich allerdings die Rollenverteilung: Hausarbeit blieb weitgehend weiblich, Führung, politisch wie wirtschaftlich, Männersache.

Systemübergreifendes Unbehagen

Premiere des Stücks „Die neuen Leiden des jungen W." (18.5.1972)

Herr Wibeau, der seine Familie vor zwölf Jahren verlassen hat, erfährt vom Tod seines knapp 18-jährigen Sohnes Edgar. Der Vater macht sich auf die Suche nach dem Warum und nach Edgars kurzer Biographie: Lange ein Musterknabe, hat der Sohn eines Tages die Lehre geschmissen, ist aus der Provinz nach Berlin getürmt, hat sich dort in einer Laube einquartiert und malt. Auf dem Plumpsklo findet er ein titelloses Heft mit völlig „irren" Briefen eines gewissen Werther an seinen Freund Wilhelm. Die Wirkung der „unmöglichen" und doch so magisch anziehenden Sätze probiert er an der Kindergärtnerin Eva vom Grundstück nebenan aus und weidet sich an ihrer Verwirrung. Er verstrickt sich aber selbst in immer heftigere Neigung zu ihr, die er nach der von Werther angebeteten Charlotte im Klo-Buch fortan Charlie nennt. Doch sie heiratet einen anderen. Edgar kommt bei einem Bastelunfall ums Leben.

Kulturwächter alarmiert

Er liefert bei der Spurensuche des Vaters lässige, lakonische, (selbst-) kritische Kommentare aus dem Jenseits. Sie stehen nur scheinbar im Kontrast zu den Gefühlseruptionen Werthers aus dem Büchlein, sind trotz der schnodderigen Sprache ebenso tief empfunden, ja gewinnen gerade daraus fast Aufschreicharakter, Spießigkeit, Unehrlichkeit, Zwänge der Gesellschaft erscheinen als Verformer junger Seelen und Austrockner von Kreativität und Visionen. Diesen klassischen Stoff gestaltete Ulrich Plenzdorf (* 1934) Ende der 1960er Jahre zu einem Drehbuch, das zunächst nicht realisiert wurde. „Die neuen Leiden des jungen W." erschienen zuerst als Theaterstück (Uraufführung 18.5.1972 am Landestheater Halle), dann als Erzählung und wurden erst später verfilmt. In allen Versionen machten „Die Leiden" Furore. Bei den Kulturwächtern traf Plenzdorf auf herbe Kritik wegen der „individualistischen Tendenz" des Buches, und auch der „Jeans-Kult" des Helden erregte Ärger.

Zu unterdrücken aber war diese erfrischend ungekünstelte Skizze des DDR-Alltags nicht. Viele erkannten sich darin wieder, und selbst im unruhigen 68er Westen traf sie einen Nerv. Das Buch war das literarische Ereignis der beginnenden 1970er Jahre, die in der DDR wie in der BRD einen grundlegenden Umbruch brachten, sowohl je intern wie auch im Verhältnis zueinander. Bücher wie das von Plenzdorf spielten dabei eine nicht zu unterschätzende Brückenrolle, indem sie systemübergreifendes Unbehagen an verkrusteten Strukturen und unkritisch übernommenen Konventionen artikulierten. Edgar Wibeau erschien sozusagen als sozialistisches Blumenkind, das noch im Scheitern Hoffnung gab.

Jeans

„Die Jeans sind" oder „die Jeans ist"? Oder geht sogar beides? Die grammatische Unsicherheit, zeigt schon, was in diesem Kleidungsklassiker steckt, den Plenzdorf für sein Stück mit dem klassischen Werther-Stoff genutzt hat. Er lässt Edgar darin von einem urkomischen Schlangestehen nach den Hosen berichten, als es endlich einmal solche Ware in der DDR gibt. Leider ist es dann doch nicht die richtige, sondern nur „Made in GDR". Wer aber etwas auf sich hielt in den 1960/70ern, der musste schon die Blauen aus dem Westen haben. Jeans nämlich, weiß Edgar, „sind eine Einstellung und keine Hosen". Insofern waren die falschen beinahe schlimmer als gar keine. Nicht nur dem Edgar des Buches, sondern allen in der „Szene" kamen sie so vor, wie „wenn einer dem Abzeichen nach Kommunist ist und zu Hause seine Frau prügelt". Und das, obwohl oder weil sich gerade die real existierenden Kommunisten so lange und so erbittert gegen die „dekadenten" Beinkleider gesträubt hatten.

Auch im Westen äußerst beliebt: Karin Schröder als Charlie/Eva und Volker Martens als Edgar Wibeau bei einer Probe zu Claus Leiningers Inszenierung des Plenzdorf-Stücks Ende 1973 in Essen.

Siege beim „Klassenfeind"

Mit Hammer und Zirkel bei Olympia in München (26.8.-11.9.1972)

Die Sportführung der DDR und die SED sonnten sich nach dem IOC-Beschluss von 1968 in ihrem Triumph: „Hart hat die olympische Geschichte die Feinde des Sports, die Feinde unserer Republik und unseres sozialistischen Aufbaus geschlagen. Sie, die sportfeindlichen Kräfte der Bundesrepublik, müssen nun im eigenen Land den Start der ersten völlig souveränen Olympiamannschaft der Deutschen Demokratischen Republik vorbereiten und organisieren. Sie sind es, die erstmals bei Olympischen Sommerspielen die Flagge der DDR hissen, unsere Hymne einstudieren und spielen müssen." Die Propagandisten wussten, wo es den „Klassengegner" schmerzte. Und wer weiß, ob die BRD nicht doch noch, wie manche anregten, die Ausrichtung der XX. Olympischen Sommerspiele 1972 in München zurückgegeben hätte, wenn nicht eine sozialliberale Regierung das Ruder übernommen hätte.

Getrübter Erfolg

Kanzler Brandt und Münchens SPD-Oberbürgermeister Vogel waren sich einig, dass man mehr erreichen konnte mit demonstrativer Toleranz und vorbildlichem Gastgeben. Und so zog am 26.8.1972 erstmals eine DDR-Mannschaft mit der Hammer-und-Zirkel-Fahne ins Olympia-Stadion ein, dessen kühne Zeltdacharchitektur allerdings die Welt mehr interessierte als die disziplinierten ostdeutschen Athleten. Das wurde bald anders, denn diese Wettkämpfer vervollkommneten den politischen Triumph durch sportliche Spitzenleistungen. Zwanzig Mal ertönte die Hymne von Hanns Eisler, zu der man sich die Worte von Johannes R. Becher nur noch denken durfte: „Deutschland, einig Vaterland!" Das war einmal. Jetzt gab es zwei Vaterländer, und das weitaus größere, die BRD, konnte sich dreizehn Mal über Gold freuen. Ein riesiger Erfolg, und doch: Die „von drüben" waren einfach besser. Oder? Die Sportler vielleicht, doch die politisch Verantwortlichen eher nicht. Am 5.9.1972 warf das Attentat arabischer Terroristen auf die israelische Olympia-Mannschaft Schatten des Todes über die „heiteren Spiele", als die das Sportfest der Jugend der Welt in München gefeiert wurde. Alle elf Geiseln und bis auf drei auch die Mörder kamen bei einem Zugriffsversuch der Polizei ums Leben. Die Welt trauerte. Auch die DDR, doch ihre Beileidsbekundungen wirkten halbherzig. Jeder wusste, wie sehr sich Ostberlin um arabisches Wohlwollen bemühte und wie stark wenigstens unterschwellig antizionistische Affekte die Politik der DDR bestimmten. Jedenfalls atmete man SED-seitig besonders auf, als die Spiele und der Siegeszug der ostdeutschen Olympia-Kämpfer nach nur einem Tag Unterbrechung weitergehen konnten.

Ostverträge

Den Weg für einen unverkrampfteren innerdeutschen Umgang hatte die neue Ostpolitik der sozialliberalen Koalition in Bonn geebnet. Dass der Schlüssel dafür in Moskau lag, war klar, und so strebte die Regierung Brandt zunächst die Verständigung mit der UdSSR an. Am 12.8.1970 kam es zu einem Abkommen mit ihr, in dem die Partner gegenseitigen Gewaltverzicht aussprachen und die Grenzen in Europa für unverletzlich erklärten, „wie sie am Tage der Unterzeichnung dieses Vertrages verlaufen, einschließlich der Oder-Neiße-Linie". Auch die innerdeutsche Grenze und die Souveränität der DDR wurden ausdrücklich von der Bundesrepublik anerkannt, wobei die Sowjetunion allerdings einen Begleitbrief akzeptierte, nach dem das Streben der Deutschen nach Wiedervereinigung mit dem Sinn des Vertrags vereinbar sei. Am 7.12.1970 folgte ein ähnliches Abkommen über Gewaltverzicht mit Warschau und die Anerkennung der polnischen Westgrenze an Oder und Neiße.

Schnellste Frau der Welt:
DDR-Sprinterin Renate Stecher nach ihrem Münchener Sieg im 100-Meter-Lauf am 2.9.1972 in der Weltrekordzeit von 11,07 Sekunden. Auch 200-Meter-Gold holte sie. In der 4-mal-100-Meter-Staffel mussten die DDR-Frauen der BRD-Konkurrenz den Vortritt lassen.

Gedeihliches Nebeneinander

Unterzeichnung des Grundlagenvertrags (21.12.1972)

In Kassel hatten sich Willy Brandt und Willi Stoph bei ihrem zweiten Treffen im Mai 1970 eine Denkpause verordnet, weil man nicht recht weitergekommen war in dem Bemühen um eine Normalisierung der innerdeutschen Verhältnisse. Die Pause nutzte die Bundesregierung zu Gesprächen mit der UdSSR, die im August 1970 in den Moskauer Vertrag über gegenseitigen Gewaltverzicht und über Grenzgarantien mündeten. Damit geriet auch Ostberlin unter Druck, den Dialog mit Bonn weiter zu führen. Nur wenige Wochen später nahmen die Staatssekretäre Egon Bahr und Michael Kohl (DDR) ihre Gespräche zunächst über ein Transitabkommen für Berlin wieder auf. Seit 15.6.1972 verhandelten sie dann auch über ein gedeihliches Miteinander oder auch nur Nebeneinander der beiden deutschen Staaten in Mitteleuropa. Am 21.12. des gleichen Jahres unterschrieben sie in Ostberlin das Ergebnis, das als Grundvertrag oder Grundlagenvertrag die künftigen Beziehungen regelte.

Gewaltverzicht

In zehn Artikeln wurde vereinbart: gutnachbarliche Beziehungen auf gleichberechtigter Basis (1); Anerkennung der Charta der Vereinten Nationen (2); Verzicht auf Gewalt zur Beilegung von Differenzen und Garantie der Grenzen (3); Verzicht auf Alleinvertretungsanspruch (4); Bemühung um Abrüstung (5); Nichteinmischung in innere Angelegenheiten (6); (noch zu regelnde) Zusammenarbeit in Kultur, Wirtschaft und Wissenschaft (7); Austausch von Ständigen Vertretern (8, siehe Kasten); Weitergeltung früherer Verträge (9); Inkrafttreten des Vertrages nach Ratifikation durch die Parlamente (10). Als Teil des Vertragswerks wurde ein Schreiben der Bundesregierung zu den Akten genommen, nach dem das Wiedervereinigungsgebot der Präambel des Grundgesetzes im Einklang mit den Vereinbarungen stehe. Auch dass die Rechte der Siegermächte von ihnen nicht berührt würden, wurde festgestellt. Hingegen blieben Fragen der Staatsangehörigkeit unerörtert.

Ständige Vertretung

Da sich die Bundesrepublik weigerte, die DDR völkerrechtlich und mithin als Ausland anzuerkennen, konnte im Grundlagenvertrag kein Austausch von regulären Botschaftern vereinbart werden. Man einigte sich am 21.12.1972 darauf, Ständige Vertretungen in der Hauptstadt („am Sitz der jeweiligen Regierung") des Partner-Landes einzurichten, geleitet von einem Ständigen Vertreter, der nicht dem Auswärtigen Amt, sondern dem Kanzleramt respektive dem Vorsitzenden des Ministerrats zugeordnet wurde. Die Kompetenzen und der Status der Vertretungen wurden in einem Protokoll vom 14.3.1974 festgelegt, nach dem sie de facto wie Botschaften behandelt und eingestuft wurden gemäß der „Wiener Übereinkunft über die diplomatischen Beziehungen" vom 18.4.1971.

Punkt 10 machte wegen der Widerstände von CDU/CSU in der BRD Sorgen. Es kam jedoch eine ausreichende Mehrheit in beiden Kammern zustande, so dass der Grundlagenvertrag Wirksamkeit erlangte. Dagegen legte die CSU Verfassungsbeschwerde ein (28.5.1973) als letztes Mittel, den Vertrag doch noch zu kippen. In ihren Augen kam darin die Fürsorgepflicht der Bundesregierung für alle Deutschen, auch die in der DDR, zu kurz. Karlsruhe reagierte wegen der Eilbedürftigkeit des Vorgangs relativ zügig und stellte zwei Monate später fest, im Vertragstext seien keine verfassungswidrigen Elemente auszumachen. Der Weg für die Umsetzung der Abmachungen war frei. Was er sich davon verspreche wurde Egon Bahr gefragt. In seiner lakonisch-ironischen Art beschied er die Frager: „Bisher hatten wir keine Beziehungen, jetzt werden wir schlechte haben, und das ist der Fortschritt."

Gut bewacht von der DDR-Staatsmacht: die Ständige Vertretung der Bundesrepublik Deutschland in Ostberlin. Die Posten dienten allerdings weniger dem Schutz der westdeutschen Diplomaten als der Abschreckung eigener Bürger vor Fluchtversuchen in die Vertretung.

Heikle Mission

Herbert Wehner bei Erich Honecker (31.5.1973)

Ein schwerer Gang: Herbert Wehner, seit 1969 Vorsitzender der SPD-Bundestagsfraktion, hätte es lieber gesehen, wenn Bundeskanzler Brandt mit dem neuen Mann in Pankow über die Ausgestaltung des Grundlagenvertrags gesprochen hätte. Doch Erich Honecker hatte ihm über das Kanzleramt mitteilen lassen, dass er erst einmal lieber mit ihm als Chef der größeren Koalitionsfraktion reden wolle. Brandt hatte nichts dagegen, ja vielleicht war das sogar der bessere, weil informelle Weg. Außerdem hatte Wehner den sechs Jahre jüngeren Honecker in der Zeit seines Widerstands gegen Hitler kennen gelernt und fand womöglich eher einen Draht zum jetzigen Ersten Sekretär der SED. Genauso gut konnte es allerdings umgekehrt kommen, waren es doch einstige deutsche „Genossen" gewesen, die Wehner 1942 aus der KPD ausgeschlossen hatten und hatte doch die SED nichts unversucht gelassen, dem „Verräter" in seiner sozialdemokratischen Nachkriegs-Karriere zu schaden.

Das Problem der „Kofferfälle"

Dieser Zwiespalt machte es Wehner schwer, der Einladung am 31.5.1973 zu folgen. Es ging aber um mehr als höflichen Austausch, nämlich um menschliche Schicksale, und da konnte sich ein Wehner nicht versagen: Er hatte als Minister für Gesamtdeutsche Fragen (1966-1969) über diskrete Kanäle allerhand erreicht für Verfolgte in der DDR. Es gab aber noch viele, die dort entweder bereits inhaftiert waren oder Ausreiseanträge gestellt hatten und nun schikaniert wurden. Nach seinem Ausscheiden aus dem Ministeramt und dem Sturz Ulbrichts waren die humanitären Bemühungen versandet. So mancher Antragsteller hatte schon die Genehmigung zur Ausreise in Händen und saß auf gepackten Koffern, als die Bewilligung widerrufen wurde. Um diese „Kofferfälle", um eine Reihe von Häftlingen und um „menschliche Erleichterungen" ganz allgemein sollte es neben anderen Vertragsfragen beim Besuch gehen.

Über Ostberlin reiste Wehner in Honeckers Jagdhaus „Wildfang" in der Schorfheide. Er hatte mit Einverständnis des Gastgebers den FDP-Fraktionsvorsitzenden Mischnick zum Gespräch dazu gebeten, damit er nicht wieder der Mauschelei mit Kommunisten verdächtigt würde. Als Trumpf hatte Wehner finanzielle Angebote mitgebracht, die sein Kontrahent nicht ablehnen konnte, der mit dem Versprechen wirtschaftlicher Verbesserungen sein Amt als Parteichef angetreten hatte. Und auf der persönlichen Schiene zahlte sich die Bewunderung aus, die Honecker aus früheren Zeiten für Wehner hegte. Er versprach, sich persönlich um die angesprochenen Fälle, sprich: um den Häftlingsfreikauf zu kümmern. Wehner konnte am Tag darauf seiner Fraktion in Bonn erleichtert Bericht erstatten.

Häftlingsfreikauf

Schon 1963, also noch zu Zeiten der CDU-Herrschaft, hatte die Bundesregierung gegen Zahlungen die Freilassung einzelner in der DDR einsitzender politischer Häftlinge erreicht. Bei wachsender Zahl der Fälle wurde das Verfahren institutionalisiert: Bonn zahlte pro Häftling zunächst rund 40 000, später bis zu 100 000 Mark, insgesamt für fast 34 000 Gefangene über 3,4 Milliarden Mark. Der Preis wurde von östlicher Seite damit gerechtfertigt, dass die fraglichen „Täter" im Land „Schäden" materieller und ideeller Art verursacht hätten und dass für ihre kostenlose Ausbildung in der DDR Ersatz geleistet werden müsse. Zwar ließ sich der mit der Zeit aufkommende Verdacht, die DDR-Staatsführung „produziere" Häftlinge aus Gründen der Devisen-Beschaffung, weder erhärten noch widerlegen, doch musste die westdeutsche Seite aus humanitaren Gründen auf den Handel eingehen.

„Humanitäre Akte sind wichtiger als Kraft-Akte", war Wehners (links) Devise. Er lehnte Polemik im Umgang mit der DDR ab und setzte auf Gespräche wie das, das er am 31.5.1973 zusammen mit seinem FDP-Kollegen Wolfgang Mischnick (rechts) mit Honecker führte.

Beitrag zur Entkrampfung

Aufnahme der beiden deutschen Staaten in die UN (18.9.1973)

Die Integration der beiden Teile des einstigen Deutschen Reiches in die jeweiligen politischen Blöcke kam nach 1945 aufgrund der west-östlichen Konfliktlage rasch voran. Wesentlich schleppender gestaltete sich das gegenseitige Akzeptieren, denn die Konfrontation lieferte ja einen Gutteil der Daseinsberechtigung der deutschen Staaten. An den Realitäten aber kamen beide auf die Dauer nicht vorbei, schon gar nicht nachdem ein blockübergreifender Entspannungsprozess in Gang gekommen war. Er führte dazu, dass die einstigen Siegermächte ihre deutschen Mündel dazu anhielten, ihren Beitrag zur Entkrampfung zu leisten. Das gelang mit dem Grundlagenvertrag, in dem schon eine bemerkenswerte Absichtserklärung zu finden war: In einem als Teil des Vertrags geltenden Briefwechsel vom 8.11.1972 hatten die Partner einander mitgeteilt, dass sie sich um die Mitgliedschaft in den Vereinten Nationen bemühen wollten. Bisher waren beide Länder aufgrund der „Feindstaatenklauseln" davon ausgeschlossen gewesen, weil Nachfolger des früheren Feindes Hitlerdeutschland.

Die Anträge fanden die Unterstützung der Großmächte, die nur einschränkend feststellten, dass von einer solchen Mitgliedschaft die Vorbehaltsrechte der Alliierten für ganz Deutschland nicht berührt würden. Am 18.9.1973 wurde die DDR als 133. und die BRD als 134. Staat in die UN (siehe Kasten) aufgenommen. Die Antrittsreden in der New Yorker Vollversammlung, wo die Delegierten von DDR und BRD nur durch einen schmalen Gang getrennt nebeneinander saßen, hielten die Außenminister Walter Scheel (*1919) und Otto Winzer (1902-1975). Einer allgemeinen Anerkennung der DDR stand nun nichts mehr im Wege, auch wenn Scheel im Namen der Bundesregierung nochmals betonte, dass die momentane deutsche Zweiheit nichts am Wunsch der Deutschen nach Wiederherstellung der Einheit ändere.

Neue Verantwortung

Die DDR hatte in ihrem Sinn Vieles von dem erreicht, was noch vor kurzem undenkbar hatte scheinen wollen. Doch der Preis war hoch. Letztlich kostete sie die für eine internationale Rolle nötige politische Öffnung einen Teil der mühsam herbeibetonierten Stabilität. Unter den Augen der Weltöffentlichkeit konnte sie nicht mehr als sowjetische Marionette agieren, sondern musste selbst Verantwortung übernehmen und sich mit demokratisch-menschenrechtlichen Maßstäben messen lassen. Der Wettbewerb der Systeme, den sie immer gern beschworen hatte, wurde für sie um Einiges härter.

Vereinte Nationen

Die Kriegsgegner der Achsenmächte Deutschland, Italien und Japan (insgesamt 50 Staaten hatten dem Deutschen Reich 1939-1945 den Krieg erklärt) bezeichneten sich selbst als „United Nations" (UN, Vereinte Nationen) und institutionalisierten dieses Bündnis nach Niederringen der Wehrmacht am 26.6.1945 in San Francisco als Weltorganisation, der nur die „Feindstaaten" nicht angehören durften. Die UN sollten den 1919 gegründeten Völkerbund ablösen, der als Instrument des internationalen Krisenmanagements versagt hatte. Allerdings gibt die Charta der UN der Weltorganisation in New York auch nicht wesentlich mehr Rechte, als sie der Genfer Völkerbund besessen hatte. Im entscheidenden Gremium, dem Weltsicherheitsrat, können die fünf ständigen Mitglieder (USA, Sowjetunion/Russland, Großbritannien, Frankreich und China) Entscheidungen durch ihr Veto blockieren. War oder ist eine dieser Mächte in einen Konflikt involviert oder sieht sie ihre Interessen gefährdet, kamen und kommen Interventionen der Weltgemeinschaft gewöhnlich nicht zustande.

Ansprache von UN-Generalsekretär Waldheim vor dem Gebäude der Vereinten Nationen in New York zur Aufnahme der Bahamas und der beiden deutschen Staaten in die Weltgemeinschaft (Foto 19.9.1973). Dritter links vom Redner DDR-Außenminister Otto Winzer, vierter Bundesaußenminister Walter Scheel (mit rotem Schlips).

Herber Rückschlag für die Entspannung

Enttarnung des Spions Guillaume (24.4.1974)

Hätten Stasi-Strategen gewusst, was daraus werden würde, wären sie vielleicht doch noch davor zurückgeschreckt: 1956 schleusten sie einen gewissen Günter Guillaume, knapp dreißig Jahre alt, als Flüchtling getarnt in die BRD ein. Der „Offizier in besonderem Einsatz (OibE)" der „Hauptabteilung Aufklärung (HVA)" sollte Informationen aus der SPD beschaffen und begann in Frankfurt am Main mit der Ochsentour in der Partei. Er stieg bis zum Stadtverordneten auf und brachte es schließlich 1970 zum Referenten im Bundeskanzleramt. Das wäre schon schlimm genug gewesen, doch der fleißige Guillaume empfahl sich durch sein Organisationstalent derart, das ihn Kanzleramtschef Horst Grabert 1972 als persönlichen Referenten für Bundeskanzler Brandt für geeignet hielt. Der zeigte sich bald sehr zufrieden über die geräuschlose Art, die Guillaume bei der Bewältigung der vielfältigen Aufgaben an den Tag legte. Ja, es bildet sich eine gewisse Nähe, die dazu führte, dass Brandt den nützlichen Helfer sogar mit in den Familienurlaub nahm.

Gefahr der Erpressbarkeit

Das war auch im Sommer 1973 so, obwohl der Verfassungsschutz Brandt davon informiert hatte, dass Guillaume unter Spionageverdacht stehe. Man bat allerdings, den Mann vorerst in seiner Position zu belassen, damit er unauffällig weiter beobachtet werden könnte. Das fiel Brandt nicht schwer, hielt er den Verdacht doch für bloßen geheimdienstlichen Aktionismus. Im März 1974 aber verdichteten sich die Indizien, und am 24.4.1974 wurden Guillaume und seine ihm zuarbeitende Ehefrau Christel verhaftet. Zu spät versuchte die DDR-Seite die Sache so darzustellen, dass ihr Top-Agent sofort „abgeschaltet" worden sei, seit er direkt für den Kanzler der Ostpolitik arbeitete. Nicht nur die Möglichkeit, dass Guillaume Interna verraten hatte, sondern auch die Gefahr einer Erpressbarkeit der Bundesregierung ergab sich nun. Im Zusammenhang mit den Ermittlungen wurden „Alkohol- und Frauengeschichten" bekannt, die vom politischen Gegner hätten ausgeschlachtet werden können.

Vor allem in der SPD machten sich Zweifel breit, ob Brandt als Regierungschef zu halten sein würde, Zweifel, die sich auch aus rapide fallenden Umfragewerten für ihn und aus mehreren verlorenen Landtagswahlen speisten. Brandt zog die Reißleine und reichte am 6.5.1974 bei Bundespräsident Heinemann sein Rücktrittsgesuch ein. In der DDR war der Schock darüber kaum geringer als in Bonn, denn man hatte den Kanzler als aufrichtigen Partner schätzen gelernt. Die Stasi, vor allem HVA-Chef Markus Wolf (1923-2006), sah sich herber Kritik von Seiten der SED-Spitze ausgesetzt, und diese selbst musste von der neuen westdeutschen Regierung unter Helmut Schmidt Rüffel einstecken, dass weitere derartige Vorkommnisse zu einer neuen Eiszeit zwischen Bonn und Ostberlin führen könnten.

> ### *Abwicklung einer Affäre*
> *Menschlich tief getroffen, verweigerte Willy Brandt die von Guillaume erbetene Aussprache. Der Agent wurde 1975 zu 13 Jahren, seine Frau zu 8 Jahren Haft verurteilt. Ein Untersuchungsausschuss des Bundestags versuchte die politischen Umstände der Affäre aufzuklären, was nur in Ansätzen gelang. Über die Frage, was letztlich Brandts Rücktritt ausgelöst hatte, wird bis heute spekuliert. Für gern kolportierte Verdächtigungen, er sei einer Intrige von Wehner und Honecker zum Opfer gefallen, spricht nichts. Dass er mehr Unterstützung erwartet hatte, dürfte zusammen mit einer gewissen Amtsmüdigkeit eher entscheidend gewesen sein. Die Guillaumes wurden 1981 in die DDR abgeschoben; unter dem Namen Günter Bröhl verstarb der einstige Kanzlerspion 1995.*

Der Kanzler und sein Schatten: Als diese Aufnahme am 8.4.1974 während einer Reise in Niedersachsen entstand, war Willy Brandt bereits über die Vorwürfe gegen seinen Referenten Günter Guillaume umfassend informiert.

Den Favoriten ins Straucheln gebracht

DDR-Sieg beim „Bruderduell" während der WM 1974 (22.6.)

Wie schon zwei Jahre zuvor bei Olympia trat 1974 erstmals eine DDR-Mannschaft bei der Endrunde einer Fußballweltmeisterschaft auf, und ausgerechnet wieder in der Bundesrepublik. Damit noch nicht genug, die Kicker unter Auswahltrainer Georg Buschner (1925-2007) wurden auch noch in dieselbe Vorrundengruppe gelost wie die Beckenbauer & Co. von Bundestrainer Helmut Schön (1915-1996). Nach der Papierform war das für die westdeutschen Stars kein Problem. Bloß im direkten Vergleich mit dem „Klassenfeind" zählte die allenfalls in zweiter Linie, wie sich denn die Bundesligakönner ohnehin schwer taten im eigenen Land. Sie hatten sich zwar schonen können, weil der Gastgeber keine mühevolle Qualifikation absolvieren muss, doch ihnen fehlte eben deswegen ausreichende gemeinsame Spielpraxis unter entsprechendem Druck. Das erste Spiel gegen Chile endete mit einem mageren 1:0, und das zweite Gruppenspiel wurde mit 3:0 gegen den Fußballzwerg Australien auch nicht das erhoffte Schützenfest. Immerhin: Die DDR schaffte gegen Chile nur ein 1:1 und gegen Australien ein 2:0.

Heilsamer Schock

Ein Unentschieden also hätte am 22.6.1974 beiden deutschen Mannschaften zum Weiterkommen genügt. Und danach sah es in einer eher müden Partie im Hamburger Volksparkstadion auch lange aus. Doch wie so oft, wenn man sich auf bloßes Verwalten des Ergebnisses einstellt: Die kalte Dusche folgte. In der 78. Minute umkurvte DDR-Stürmer Jürgen Sparwasser fast die komplette westdeutsche Verteidigung, erwischte Torhüter Sepp Maier auf dem falschen Fuß und schoss zum „sogenannten 1:0" ein. So frotzelten Kommentatoren über den Sieg der sozialistischen Balltreter gegen die haushohen Favoriten mit Spitze gegen eine Presse, die so tat, als existiere die DDR nicht wirklich, sondern sei ein Phänomen, das nur in Gänsefüßchen vorkommen dürfe. Ein heilsamer Schock: Nach einem Donnerwetter von Kapitän Franz Beckenbauer und Umstellung auf konsequentere Defensive, siegte sich die BRD-Nationalelf doch noch zum WM-Titel (2:1 gegen die Niederlande), während für die DDR in der nächsten Runde das Aus kam.

Es sollte das einzige Treffen zweier deutscher Nationalteams bleiben. Das westliche tröstete sich mit dem Turniersieg über die Schlappe im „Bruderduell" hinweg. Das östliche konnte für sich stolz die Tatsache verbuchen, als einziges den kommenden Weltmeister wenigstens vorübergehend ins Straucheln gebracht zu haben. In vielen Disziplinen war man DDR-Dominanz gewöhnt. Auch noch in der Paradesportart Fußball zurückstecken zu müssen, wäre mehr als bitter gewesen. Eine zweite Probe aufs Exempel blieb den Großverdienern aus dem Westen erspart.

Rache der Stasi?

Natürlich konnten Mielkes Männer nicht alle Republikflüchtlinge auch noch in den Westen verfolgen. Wenn sich der oberste Schnüffler und Fußballfan der Republik aber persönlich getroffen fühlte, wurde es gefährlich. Das war vor allem dann der Fall, wenn sich Stars vom FC Dynamo, dem Stasi-Klub, absetzten. Als Vorzeigesportler gehörten sie zu den Reisekadern, weswegen man darauf achtete, dass sie daheim durch Frau und Kinder hinreichend gebunden waren. Das wirkte allerdings nicht in allen Fällen: So setzte sich Dynamo-Star Lutz Eigendorf 1979 bei einem Gastspiel in der Bundesrepublik von der Mannschaft ab und bekam die Rache der Stasi zu spüren. Er wurde weiter bespitzelt, in seinen Akten erschien ein Vermerk „verblitzen". Ob das ein Mordauftrag war, ließ sich nicht schlüssig beweisen. Eigendorf kam bei einem ungeklärten Verkehrsunfall 1983 bei Braunschweig ums Leben. Er wurde knapp 27 Jahre alt.

Hamburg, 22.6.1974: Das war Jürgens Geschoss! Vergebens streckten sich die Innenverteidiger Höttges und Vogts, entsetzt schaute Schlussmann Maier der Lederkugel nach, die zum 1:0 für die DDR im bundesdeutschen Netz zappelte. Eine folgenlose, aber schmerzhafte Niederlage der Mannen um Franz Beckenbauer.

„Wandel durch Handel"

Erhöhung des Swing-Kredits (12.12.1974)

Die Verärgerung in der SED-Spitze über das tölpelhafte Agieren der Stasi-Hauptabteilung Aufklärung (HVA) in Sachen Guillaume hatte auch wirtschaftliche Hintergründe. Man befürchtete Störungen im innerdeutschen Handel, der sich seit Gründung von DDR und BRD trotz der politischen Turbulenzen recht positiv entwickelt hatte. Dabei hatte die Bundesrepublik immer die besseren Karten, weil sie wegen ihrer Größe, wegen ihrer guten Beziehungen zu den hoch entwickelten Volkswirtschaften des Westens und wegen struktureller Vorteile rascher wuchs als die östliche Planwirtschaft. Um 1970 erreichte die Pro-Kopf-Produktivität der DDR-Industrie, die im Ostblock führend war, nicht einmal 50 Prozent der Leistung in der BRD, und auch in der kollektivierten Landwirtschaft kam man auf keinen besseren Wert.

Stummer Gast

Stockungen trafen daher die DDR immer stärker, zumal sie auch dadurch von der Sonderbeziehung zur Bundesrepublik profitierte, dass diese Mitglied der Europäischen Wirtschaftsgemeinschaft (EWG) war. Da Bonn die DDR nicht als Ausland zu akzeptieren bereit war, saß Ostberlin indirekt immer mit am (west-)europäischen Tisch, wenn auch nur als stummer Gast. Und dann drohte aufgrund der Brüskierung der Bundesregierung auch direkter Schaden. Seit den 1950er Jahren wurden Bezüge und Lieferungen beider Seiten gegeneinander verrechnet auf Konten bei der Staatsbank der DDR und bei der Deutschen Bundesbank. Zum Ausgleich von Schwankungen hatte man eine gewisse Kredit-Marge festgelegt, den sogenannten Swing. Er betrug seit 1961 rund 200 Millionen Verrechnungseinheiten (VE, im Wert etwa einer D-Mark entsprechend) und stieg prozentual zum Umsatz. In Anspruch genommen wurde er nur von der DDR, die damit einen erheblichen zinslosen Dauerkredit erhielt.

Ökonomische Bindungen

Über dessen Ausweitung wurde gerade verhandelt, als die Wellen wegen der Spionageaffäre hoch gingen. Die neue Regierung Schmidt nutzte das Instrument daher und knüpfte eine Erhöhung des Swings an Zusagen zur Minderung des Zwangsumtauschs für Reisende in die DDR. Am 12.12.1974 kam ein entsprechendes Abkommen zustande: Die Marge kletterte auf bis zu 800 Millionen VE. Schmidt flankierte und konkretisierte also das Rezept „Wandel durch Annäherung", das Egon Bahr schon 1963 formuliert hatte, mittels „Wandel durch Handel". Dahinter stand die Erkenntnis, dass nichts verlässlicher bindet als die Ökonomie. Entfremdungstendenzen, die aufgrund der langen Teilung unausweichlich waren, sollte so entgegen gewirkt werden. Dass daraus eine massive Abhängigkeit der DDR wurde, verlieh dem Instrument schließlich ungeahnte Wirkung.

Ostmark

Das Geld in der DDR hieß offiziell bis 1964 Deutsche Mark (DM) der Deutschen Notenbank, dann bis Ende 1967 Mark der Deutschen Notenbank (MDN) und schließlich Mark (M) der DDR, inoffiziell gewöhnlich Ostmark genannt. Die DDR-Währung war in Handel und Reiseverkehr nicht konvertierbar, ihre Ausfuhr verboten; nur geringe Beträge durften bei Westreisen von Rentnern oder bei Urlaubsfahrten innerhalb des Ostblocks in Landeswährung umgetauscht werden. Die Kaufkraft der Ostmark ließ sich wegen der vielen subventionierten Güter des täglichen Bedarfs nur bedingt mit dem Wert der D-Mark vergleichen. Unter Zugrundelegung eines üblichen Warenkorbs hatte eine Ostmark gut ein Fünftel des Wertes einer D-Mark, Tendenz freilich fallend. Am 1.7.1990 wurde sie duch die DM abgelöst.

Die der Ostmark entgegengebrachte geringe Achtung kam in Ausdrücken wie „Aluchips" für die Leichtmetallmünzen zum Ausdruck. Die Banknoten zeigten Berühmtheiten der Arbeiterbewegung oder Klassiker wie Goethe (20 Mark) und zeitweilig Schiller (10 Mark).

Kollektive Sicherheit

KSZE-Schlussakte von Helsinki (1.8.1975)

Frieden durch gegenseitige atomare Abschreckung – diese Balance hatte in den 1950/60er Jahren ganz gut funktioniert. Zum einen aber war sie eine hoch riskante, wie etwa die Kuba-Krise 1962 gezeigt hatte. Zum anderen erschien der Kalte Krieg den Verantwortlichen hüben wie drüben auf Dauer ein schweres Entwicklungshemmnis. Insbesondere die östliche Vormacht UdSSR wünschte sich ein stabileres Vertrags-Fundament in Europa, wo die Hauptkampflinie der Systeme verlief. Die Unruhen im eigenen Lager, ob 1953 in der DDR, 1956 in Ungarn oder 1968 in der CSSR, hatten gezeigt, dass noch viel Arbeit zur ideologischen Festigung erforderlich sein würde. Auch im Westen wuchs in den 1960er Jahren die Bereitschaft zu vertraglicher Fundierung der kollektiven Sicherheit. 1973 setzten sich daher sieben Staaten des Warschauer Pakts, fünfzehn NATO-Mitglieder (inklusive USA und Kanada) und 13 neutrale Länder in Espoo (Vorort von Helsinki) an einen Tisch zu einer Konferenz über Sicherheit und Zusammenarbeit in Europa (KSZE).

Ideologisches Kalkül

Moskau hoffte mit einem entsprechenden Abkommen, die atlantischen Bindungen Westeuropas zu schwächen und durch Festschreibung des status quo dem wirtschaftlichen West-Ost-Gefälle die Dynamik zu nehmen. Mit der Zeit würde sich die ideologische Überlegenheit des sozialistischen Entwurfs ohnedies durchsetzen. Dass damit auf Zeit gespielt wurde, war westlicherseits durchaus klar, doch herrschte hier nicht minder ideologische Gewissheit, dass sich die Freiheit im bürgerlichen Sinn auf Sicht nirgendwo würde aussperren lassen. In zähem Ringen und einer Vielzahl von Verhandlungsrunden wurde ein Kompromiss erarbeitet, die sogenannte Schlussakte von Helsinki, die am 1.8.1975 unterschriftsreif war. Die Staats- und Regierungschefs der beteiligten Länder reisten dazu an.

Das Dokument, das sie mit ihrer Signatur in Kraft setzten, war in drei größere Kapitel gegliedert, „Körbe" hatte sie irgendein poetischer Diplomat (wohl der Schweizer Gesandte Samuel Campiche) getauft. Korb 1 versammelte die sicherheitspolitischen Abmachungen, Korb 2 enthielt Absichtserklärungen über künftige wirtschaftliche, kulturelle und wissenschaftliche Zusammenarbeit, und Korb 3 war Details vorbehalten wie: Informationsaustausch, Bildungspartnerschaft, Rechtsfragen, Reisefreiheit, menschliche Kontakte (siehe Kasten). Der Osten sah seine Forderungen durch Korb 1 (Nichteinmischung, Grenzgarantien, Gewaltverzicht) hinreichend berücksichtigt, Korb 2 harrte noch der Auffüllung mit Konkretem, und der Westen hoffte, dass Korb 3 zur Überwindung des Trennenden beitragen und einen Sog entfalten werde.

Menschliche Kontakte

Immer dann, wenn es um mehr Freiheit des Einzelnen ging, kam es in den KSZE-Verhandlungen zu Differenzen. Der Osten wollte lieber auf kollektive Interessen abstellen, der Westen hatte eher das Individuum im Auge. Vermehrte menschliche Kontakte sah die westliche Seite als persönliche Bereicherung an, während die Kontrahenten stärker den Gewinn für die Völker betonen wollten. Hier leisteten die neutralen Staaten unschätzbare Formulierungshilfe, so dass schließlich Zielvorgaben für familiäre Beziehungen, Zusammenführung von Verwandten, Eheschließungen über die Grenzen hinweg, Reisen privater wie beruflicher Art, Jugendbegegnungen und sportliche Wettkämpfe möglich wurden. Alles, was solche Kontakte erleichtern könnte, sollte von den Unterzeichnerstaaten gefördert werden. Daran mussten sie sich künftig messen lassen, von der internationalen Öffentlichkeit, aber auch von den eigenen Bür-

Sichtbare Aufwertung: SED-Chef Erich Honecker in Helsinki zwischen Bundeskanzler Helmut Schmidt und US-Präsident Gerald Ford vor der Unterzeichnung der KSZE-Schlussakte, ganz rechts Österreichs Bundeskanzler Bruno Kreisky.

Prächtiges Volkshaus

Einweihung des Palastes der Republik (23.4.1976)

Endlich, nach fast einem Vierteljahrhundert staatlicher Existenz, war man wer: Anerkannt von vielen Ländern auch der nichtsozialistischen Welt, Mitglied großer internationaler Organisationen und mit der feindlichen BRD vertraglich verbunden – in der DDR-Führung wuchs der Wunsch nach sichtbarer staatlicher Selbstdarstellung. Und obwohl die Mittel knapp waren, beschloss das Politbüro im April 1973 die Errichtung eines Gebäudes, in dem sich Staat und Volk in beiderlei Sinn des Wortes wiederfinden sollten. Als Platz dafür bot sich ideologisch wie von der Lage her das Gelände an, auf dem bis 1951 das Stadtschloss der Hohenzollern gestanden hatte, ehe dessen Ruinen als „Relikte des Feudalismus" gesprengt worden waren. Seitdem hatten hier Paraden und Aufmärsche stattgefunden, die das ungute Gefühl einer gewissen Leere im Herzen der Hauptstadt allerdings nicht bannen konnten. Der Fernsehturm allein reichte nicht, er brauchte moderne bauliche Gesellschaft.

Kulturelle Selbstfeier

Am Marx-Engels-Platz, wie der einstige Schlossplatz inzwischen hieß, entstand in knapp dreijähriger Bauzeit ein Gebäudekomplex in zwei Quadern, insgesamt 180 Meter lang, 85 Meter breit und 32 Meter hoch. Chefarchitekt Heinz Graffunder (1926-1994) und sein Team oder zeitgemäß gesagt: Kollektiv hatten sich als Vorbild für das Mehrzweck-Bauwerk die aus der Arbeiterbewegung überkommenen Volkshäuser genommen, in denen die Werktätigen sich mit kulturellen Angeboten vertraut machen konnten, die ihnen die Gesellschaft sonst vorenthielt. Im Arbeiter-und-Bauern-Staat war das natürlich nicht mehr nötig. Hier ging es nun eher um gesellige Öffentlichkeit und kulturelle Selbstfeier ganz in der Nähe der Macht: Die Volkskammer erhielt im „Palast der Republik", so der offizielle Name des am 23.4.1976 eingeweihten Gebäudes, ihren Plenarsaal, tagte also fast ohne Sicherheitsabstand von Restaurants, Bars und Galerien für das allgemeine Publikum. Herz dieses Bereichs war der sechseckige „Große Saal", dessen Bühne durch diverse Hebevorrichtungen für die verschiedensten kulturellen Zwecke einzurichten war vom Konzert über die SED-Parteitage bis hin zum Kongress. Je nach Ereignis fanden zwischen 1000 und über 4000 Menschen darin Platz. Eindrucksvoll selbst für Westbesucher war die Weitläufigkeit der Vorplätze und der reich ausgeleuchteten Foyers im Innern, derentwegen der Palast auch mit Spitze gegen SED-Chef Honecker als „Erichs Lampenladen" bespöttelt wurde. Auch andere Spitznamen wie „Palazzo prozzo" waren im Schwange, doch eher in der veröffentlichten als in der öffentlichen Meinung. Wegen der Belastung mit Spritzasbest aus Gründen des Brandschutzes überwogen nach der Wende die Stimmen für einen Abriss des Baus.

„Sonderzug nach Pankow"

Besonderes Gedränge in und um den Palast der Republik herrschte, wenn West-Stars wie Calypso-Sänger Harry Belafonte oder Rocker Udo Lindenberg dort auftraten. Dabei wollte man gerade den letzteren zunächst auf gar keinen Fall zulassen. Er wehrte sich dagegen mit dem Song „Sonderzug nach Pankow", also ins Regierungsviertel der DDR. Darin kumpelte er sich bei Honecker nuschelnd ran mit Zeilen wie „Ey, Honey, ich sing' für wenig Money im Republik-Palast, wenn ihr mich lasst." Das wirkte. Wollte die SED-Führung nicht so humorlos erscheinen, wie sie es in Wirklichkeit nun einmal war, musste sie gute Miene zu bösem Lied machen. Am 25.10.1983 sang Udo vor seinen DDR-Fans und erhielt auch die Zusage für eine landesweite Tournee. Die erschien nach dem Erfolg in Berlin den Oberen dann aber doch zu riskant und wurde letztlich nicht genehmigt.

Durch die außen sichtdicht spiegelnden Scheiben des Palastes der Republik flutete Sonnenlicht in die hohen Hallen, die bei Dunkelheit in gleißendem Lampenlicht erstrahlten. Die Restaurationsbetriebe des Hammer-und-Zirkel-Hauses waren besonders beliebt, denn sie erhielten bevorzugt Waren, die sonst nicht immer zu haben waren.

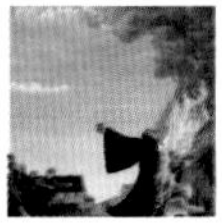

Wider den gottlosen Staat

Selbstverbrennung von Pfarrer Oskar Brüsewitz (18.8.1976)

Einer geht als 25-jähriger Schuhmachermeister 1954 aus dem bereits aufblühenden Westen in den noch recht grauen Osten Deutschlands. Dort hält es ihn nicht beim Handwerk, er setzt sich eine Zukunft als Prediger in den Kopf und die Ausbildung dazu schließlich auch durch. 1969 wird er Geistlicher in einem Staat, der Gott auszubürgern bemüht ist. – Einer mit solcher Laufbahn, der musste doch „verrückt" sein, oder? So jedenfalls sahen damals viele den aus dem Baltikum stammenden evangelischen Pfarrer Oskar Brüsewitz, und so erscheint er wohl manchem im Rückblick immer noch. Aber war der Gottesmann verrückt oder waren es eher die Zustände in seiner nach Krieg und Völkermord mühsam um Orientierung ringenden Heimat?

Der Marxismus in der DDR konnte jedenfalls Götter nicht dulden, und wenn einer wie Brüsewitz seinen Gott dennoch demonstrativ verkündete, dann war der Konflikt programmiert. In seiner Gemeinde Droßdorf-Rippicha südlich von Zeitz in Sachsen-Anhalt brachte der Pastor das kirchliche Leben wieder in Gang durch unkonventionelle Predigten, attraktive Jugendarbeit und Aktionen, die über das Örtchen hinaus Aufmerksamkeit erregten. So ließ Brüsewitz auf dem Kirchturm ein weithin leuchtendes Kreuz aus Neonröhren montieren. Oder er machte die Spruchbandpraxis der Partei nach, indem er deren Slogans konterkarierte. Die antikirchliche FDJ-Parole „Ohne Gott und Sonnenschein bringen wir die Ernte ein" beantwortete er mit einem Plakat, das verkündete: „Ohne Regen, ohne Gott geht die ganze Welt bankrott".

In hellen Flammen

Die Behörden verloren die Geduld mit dem „Querulanten" und drängten die Kirchenleitung, ihn zu versetzen. Zunächst willigte Brüsewitz ein, doch dann entschloss er sich zum Äußersten: Am 18.8.1976 fuhr er mit seinem Wartburg nach Zeitz, parkte vor der Michaeliskirche und stellte ein Plakat auf: „Funkspruch an alle: Die Kirche in der DDR klagt den Kommunismus an! Wegen Unterdrückung in Schulen an Kindern und Jugendlichen." Schon nahte der unvermeidliche Vopo, als Brüsewitz sich Benzin über den Talar goss und ihn in Brand setzte. In hellen Flammen rannte der Mann dann schreiend auf die Kirche zu, ehe er von Passanten gestoppt und gelöscht werden konnte. Vier Tage später erlag er seinen Verletzungen. Trotz aller Mühe der SED, die Tat als die eines psychisch Kranken darzustellen, wurde das Fanal gegen die verordnete Gottlosigkeit und die Kungelei der Kirche mit dem antichristlichen Staat weithin verstanden.

Atheismus

Getreu dem Diktum von Karl Marx, wonach Religion „Opium des Volkes" sei und von den gesellschaftlichen Widersprüchen ablenke, praktizierte die SED einen Marxismus-Leninismus, in dem Religiöses keinen Platz hatte. Die Welt war in dieser Sicht eine sich logisch entwickelnde materielle Gegebenheit, die wissenschaftlich zu erforschen und verstehbar sei. In der Praxis bedeutete das die Ausgrenzung der Kirchen aus dem öffentlichen Leben und aus den Lehrplänen vom Kindergarten bis in die Hochschule. Wer sich dennoch zur Kirche hielt, musste mit Nachteilen bis hin zur Verweigerung von Studienplätzen und Nichtberücksichtigung bei Beförderungen rechnen. Schikanen ja, Verbote nein – das war die Linie bei der Zurückdrängung des christlichen Einflusses. Kirchliche Feste wurden umgewidmet, der Weihnachtsmann ersetzte das Christkind, der Osterhase hoppelte überall herum, von Kreuz und Auferstehung war offiziell nirgends die Rede. Das Liedgut wurde „gereinigt" oder ersetzt durch eingängige Stücke wie „Tausend Sterne sind ein Dom". Was ein Dom ist und wozu er dient, blieb ungesagt.

„Die Selbstverbrennung des Pfarrers Brüsewitz" nannte Matthias Koeppel 1977 sein Bild. Eigentlich ein Vertreter der von ihm so bezeichneten „Schule der Neuen Prächtigkeit", wählte er hier ein Motiv des Leidens an der Welt.

„Mit Marx- und Engelszungen"

Ausbürgerung des Liedermachers Wolf Biermann (16.11.1976)

Noch ein „Geisterfahrer" wie Brüsewitz: Während sich DDR-Bürger zu Hunderttausenden in den Westen absetzten, schlug Wolf Biermann, Hamburger des Jahrgangs 1936, die Gegenrichtung ein: 1953 ging er nach „drüben". Ausgerechnet in dem Jahr des verzweifelten Volksaufstands. Der Sohn eines 1943 von den Nazis ermordeten kommunistischen Widerstandskämpfers aber sah im SED-Staat noch lange das „bessere Deutschland", ehe er in den 1960/70er Jahren erfahren musste, dass – frei nach Marx – Freiheit die Einsicht der SED in das war, was sie für notwendig hielt. Biermann war inzwischen nach Lehrjahren am Theater als Lyriker und Verfasser von noch verhalten kritischen Liedern hervorgetreten, die ihm 1964 ein vorübergehendes Auftrittsverbot eintrugen. Als er mit solchen Texten im Folgejahr in der BRD auftrat, zudem seinen Gedichtband „Drahtharfe" dort publizierte, folgte ein generelles Veröffentlichungs- und Auftrittsverbot.

Kritik aus Zuneigung

Immer noch aber verteidigte Biermann die DDR und hoffte auf ein Arrangement. Bemühungen, für seine Lieder ein Label (siehe Kasten) in der DDR zu finden, blieben jedoch jahrelang erfolglos, so dass seit 1968 Platten wie „Mit Marx- und Engelszungen", „Für meine Genossen" oder „Chausseestraße 131" (Adresse Biermanns in Ostberlin) im Westen herauskamen. Die Stasi setzte Spitzel auf ihn gleich in Kompaniestärke an. 1976 durfte Biermann erstmals wieder öffentlich in einer Kirche in Prenzlau auftreten. Hatten die Verfolger eingesehen, dass der Sänger kein Feind, sondern ein Besorgter aus Zuneigung war? Im November des gleichen Jahres durfte Biermann jedenfalls eine Einladung der IG-Metall zu einer Tournee in der Bundesrepublik annehmen und ausreisen. Am 13.11.1976 gab er in Köln sein erstes, vom Fernsehen übertragenes Konzert: „Ich möchte am liebsten weg sein und bliebe am liebsten hier."

Drei Tage später lief über die Ticker der DDR-Presseagentur ADN die Nachricht, Biermann sei die DDR-Staatsbürgerschaft aberkannt worden, seine Wiedereinreise nicht möglich. Eindeutig erwiesen seien seine „feindlichen, gegen die gesellschaftlichen Verhältnisse in der DDR gerichteten Absichten". Mit der darauf anbrandenden Welle der Empörung hatte die DDR-Führung allerdings nicht gerechnet. Künstler solidarisierten sich zu Hunderten mit dem Sänger, in den Betrieben kam es zu Kundgebungen für ihn. Der renommierte Dichter Stefan Heym (1913-2001) prägte den bitteren Satz: „Das Ausbürgern könnte sich womöglich einbürgern." Und so kam es dann auch: Kritische Intellektuelle wurden in großer Zahl drangsaliert, verhaftet, zur Ausreise gedrängt. Die DDR verlor buchstäblich den Kopf.

VEB Deutsche Schallplatten

Die Produktion von Tonträgern war in der DDR allein Sache des Volkseigenen Betriebs (VEB) Deutsche Schallplatte. Das relativ hohe musikalische Niveau vor allem auf dem Sektor der klassischen Musik sorgte für beachtliche Gewinne und die Ausschaltung jeglicher Konkurrenz dafür, dass nur erwünschtes Musikgut unters Volk kam. Das galt besonders für den hoch beliebten Sektor Chanson, Pop, Rock unter dem Label „Amiga", das auch für Liedermacher wie Biermann zuständig war – genauer: zuständig gewesen wäre, wenn die Kultusbürokratie sie nicht schon vorher aussortiert hätte. Dabei unterstand die Plattenproduktion nicht dem rigorosen ZK-Sekretatriat für Agitation, sondern den milderen Zensoren des Kulturministeriums. Doch selbst denen waren viele Lieder zu aufmüpfig. Schon leicht ironische Spitzen führten oft ohne nähere Prüfung zur Ablehnung eines Titels.

Wolf Biermann verzichtete in Köln (Foto 13.11.1976) bewusst auf allzu kritische Töne gegen die DDR. Dennoch traf ihn der Bannstrahl der Ideologiewächter. Selbst wenn er, sagte er später, nur „Hänschen klein" gesungen hätte – die Ausbürgerung sei längst beschlossene Sache gewesen.

Fundamentalkritiker

Verhaftung von Rudolf Bahro (23.8.1977)

Man war ja allerlei Politikkauderwelsch gewohnt in der DDR, doch im Sommer 1977 kam der plötzlich nicht aus dem Schwarzen Kanal (siehe Kasten), sondern direkt aus dem Westfernsehen. Da sah man einen kleinen, freundlichen, bebrillten Mann inmitten seiner Bücher sitzen und Kritik am „real existierenden Sozialismus" üben, der seine Versprechen nicht eingelöst habe: „Die Entfremdung, die Subalternität der arbeitenden Massen dauert auf neuer Stufe an."

Mehrmals angeeckt

Und der da so harsch formulierte, der Journalist Rudolf Bahro, hatte selbst eine SED-Karriere hinter sich: Er war schon als 18-Jähriger 1954 in die Partei eingetreten und hatte sich als Agitator für die Zwangskollektivierung der Landwirtschaft betätigt. Unermüdlich schrieb er danach für Blätter verschiedener Parteigliederungen und kam erst ins Grübeln nach der Niederschlagung des Ungarn-Aufstands 1956. Mit einigen unkonventionellen Texten eckte er danach immer mal wieder an, wechselte die Posten, zunächst aber nicht die Meinung. Erst als 1968 Panzer des Warschauer Pakts den „Prager Frühling" zermalmten, wurde ihm schlagartig klar, dass nicht etwa menschliche Unzulänglichkeiten die Umsetzung des an sich richtigen Konzepts der SED-Ideologen behinderten, sondern dass das System selbst zutiefst menschenfeindlich war. Seit 1972 arbeitete er an der Vision einer Gesellschaft ohne die Verewigung der „Herrschaft des Menschen über den Menschen". „Die Alternative" nannte er sein Buch im vollen Bewusstsein, dass die SED keine solche neben sich dulden würde. Als erste Auszüge 1977 in der BRD erschienen, erschienen denn auch in der DDR die Häscher und verhafteten Bahro am 23.8.1977. Weil man ihm ideologisch nur schwer am Zeug flicken konnte, wurde er im Jahr darauf wegen „nachrichtendienstlicher Tätigkeit" zu acht Jahren Haft verurteilt. „Nur" anderthalb harte Jahre musste er absitzen, ehe er im Rahmen der Amnestie zum 30. Jahrestag der DDR 1979 frei kam und in die BRD abgeschoben wurde. Zwar hatte sein Fall kaum geringere Wellen geschlagen als der von Wolf Biermann, doch hinterließ er keine vergleichbaren Narben bei den Machthabern. Bahros Engagement im Westen für die Grünen, mit denen er sich 1985 wieder überwarf, seine Experimente mit Landkommunen und seine weltverbesserischen Schriften schienen seinen Verfolgern im Nachhinein Recht zu geben. Sie hatten nicht begriffen, dass kein System ohne solche Fundamentalkritiker auskommt. Aktuell blieb Bahros Forderung nach Überwindung von „Isolierung und Vereinsamung der Individuen in den Einzelzellen der modernen Arbeits-, Schul-, Familien- und Freizeitwelt".

Schwarzer Kanal

Bei einem Spaziergang grüßt ein Passant den Journalisten Karl Eduard von Schnitzler: „Tag, Herr von Schnitz." – „Aber ich heiße doch Schnitzler und nicht Schnitz!" protestiert der Angesprochene. – „Tut mit leid. Länger habe ich Ihre Sendung noch nie gesehen." Der abschätzige Witz galt der montäglichen Propaganda-Sendung „Der Schwarzer Kanal" des DDR-Fernsehens, die seit 1960 Darstellungen des Westfernsehens aufs Korn nahm und ihrerseits als Propaganda zu entlarven suchte. Moderator Karl Eduard von Schnitzler (1918-2001) stand selbst bei Beton-SEDlern im Ruch eines Scharfmachers, der auch vor verfälschenden Montagen und entstellenden Lücken nicht zurückschreckte. Schnitzlers „Analysen" wurden von Lehrern, die sich der offiziellen Sprachregelung nicht sicher waren, gern im politischen Unterricht eingesetzt; auch bei der NVA erfreute sich sein Material großer Beliebtheit .

Der einst so begeisterte FDJler schimmerte noch durch: Rudolf Bahro bei der Vorstellung seines 1977 in einem Kölner Verlag erschienenen Buches „Die Alternative".

Beneidenswerte Balance

Staatsbesuch von Kanzler Kreisky in Ostberlin (30.3-1.4.1978)

Trotz Grundlagenvertrag mit Bonn, UN-Beitritt und Schlussakte von Helsinki setzte die allgemeine Anerkennung der DDR nur zögernd ein. Erst am 30.3.1978 erschien in Ostberlin ein Regierungschef aus dem nichtsozialistischen Lager zum Staatsbesuch: Österreichs Kanzler Bruno Kreisky (SPÖ) reiste ins Fast-Nachbarland, um zu erkunden, wie die DDR ihre künftige Rolle auf dem internationalen Parkett anzulegen gedachte. Man unterzeichnete einige vorbereitete Abkommen wirtschaftlicher und kultureller Art, sonst aber ging es mehr um Kennenlernen auch im Auftrag der jeweiligen Seite, wobei vor allem im Westen wegen der bisherigen Abstinenz Nachholbedarf bestand. Wien konnte da am besten den Vorreiter spielen, weil es trotz der Nähe zum institutionellen West-Europa immer noch als blockfrei gelten durfte.

Potente Partner erwünscht

Der DDR lag vor allem an der wirtschaftlichen Seite der neuen West-Kontakte. Die Konsolidierung der SED-Herrschaft im Rahmen der KSZE-Abmachungen konnte nur gelingen, wenn die Führung unter Honecker ihre Versprechungen von einem „besseren Leben" ihrer Bevölkerung wenigstens ansatzweise einlösen würde. Ohne Handel und Kooperation mit den hochentwickelten Staaten des Westens war daran aber nicht zu denken. Der innerdeutsche Handel spielte dabei zwar die zentrale Rolle, doch er sollte unbedingt durch Beziehungen zu anderen potenten Partnern flankiert werden, damit keine allzu starken einseitigen Abhängigkeiten entstünden. Noch in den 1970er Jahren konnten viele entsprechende Verträge mit Großbritannien, Frankreich, den Benelux-Staaten und zahlreichen anderen Ländern Westeuropas abgeschlossen werden. Die Beziehungen zu den USA waren durch Entschädigungsfragen belastet (siehe Kasten).

Gleich nach der Wirtschaft spielten bei der West-Offensive der DDR-Außenpolitik militärpolitische Erwägungen eine Rolle. Trotz der lebenswichtigen engen strategischen Anlehnung an Moskau hatte die DDR als „Frontstaat" ein vitales Interesse an der Entspannung. Auch dahinter standen letztlich ökonomische Erfordernisse, denn das Wettrüsten band viele Mittel, die in Sozial- und Kulturpolitik weit fruchtbarer hätten eingesetzt werden können. Gleichwohl entwickelte die DDR natürlich kein eigenes rüstungspolitisches Konzept und konnte sich auch nicht völlig von ideologischen Positionen lösen. Es kam daher immer wieder zu Konflikten wegen ihrer Unterstützung revolutionärer kommunistischer Bewegungen in westlichen Ländern. Österreich mit seiner geglückten Balance zwischen den Blöcken konnte da schon Neidreflexe bei den Ostberliner Außenpolitikern auslösen.

Wiedergutmachung

Die DDR definierte sich als das „andere Deutschland", das mit den Verbrechen des Hitlerstaates nichts zu schaffen und deswegen auch keinerlei Verpflichtung zu Entschädigungszahlungen zu haben meinte. Da Ostberlin im Gefolge Moskaus die arabischen Staaten umwarb, gab es seiner Politik eine betont antizionistische Note und unterstützte politisch die Palästinenser gegen Israel. Diese Tatsache und die Weigerung der SED, mit jüdischen Organisationen auch nur zu verhandeln, führte zu Irritationen im Verhältnis zu Washington, die sich eher noch steigerten, als die DDR 1976 ein Almosen von einer Million Dollar zur Unterstützung von notleidenden jüdischen Bürgern in den USA anbot. Die an neuen Antisemitismus grenzende Haltung der SED-Führung ermunterte Rechtsradikale zu Schändungen von jüdischen Friedhöfen und Ausfällen gegen die kleine jüdische Gemeinde in der DDR.

*„Prosit – Es möge nützen!" DDR-Ministerrats-
vorsitzender Willi Stoph (rechts) am 10.3.1978
beim Anstoßen mit Österreichs Bundeskanzler
Bruno Kreisky, dem ersten westlichen
Staatsgast in Ostberlin.*

Ein Kommunist in der Umlaufbahn

Start von DDR-Luftwaffenoffizier Jähn ins All (26.8.1978)

Die Geheimhaltung hatte perfekt geklappt. Nach den Landungen der Amerikaner auf dem Mond 1969-1972 ruhte sich die westliche Raumfahrt auf ihren Lorbeeren aus und interessierte sich allenfalls noch für die militärischen Komponenten der sowjetischen Konkurrenz. Dass da auch politisch etwas im Busch sein könnte, wurde erst offenbar, als die Nachrichtenagenturen am späten Nachmittag des 26.8.1978 meldeten: Mit Sojus 31 seien vom Weltraumbahnhof (Kosmodrom) Baikonur (Kasachstan) Sowjet-Kommandant Waleri F. Bykowski und DDR-Oberstleutnant Sigmund Jähn ins All gestartet. Der erste Deutsche im Orbit ein Kommunist! Doch darin lag auch etwas Tröstliches, denn es wäre ja keine solche Sensation gewesen, hätte man vom ersten DDR-Bürger in der Umlaufbahn gesprochen. Sonst hörte man es zwar nicht gerne, jetzt aber konnte man gar nicht genug betonen, dass Jähn der erste Deutsche da oben war. Ein rechtes Ätsch-Erlebnis den arroganten West-Brüdern gegenüber.

Beispielloser PR-Rummel

Fast 189 Stunden lang umkreiste Jähn mit seinen russischen Kollegen unseren Planeten. Dann landete er am 3.9.1978 wieder in der kasachischen Steppe. „Weich" hieß es, doch das war nicht die ganze Wahrheit: Der Fallschirm hatte sich nicht von der Landekapsel gelöst und sie ein Stück mitgeschleift, wobei sie sich überschlug. Jähn trug einen dauernden Schaden an der Wirbelsäule davon, wovon aber im Jubel der Pioniertat natürlich nicht die Rede sein durfte. Alles Kritische verschwand hinter einem PR-Rummel, wie ihn die DDR kaum je erlebt hatte. Der Kosmonaut wurde herumgereicht, erhielt Orden aller Art, Schulen wurden nach ihm benannt, Arbeits-Brigaden versprachen ihm zu Ehren Sonderschichten, und das Sandmännchen (siehe Kasten) nahm seine kleinen Zuschauer wieder einmal auf Himmelsreise mit.

Die Jubelarie erzeugte vereinzelt Überdruss: „Janz Berlin jähnt", wurde gefrozzelt. Doch insgesamt überwog Stolz. Jähn selbst ließ sich vom Getue in keiner Weise verbiegen. Er blieb der bescheidene Mann aus dem Volk (geboren 1937 im vogtländischen Morgenröthe-Rautenkranz) und vergaß nie, seine Herkunft aus einer Arbeiter-Familie zu betonen. Obwohl er kein Hehl aus seiner Regimetreue machte und von der Stasi sogar als Informeller Mitarbeiter (IM) geführt wurde, flogen ihm die Sympathien zu und machten ihn auch nach Ende des Staates zu einem begehrten Interviewpartner und zu einem Freund der bundesdeutschen Raumfahrt-Kollegen.

Sandmännchen

Das putzige Kerlchen legte 1959 einen Blitzstart hin: Im Deutschen Fernsehfunk (DFF) hatte man erfahren, dass der Sender Freies Berlin (SFB) eine Kinder-Gute-Nacht-Sendung plante. Mit einem Kraftakt gelang es den Machern in Berlin-Adlershof, den West-Kollegen um eine Woche zuvorzukommen: Am 22.11.1959 flimmerte über die Ostschirme die erste Folge von „Unser Sandmännchen", bestehend aus einer Rahmenhandlung mit der bald zur Kultfigur avancierenden Puppe und dem eigentlichen „Abendgruß", einer spannenden Geschichte mit vielfältigem Personal wie dem Kobold Pittiplatsch, der Ente Schnatterinchen, dem Hund Moppi, Meister Briefmarke oder Frau Puppendoktor Pille. Das Sandmännchen reiste herum, besuchte Soldaten im Manöver oder Schüler im Ferienlager und hatte auch die erste Antwort auf die amerikanischen Mondfahrer: Mit dem Lunochod, dem russischen „Mondgänger", erkundete es schon Anfang der 1970er Jahre den Erdtrabanten und war damit bereits ein Stück weiter als der bald darauf real existierende DDR-Kosmonaut Sigmund Jähn.

Gut weggesteckt: Über eine Woche hielten sich die Kosmonauten Waleri Bykowski (UdSSR) und Sigmund Jähn (DDR, rechts) in der Schwerelosigkeit des Alls auf (Foto nach der Rückkehr am 3.9.1978).

Vom Himmel gefallen

Flucht mit dem Heißluftballon nach Bayern (16.9.1979)

Die beiden Männer kamen fuchtelnd im Scheinwerferkegel auf den Wagen zu, rissen die Tür auf und fragten keuchend: „Sind wir hier im Westen?" Waren die Kerle besoffen? Die Polizisten im Wagen blieben cool: „Nee, in Oberfranken." Die Frager brachen in Freudengeheul aus, holten eine Signalrakete hervor und zündeten sie, woraufhin zwei Frauen mit vier Kindern aus dem Dunkel auftauchten und in den Jubel einstimmten. Erst als der sich gelegt hatte, erfuhren die bayerischen Beamten nach und nach, dass sie hier Flüchtlinge aus der DDR vor sich hatten, die allen Ernstes behaupteten, sie seien vom Himmel gefallen. Die Leute führten die Ordnungshüter eine kleine Anhöhe hinauf und zeigten ihnen dort die Reste eines selbst gebastelten Heißluftballons, dessen Plane sich erschlaffend über ein Gebüsch gebreitet hatte.

Geburt einer kühnen Idee

Den Beamten begann zu dämmern: Diesen späten Abend des 16.9. 1979 würde man sich merken müssen. Es hatte ja schon allerhand verrückte Fluchten aus dem Arbeiter-und-Bauern-Paradies gegeben, doch diese hier hatte das Zeug zum Thriller: Die Familien Strelzyk und Wetzel aus dem thüringischen Pößneck hatten seit langem darüber gegrübelt, wie man in den so nahen Westen „rübermachen" könnte. Ein Urlaubsantrag für Jugoslawien war 1974 unbeantwortet geblieben. Also der direkte Weg. Bloß wie die zigfach gesicherten Grenzanlagen überwinden? Zu Lande und zu Wasser ausgeschlossen. Die Ballon-Idee wurde geboren, und die beiden Familien ließen sich auch nicht von den Problemen der Materialbeschaffung und des Arbeitsaufwands schrecken. In kleinen Bahnen, an verschiedenen Orten und in unregelmäßigen Abständen mussten 850 Quadratmeter Stoff gekauft und in Nachtarbeit vernäht werden. Tausend sonstige technische Tüfteleien waren nötig. Und dann scheiterte der erste Versuch in miesem Wetter. Um ein Haar wären die Fluchtwilligen geschnappt worden.

Der zweite Start glückte, eine kleines Feuer am Ballonstutzen war rasch gelöscht. Doch würde der Wind während der zwanzigminütigen Brenndauer weit genug tragen? Dann war es geschafft, die acht Flüchtlinge hatten bei Naila westdeutsches Gebiet erreicht. Doch die Stasi verfolgte die Strelzyks und Wetzels auch im Westen weiter, zu tief saß die Demütigung durch das Husarenstück. Mit viel Glück überstanden die Opfer Spitzeleien und Rufmordversuche. Was blieb war das Zeichen, das die kühnen Flieger gesetzt hatten: Menschen waren offenbar sogar bereit, ihr Leben zu riskieren, wenn nur irgend die Chance bestand, dem SED-Gefängnis zu entkommen.

Grenztruppen

Das „Kommando Grenze" der Nationalen Volksarmee wurde 1973/74 in „Grenztruppen der DDR" umbenannt. Ihre Hauptaufgaben lagen an der innerdeutschen Grenze inklusive der über 160 Kilometer langen Grenze um Westberlin mit der Berliner Mauer sowie im Küstenbereich, während an der tschechischen und polnischen Grenze nur je ein Regiment stationiert war. Die Grenztruppen hatten vor allem Republikflucht zu verhindern, da ihre zweite Aufgabe, Schutz der Grenze bei Kriegsgefahr, nie aktuell war. „Grenzverletzer" waren also fast ausschließlich Mitbürger, die von der SED als „Klassenfeinde" und Kriminelle hingestellt wurden. Gelang ihre Festnahme nicht, war ihre „Vernichtung" gemäß Schießbefehl vorgesehen. Das führte zu hoher psychischer Belastung der nach politischer Zuverlässigkeit ausgesuchten und regelmäßig ausgetauschten Grenzer. In NVA-Uniform, jedoch der Stasi unterstellt, taten an der Grenze auch die zuletzt 7800 Mann starken Passkontrolleinheiten (PKE) Dienst.

In 28 Minuten trug der Nordwind am 16.9.1979 den Ballon-Eigenbau dieser beiden Flüchtlingsfamilien 40 Kilometer weit in 2000 Metern Höhe über die DDR-Grenze hinweg auf die Anhöhe Finkenflug bei Naila.

Vertrauen nur gegen Vertrauen

Kritisches zum 30. Geburtstag der Republik (7.10.1979)

Die runden Geburtstage (7.10.) der Republik gehörten neben den Jahrestagen der „Befreiung vom Faschismus" (8.5.) zu den höchsten Festanlässen in der DDR. Und der 30. schien besonders geeignet zu aufwändiger Selbstfeier, weil der Staat mittlerweile eine Stabilität erreicht hatte, die ihn auf Dauer zu einer festen Größe in der internationalen Politik zu machen schien.

Grüße vom Großen Bruder

Honeckers höchster Gast aus Anlass des 30. Geburtstags seiner Republik oder doch der Republik seiner Partei, KPdSU-Chef Leonid Breschnew, brachte höchst Erfreuliches mit. Er verkündete, dass die Sowjetunion aufgrund der gewachsenen Kraft der DDR mit dem Rückzug von Truppen beginnen könne und in einem ersten Schritt 20 000 Mann heimholen wolle. Gemessen an der Gesamtstärke der Gruppe Sowjetischer Streitkräfte in Deutschland (GSSD, rund eine halbe Million Mann) war das nur ein symbolischer Akt, im Kalten Krieg dennoch ein beachtlicher, der im Land Freude auslöste. Weniger erfreulich schon einer der Hauptgründe für die großzügige Geste: In der Sowjetunion liefen bereits die Planungen für eine militärische Intervention im unruhigen Afghanistan zur Sicherung der von muslimischen Staaten bedrohten Südflanke. Dafür wurde jeder irgend abkömmliche Rotarmist gebraucht.

Aufbauwerk der Arbeiterklasse

Eine tragende Säule des Ostblocks war er längst, wie die Fest-Gabe des sowjetischen KP-Chefs Breschnew (siehe Kasten) bewies, der zu den Feierlichkeiten angereist war. Man konnte sich inzwischen sogar dosierte Selbstkritik erlauben: In der fünfteiligen Fernseh-Serie „Die lange Straße" zum Jubeltag 1979 gab es auch Rückblicke auf weniger Gelungenes in der ansonsten natürlich strahlend-stolzen Bilanz des „Aufbauwerks der Arbeiterklasse unter der Führung ihrer Partei". Im Übrigen aber war alles wie immer: Orden, Sonderbriefmarken, Massenaufmärsche, Militärmusik, Fackelzüge, Weihestunden. Und: Hatte zu solchen Anlässen lange das Volk dem Staat „Geschenke" in Form von Übererfüllung von Normen und Sonderschichten gemacht, so wollte sich jetzt der Staat erkenntlich zeigen: In den HO-Läden gab es auf einmal bisher kaum zu ergatternde Waren; viele allerdings nur vorübergehend.

Kurz: Am 7.10. sollte Gemeinschaft zelebriert werden, mit der es freilich noch immer nicht zum Besten stand. Nichts bestätigte diese Diagnose so deutlich wie die „10 Thesen zum 30. Jahrestag der DDR", die Robert Havemann (1910-1982) veröffentlichte – im Westen natürlich. Und dieser Tatsache galt einer der Hauptpunkte seiner Kritik.

Gespenstische Welt

Der weltweit geschätzte Naturwissenschaftler, der seit 1977 unter Hausarrest stand, betonte, dass er ein glühender Anhänger des sozialistischen Kurses sei. Dieser könne aber nur zum Erfolg führen, wenn er vom Vertrauen des Volkes getragen sei, was wiederum Vertrauen der Führung ins Volk voraussetze. Damit aber stehe es bitter schlecht, denn die von der Verfassung garantierte Meinungs- und Pressefreiheit existiere nur auf dem Papier, die stalinistische Diktatur des Parteiapparats sei total, Opposition dürfe es nicht geben, die Mauer dokumentiere das tiefe Misstrauen in die eigenen Bürger. „Unter diesen Umständen", stellte Havemann mit Blick auf ein Kernziel des Sozialismus fest, „stirbt der Staat nicht ab. Im Gegenteil, er wächst und nimmt von allem Besitz, ist überall, wachsam hört er alles, sieht alles und registriert es in geheimen elektronischen Datenbanken. Er beschwört in unseren Ängsten die gespenstische Welt herauf, die Orwell in seinem Buch ‚1984' beschrieben hat."

Von der Sowjetunion lernen hieß gekonnt Paraden abnehmen lernen – besonders dann, wenn der sowjetische Freund dabei assistierte. Beim NVA-Vorbeimarsch zum 7.10.1979 schauten Honecker und Breschnew (erste links im Anschluss an die Militärs) huldvoll von der Ehrentribüne an der Karl-Marx-Allee auf das Stahlhelm-Defilee.

Sozialistischer Länderkampf

XXII. Olympische Sommerspiele in Moskau (19.7.-3.8.1980)

Vor vier Jahren im kanadischen Montreal hatte es erstmals aus politischen Gründen einen Boykott der Olympischen Spiele gegeben. Eine Reihe von schwarzafrikanischen Staaten war wegen der Rassentrennung in Südafrika den Wettkämpfen fern geblieben. Das spielte sportlich keine nennenswerte Rolle, und die DDR hatte ihren Triumphzug in vollen Zügen genießen können; nach Medaillen war sie sogar an den USA vorbeigezogen. Bei den in Moskau angesetzten XXII. Sommerspielen wollte sie nun auch die dominierende gastgebende UdSSR ein- oder am besten noch überholen. Dass daraus nichts wurde, wäre noch zu verschmerzen gewesen. Wer ärgert schon gern den besten Freund? Doch dass dieser seinerseits der bestens vorbereiteten ostdeutschen Mannschaft den olympischen Spaß verderben würde, damit hatte keiner gerechnet.

Mit den USA kollidiert

Zu Weihnachten 1979 war offenbar geworden, was wirklich hinter dem begrenzten Truppenabzug der Roten Armee aus der DDR steckte: Bedarf an einer neuen Front, nämlich in Afghanistan. Dort aber hatte leider auch die andere Supermacht USA einige Eisen im Feuer und weigerte sich, tatenlos dem sowjetischen Einmarsch zuzusehen. Militärisch war dagegen auf kurze Sicht kaum etwas zu unternehmen, und auch wirtschaftliche Sanktionen ließen sich nur schwer auf breiter Front organisieren. US-Präsident Carter griff daher zu einem einfachen, aber schmerzhaften Mittel: Er rief zum Boykott der Spiele in Moskau auf. Zähneknirschend folgte ihm das eigene NOK, und das westdeutsche schloss sich nach heftigen Debatten an, dazu weitere vier Dutzend Staaten, nicht aber die Verbündeten Frankreich und Großbritannien. Gleichviel: Ohne BRD, Japan, China und vor allem ohne die USA sank der sportliche Wert des Kräftemessens in den Moskauer Stadien gegen Null. Ja, es wurde streckenweise zu einem Länderkampf DDR-UdSSR: Die sowjetischen Staatsamateure räumten 80, die ostdeutschen Kollegen 47 der insgesamt 204 Goldmedaillen ab, Bulgarien erreichte mit ganzen 8 den dritten Medaillenrang. Da tröstete es wenig, dass der DDR-Hochspringer Gerd Wessing mit einem Flug über 2,36 Meter erstmals bei Olympia den Weltrekord verbesserte und dass sein Weitsprung-Kamerad Lutz Dombrowski mit 8,54 Metern den (nach Bob Beamon 1968) zweitgrößten Satz der Geschichte machte. Auch der zweite Goldlauf in Folge durch den DDR-Marathon-Mann Waldemar Cierpinski glänzte da nur matt. Die Athleten waren Leidtragende der politischen Verwerfungen.

„Polnisches Fieber"

Moskaus Afghanistan-Intervention erschütterte nicht nur den Sport, sondern erwies sich als schwerer Schlag für die Entspannung. In Polen entlud sich der Frust über die damit schwindenden Hoffnungen auf eine Liberalisierung des Systems und ein besseres Leben in einer Welle von Streiks, die über das ganze Land schwappte. Zentrum war die Lenin-Werft in Gdansk (Danzig), wo die unabhängige Gewerkschaft „Solidarnosc" entstand, die das kommunistische Monopol bedrohte. Das alarmierte Ostberlin beinahe mehr als Warschau, und schon am 30.10.1980, einen Tag ehe sich die neue Bewegung offiziell konstituierte, riegelte die DDR die „Friedensgrenze" an Oder und Neiße hermetisch ab, damit das „polnische Fieber", wie es im „Neuen Deutschland" hieß, nicht übergreifen konnte. Aus preußischer und Nazi-Zeit überkommene Vorurteile über „polnische Wirtschaft" gingen mit ideologischen Anwürfen über „konterrevolutionäre Umtriebe" eine unheilige Allianz ein und ließen die Polen die alte deutsche Arroganz spüren. Es zeigten sich erste Risse im Ostblock-Haus.

Zwei Tage vor seinem 30. Geburtstag holte Waldemar Cierpinski am 1.8.1980 in Moskau in 2:11,03 Stunden nach 1976 zum zweiten Mal Gold auf der olympischen Marathonstrecke. Auch ohne Boykott wäre dem drahtigen Athleten der Sieg kaum zu nehmen gewesen.

„Noch ein Weilchen leben"

Friedensbegegnung der Schriftsteller in Ostberlin (13.12.1981)

Im Szenario der Abschreckung hatte nukleare Bewaffnung primär defensive Funktion. Für offensive Strategien, wie sie die UdSSR in Afghanistan seit 1979 umsetzte, eignete sie sich kaum. Da brauchte es konventionelles Potenzial. Auch deswegen verlegte Moskau Truppen aus Osteuropa in den Mittleren Osten und ersetzte sie durch SS-20-Atomraketen. Dadurch verschob sich die nukleare Balance in Europa und führte zur westlichen Reaktion durch den sogenannten NATO-Doppelbeschluss (siehe Kasten). Mit vielfachem „Overkill" standen sich beide Seiten gegenüber, was vor allem in beiden Teilen Deutschlands tiefe Sorgen auslöste. Am 11.-13.12.1981 trafen sich Bundeskanzler Schmidt und SED-Chef Honecker auf dessen Landsitz am Werbellinsee im Bewusstsein „der gemeinsamen besonderen Verantwortung der Deutschen für den Frieden". Mehr als Absichtserklärungen über eine „entschlossene" Fortentwicklung der beiderseitigen Beziehungen konnten am Ende allerdings nicht herauskommen.

Intellektueller Austausch

Und auch die gleichzeitig in Ostberlin tagenden etwa hundert Schriftsteller aus Deutschland Ost und West mussten es bei Appellen zur Besonnenheit und bei Forderungen nach Abrüstung bewenden lassen. Dass überhaupt Intellektuelle beider Seiten mit Genehmigung von oben und vor den Fernsehkameras über die atomare Bedrohung reden durften, zeigte die große Unruhe auch in der SED-Führung über die Entwicklung. Honecker hatte seinen Schriftsteller-Freund Stephan Hermlin (1915-1997) zu einer solchen Einladung an die Westkollegen förmlich ermuntert. Zu den prominentesten Teilnehmern gehörten neben ihm östlicherseits Stefan Heym, Volker Braun, Christa Wolf, Günther de Bruyn, Heiner Müller, Hermann Kant; aus der BRD waren vertreten Günter Grass, Dieter Lattmann, Günter Herburger, Ingeborg Drewitz, Heinar Kipphardt, Peter Rühmkorf.

Während sich die westdeutschen Teilnehmer mit Kritik am Gastgeber zurückhielten, vernahm man etwa über den SED-Slogan „Der Frieden muss bewaffnet sein!" Unbehagen von DDR-Autoren. Günther de Bruyn gestand „ein ungutes Gefühl" darüber ein, dass seine Regierung die Friedensbewegung im Westen lobe, den „Antikriegskampf der Christen, Pazifisten und Kriegsdienstverweigerer innerhalb der eigenen Grenzen" aber behindere. Und selbst der Präsident des Schriftstellerverbands der DDR Hermann Kant stellte sarkastisch fest: „Mit Kernwaffen kann man weder Kapitalismus noch Sozialismus errichten oder erzwingen." Und er fügte fast kleinlaut hinzu: „Ich möchte noch ein Weilchen leben."

NATO-Doppelbeschluss

Ende der 1970er Jahre registrierte die NATO einen Vorsprung der Rüstung des Ostblocks bei Atomraketen mittlerer Reichweiten. Um die Rüstungsschraube zu bremsen, schlug Bundeskanzler Helmut Schmidt eine Initiative vor zur Nachrüstung in Verbindung mit Vorschlägen zur Rüstungskontrolle. Am 12.12.1979 verabschiedete die NATO einen entsprechenden Doppelbeschluss, der die Aufstellung neuer amerikanischer Mittelstreckenraketen vom Typ Pershing II in Mitteleuropa innerhalb von vier Jahren vorsah, wenn die UdSSR ihr Arsenal an SS-20-Raketen nicht verringere. Der Beschluss löste in allen NATO-Staaten massive Proteste der Friedensbewegung aus. Immerhin ließ sich die UdSSR 1981 zu Verhandlungen bewegen, die zwar zu keinem greifbaren Ergebnis führten und 1983 abgebrochen wurden, die aber schon durch die Tatsache des Dialogs die deutsche Seite in ihrem Bemühen stärkte, den Gesprächsfaden auch zwischen BRD und DDR nicht abreißen zu lassen.

Mitteleuropa als atomarer Kriegsschauplatz: Dieser Alptraum brachte die Friedensbewegten beider Seiten Anfang der 1980er Jahre um den Schlaf (US-Propagandazeichnung einer Batterie mobiler sowjetischer SS-20-Raketen mit Nuklearsprengköpfen).

Kraftakt bei knappen Kassen

Einweihung des Charité-Hochhauses (14.6.1982)

Ein 1975 vom Politbüro beschlossenes Großprojekt zeigte die Zwickmühle, in der die DDR an der Frontlinie der politischen Blöcke steckte. Einerseits war gar kein Geld dafür da, anderseits galt es, den Wettbewerb der Systeme gerade in Berlin zu bestehen, dessen Ostteil die SED mit russischer Unterstützung und gegen den Willen der westlichen Siegermächte zur Hauptstadt des Landes gekürt hatte. Der Glitzerwelt von West-Berlin wollte man Repräsentatives und Bedeutendes auf der eigenen Seite der Mauer gegenüber stellen. Mit Fernsehturm, Palast der Republik und mancherlei anderen Bauten war die eine Absicht umgesetzt worden, die andere ergab sich aus Sachzwängen: Die weltberühmte Berliner Charité, seit 1710 zum größtes Klinikum Europas herangewachsen, arbeitete immer noch zum größten Teil in den vor sieben Jahrzehnten gebauten und nach dem Krieg provisorisch reparierten schönen, aber hoffnungslos veralteten Klinkergebäuden.

Teuerste Technik

Gegen die Bedenken der Kassenhüter fiel daher die Entscheidung zur Großsanierung des Bestandes und zum Bau eines Hochhauses für die Chirurgie und als Bettentrakt der Poliklinik. Beim letzteren hätte man vielleicht sparen können, doch gerade dieser markante Akzent reizte die politischen Planer. Wie der „Telespargel" am Alex und das Handelshochhaus an der Friedrichstraße sollte der 21-Stockwerke-Bau (zwei davon unterirdisch) an der modernen Silhouette Ostberlins mitzeichnen und nach Westen Eindruck schinden. Am 14.6.1982 übernahm die Humboldt-Universität das Hochhaus mit dem markanten Schriftzug „Charité" auf dem Dach, nachdem die modernisierten anderen Klinikgebäude schon vorher nach und nach in Betrieb genommen worden waren. Über 1000 neue Betten in 30 Stationen standen nun zur Verfügung, dazu 24 mit teuerster West-Technik ausgestattete Operationssäle für 20 000 Eingriffe pro Jahr (weit über zehnmal so viele wie 1975), 14 Schnellaufzüge bewältigten fortan den Patienten-, Personal- und Materialtransport. Nicht nur der hohe technische Standard erfüllte die Bauherren mit Stolz. Hier konnten sie auch zeigen, dass sozialistische Planung immer auch mustergültige soziale Planung bedeutete: Mitgewirkt am Gesamtkonzept hatten die Studenten, Schwestern, Ärzte und Wissenschaftler der Charité; mehrere hundert Wohnungen waren für das Personal auf dem Gelände errichtet worden; Restaurants und Speisesäle sowie Kinderkrippen und Kindergärten gehörten zur Anlage. Davon konnten sich vergleichbare Einrichtungen in der BRD noch eine Scheibe abschneiden.

Autobahn Hamburg-Berlin

Die Planungen reichten bis in die frühen 1930er Jahre zurück, und einige Arbeiten an der Autobahntrasse Hamburg-Berlin kamen schon vor Kriegsbeginn in Gang, danach aber wieder zum Erliegen. Die DDR sah keine Notwendigkeit zu einer Wiederaufnahme der Bauarbeiten, und erst im Transitabkommen von 1971 konnte Einigung über die nötigen Maßnahmen zwischen BRD und DDR erzielt werden. Die alte Trassierung ließ sich dabei nicht in allen Teilen übernehmen, weil militärische Sperrgebiete inzwischen Umwege verlangten. Die DDR begann auf ihrem Gebiet bald mit einigen Bauabschnitten, auf westdeutscher Seite ging es ernsthaft 1978 los, weil vor allem das Durchschneiden des Sachsenwalds zu erbitterten Protesten von Bürgerinitiativen geführt hatte. Am 20.11.1982 wurde dann die neue, insgesamt 265 Kilometer lange, von der BRD finanzierte (1,2 Milliarden DM) Autobahn zwischen den beiden größten Städten Deutschlands für den Verkehr freigegeben.

Unter den Millionenstädten zeichnete sich Berlin durch eine relativ flache Silhouette aus. Die DDR hatte nicht nur keine Bedenken, nach oben markante Zeichen zu setzen, sondern sah Großbauten eine propagandistische Chance: Bettenhochhaus der Charité.

„Einer der größten Söhne"

500. Luther-Geburtstag – Wiedereröffnung der Wartburg (21.4.1983)

Ignorieren konnte man den Anlass nicht gut. Die DDR-Kulturpolitiker machten daher aus der Not eine Tugend, und gingen in die Feier-Offensive: Am 10.11.1983 hieß es wenige Monate nach dem 100. Todestag von Karl Marx (14.3.) den 500. Geburtstag von Martin Luther zu begehen. Die Bedeutung des Mönchs aus Eisleben im Harzvorland lag zwar in erster Linie auf kirchlichem Gebiet. Doch sein Einfluss auf den Gang der deutschen Geschichte, politisch wie kulturell, war mindestens ebenso hoch zu veranschlagen und sollte daher besonders herausgestrichen werden. Da aber ergab sich die nächste Hürde: Luther hatte 1525 massiv Partei gegen die aufständischen Bauern ergriffen und sich als „Fürstenknecht" in den Augen der Revolutionstheoretiker mit Proletarier-Blut besudelt. So jedenfalls hatten es die ideologischen Kirchenväter Marx und Engels nach anfänglichem Lob für den Umstürzler Luther später dargestellt.

Entscheidende Bresche

Dass man da für eine veränderte Sicht offen war, signalisierte bei der Konstituierung des Martin-Luther-Komitees der DDR Staatschef Honecker persönlich, als er den Reformator als einen der „größten Söhne des deutschen Volkes" bezeichnete. Die Historiker folgten dieser Einschätzung, indem sie anerkannten, dass gesellschaftliche Veränderungen damals nur durch Brechung des Deutungsmonopols der Kirche möglich wurden und dass Luther die entscheidende, weil theologische Bresche geschlagen hatte mit dem „evangelischen" Angriff auf die Papstkirche. Die bisherige marxistische Kritik an Luther wurde damit insofern zurecht gerückt, als man ihn nicht mehr für das Scheitern von Hoffnungen verantwortlich machte, die sein Aufbegehren zwar geweckt hatte, die aber weit über den Rahmen seiner religiösen Bemühungen um geistliche Erneuerung hinaus gegangen und zu seiner Zeit nicht zu leisten gewesen waren.

Zugang zu den Evangelien

Nun konnte auch Luthers Rolle für die Entwicklung der neuhochdeutschen Schriftsprache angemessen gewürdigt werden. Nachdem die Thesen der Historiker zum neuen Lutherbild schon 1981 erschienen waren, nahm man sich im Vorfeld des Geburtstags seiner Wirkungsstätten an. Insbesondere die Wartburg sollte in neuem Glanz erscheinen, wo der in die Reichsacht für vogelfrei erklärte Mönch 1521/22 im Schutz seines Landesherrn das Neue Testament übersetzt und so dem Volk Zugang zu den Evangelien verschafft hatte. Damit schenkte er ihm eine gemeinsame Sprache, die erst das kulturelle Zusammenwachsen der deutschen Stämme ermöglichte. Am 21.4.1983 wurde die restaurierte Burg im Beisein Honeckers wieder für das Publikum geöffnet.

Ökumene

Unter dem antichristlichen Druck des Staates hätte man erwarten können, dass die christlichen Gemeinschaften in der DDR zu engerer Zusammenarbeit finden würden. Doch eben dieser Druck wirkte dem auch entgegen, und so kam es erst am 9.4.1970 zur Bildung der Arbeitsgemeinschaft Christlicher Kirchen (AGCK), der sich aber die römisch-katholische vorerst immer noch bloß als Beobachterin anschloss. Die Lutherfeiern 1983 führten zu einem Umdenken, da auch aus Rom von Papst Johannes Paul II. Signale zu intensiverer ökumenischer Zusammenarbeit kamen. Luther wurde nun nicht mehr verteufelt wie Jahrhunderte lang zuvor, sondern als wortgewaltiger Mitstreiter für den Glauben in einer zunehmend gottlosen Welt geschätzt. Eine Kommission aus Mitgliedern des Lutherischen Weltbunds und vatikanischer Gremien stellte fest: „Es ist uns heute möglich, gemeinsam von Luther zu lernen."

Ein drei Meter hohes vergoldetes Kreuz krönt den Bergfried der Wartburg, wo Luther in zehnmonatiger Arbeit 1521/22 die Evangelien übersetzte. Schwarz-rot-golden daneben die deutsche Fahne, die auf die Befreiungskriege gegen Napoleon 1813-1815 und die Demokratie-Bewegung im 19. Jahrhundert zurückgeht.

Drohender Staatsbankrott

Milliarden-Bürgschaft der Bundesregierung (29.6.1983)

Mit sozialen Wohltaten versuchte Honecker, mehr Zustimmung in der Bevölkerung für das SED-Regime zu gewinnen: Ein aufwändiges Programm für den Wohnungsbau wurde aufgelegt, die Subventionen für Grundnahrungsmittel stiegen, die Krippenförderung erlaubte noch mehr Müttern die Berufstätigkeit, das Gesundheitswesen fraß erhebliche Mittel, Mieten wurden künstlich gedrückt. Und das alles bei ungeheuren Aufwendungen für NVA und Grenzregime.

Bezahlen wollte man das alles mit gesteigerter Wirtschaftsleistung, wofür freilich die Produktionsanlagen auf neuestem Stand zu halten waren. Und das wiederum ging nur durch sündhaft teuren Technologietransfer aus dem Westen, sprich: durch Kredite. Bei anhaltendem Wachstum müssten sie in der veranschlagten Zeit rückzahlbar sein.

Verdopplung der Verbindlichkeiten

Diese Milchmädchenrechnung aber ging nicht auf, weil man sie ohne den Wirt, sprich: ohne den Weltmarkt gemacht hatte. Der hielt mit den Ölpreisschocks von 1973 und 1979 unliebsame Überraschungen bereit, die noch durch krisenhafte Entwicklungen in der sowjetischen Wirtschaft verschärft wurden. Der UdSSR blieb nichts anderes übrig, als den Weltmarktpreisen beim Öl zu folgen und diese auch ihren Verbündeten abzuverlangen. Statt zu einem Abbau der Schulden der DDR im Westen und nun auch noch bei der Sowjetunion, kam es daher zu einer Verdoppelung der Verbindlichkeiten bis 1979, ja sie mussten weiter erhöht werden, damit überhaupt die Zinsen zu bezahlen waren und die Kreditwürdigkeit der DDR nicht ins Gerede kam. Genau das aber geschah, und 1981 drehten die Banken im Westen der DDR den Kredithahn zu. Der Staatsbankrott wäre kaum abwendbar gewesen, wenn nicht die Bundesregierung, vermittelt durch Bayerns Ministerpräsidenten Strauß, am 29.6.1983 mit einer Bürgschaft über eine Milliarde D-Mark ausgeholfen hätte.

Die Verbindlichkeiten der DDR gegenüber westdeutschen Banken erhöhte sich damit auf 8,8 Milliarden Dollar, Lieferkredite von noch einmal 1,8 Milliarden nicht gerechnet. Insgesamt stieg die West-Verschuldung auf 12,5 Milliarden Dollar. Das hört sich verglichen mit Zahlen der Staatsverschuldung der BRD höchst moderat an. Doch handelte es sich hier um befristete Zahlungsverpflichtungen, die nicht durch weitere Kreditaufnahmen auf dem Kapitalmarkt zu prolongieren waren. Schon im Folgejahr sprang Bonn erneut mit dem gleichen Betrag in die Bresche, wodurch noch einmal die Zahlungsunfähigkeit der DDR abgewendet werden konnte. Senkung des Lebensstandards wäre zur Sanierung unumgänglich gewesen. Doch Honecker weigerte sich, darüber auch nur zu diskutieren.

Handelsschwankungen

Die prekäre Entwicklung der Staatsfinanzen der DDR führte 1983 auch zu einer Delle im innerdeutschen Handel. Er war 1982 trotz der weltwirtschaftlichen Flaute noch deutlich gewachsen, und die Bilanz war mit Lieferungen der BRD im Wert von 7,1 Milliarden und der DDR von 7,0 Milliarden DM fast ausgeglichen. Im Jahr 1983 aber stiegen die DDR-Importe aus der BRD weiter rasant an, während die Exporte dorthin stagnierten. Es zeichnete sich eine erhebliche Schieflage im innerdeutschen Warenverkehr ab. Das war natürlich wirtschaftlich nicht erwünscht, aber auch politisch ein Problem: Beide deutschen Staaten waren bemüht, im abgekühlten weltpolitischen Klima Normalität zu demonstrieren. Turbulenzen konnte man da nicht brauchen. Insofern waren die Stützungsaktionen aus Bonn auch Bemühungen, Spannungen zu dämpfen und einer Destabilisierung der DDR entgegenzuwirken.

„Ein-Mann-Demokratie" warfen Parteifreunde CSU-Chef Franz Joseph Strauß vor wegen seines Alleingangs bei der Vergabe des Großkredits an die DDR. Das hinderte Strauß nicht am Händedruck mit dem sonst gern scharf kritisierten Erich Honecker (Foto Sommer 1983 auf dessen Landsitz).

Atemberaubende Perfektion

Olympisches Eislauf-Gold für Katarina Witt (18.2.1984)

Ein neuer Stern am ohnedies dicht bestirnten Sporthimmel der DDR ging auf: Die am 3.12.1965 in Staaken bei Berlin geborene Katarina Witt machte schon als 14-Jährige bei den Europameisterschaften im Eiskunstlaufen auf sich aufmerksam, erreichte bei diesem Wettbewerb 1981 bereits den 5. Platz und eroberte im Jahr darauf als Zweite einen Platz auf dem Treppchen bei den Weltmeisterschaften. Ganz oben war sie angekommen, als ihr 1984 der Doppeltriumph gelang: In Sarajevo holte sie am 18.2. für die dominierende DDR-Mannschaft olympisches Gold und einen Monat später in Ottawa den Weltmeistertitel. Stand sie hier noch im Schatten des alles überragenden Tanzpaares Jayne Torvill und Christopher Dean aus Großbritannien, so beherrschte sie in den folgenden Jahren die Eiskunstlaufszene fast nach Belieben. Und auch die Klaviatur der Vergünstigungen für verdiente Athleten: Sie reiste, wann und wohin sie die Termine riefen, wurde mit Orden und Ehrungen überschüttet, konnte sich jeden Wunsch erfüllen und bedankte sich durch unerschütterliche Treue zur DDR, zuletzt sogar als Volkskammer-Abgeordnete.

Kati Witts Bilderbuchkarriere hatte begonnen, nachdem ihr Talent in der Grundschule entdeckt worden war. Man schickte sie auf die Kinder- und Jugendsportschule (KJS, siehe Kasten) in Karl-Marx-Stadt (Chemnitz), wo sich Erfolgstrainerin Jutta Müller ihrer annahm und sie systematisch auf Siege programmierte. Sie beruhten nicht allein auf ihrem einzigartigen Vortrag und ihrer atemberaubenden sportlichen Perfektion, sondern auch auf höchst effektvoll gewählten Kostümen, anmutigen Frisuren und publikumswirksamer Choreographie. Entscheidend aber war die unnachahmliche Ausstrahlung der im Ruhm natürlich gebliebenen, sehr spontanen jungen Frau, von der die Weltpresse bald bewundernd als dem „schönsten Gesicht des Sozialismus" schrieb.

Magnet fürs Männermagazin

Katarina Witt verstand es, mit diesem Kapital auch nach Ende der DDR als Profi im Kapitalismus zu wuchern. In Shows („Holiday on Ice") und Filmen („The Ice Princess", 1995; „Ronin", 1998 mit Robert de Niro) bewies sie mimisches Talent, als Moderatorin für verschiedene Sender und Memoiren-Autorin („Meine Jahre zwischen Pflicht und Kür", 1994) Gespür für Selbstvermarktung. Als das Männermagazin „Playboy" sie 1998 spärlich bekleidet präsentierte, war das Heft binnen Kürze in allen Ländern ausverkauft. 2004 überreichte ihr ausgerechnet der einstige sowjetische Staatschef Gorbatschow den „World Woman's Award", der Mann, dessen Politik zur weltpolitischen Wende und damit zum Ende ihres Staates DDR beigetragen hatte.

Kinder- und Jugendsportschule

Manchmal schon im Kindergarten, spätestens aber in den ersten Schuljahren entdeckten Talentsucher der Sportclubs (SC) Kinder mit besonders ausgeprägten sportlichen Begabungen. Etwa drei Prozent eines Jahrgangs wurden daraufhin auf Kinder- und Sportschulen (KJS) geschickt, die es in allen Bezirken gab und die den dortigen Clubs zugeordnet waren. Und da diese immer auf bestimmte Sportarten spezialisiert waren, konzentrierten sich Eislaufbegabungen in der KJS Karl-Marx-Stadt (Chemnitz). Der Lehrplan war auf das Training und daneben auf politische Schulung ausgerichtet, sah aber auch die üblichen Fächer vor, so dass die klassische Oberschulbildung erworben wurde, in Ausnahmefällen auch das Abitur. Man unterzog die Schüler regelmäßig Prüfungen. Wer nicht bestand, kehrte an normale Schulen zurück. Absolventen der KJS erfuhren nach der Schulzeit weitere Förderung in den Leistungszentren der Sportclubs.

Ideale Voraussetzungen brachte Katarina Witt (165 Zentimeter, 52 Kilo) für die athletisch-ästhetischen Anforderungen des Eiskunstlaufs mit (Foto: Gold-Kür am 18.2.1984 in Sarajevo).

Führungswechsel im Kreml

Treffen Kohl-Honecker in Moskau (12.3.1985)

Mit Besorgnis hatte man in Ostberlin das Ende der sozialliberalen Koalition unter Helmut Schmidt gesehen. Würde der neue konservative Mann Helmut Kohl den ostpolitischen Kurs ändern? Zur großen Beruhigung zeigte sich schon in den ersten Monaten, dass es keinen Bruch in den innerdeutschen Beziehungen geben würde. Es kamen sogar Überlegungen auf, ob nicht ein Besuch Honeckers in Bonn den Normalisierungsprozess weiter fördern könne. Jetzt aber mauerte Moskau, wo sich nach dem Tod Breschnews der neue starke Mann Andropow erst einmal etablieren wollte; Honeckers Visite wurde „verschoben". Andropow aber starb schon im Februar 1984; bei einer ersten Begegnung Kohl-Honecker im Rahmen der Beisetzungsfeierlichkeiten ergab sich die Gelegenheit zu einer Aussprache.

„Unwürdige Diskussion"

Man fasste einen neuen Besuchstermin ins Auge, hatte aber nicht mit der Härte des Andropow-Nachfolgers Tschernenko gerechnet. Der ließ im Parteiblatt „Prawda" gegen den innerdeutschen Frühling wettern, woraufhin es zu einem unerhörten Vorgang kam: Die SED antwortete indirekt darauf im „Neuen Deutschland" und beharrte auf ihrem westpolitischen Kurs; ja das Blatt weigerte sich erstmals, Artikel des Sowjet-Organs zur deutschen Frage nachzudrucken. Hinter den Kulissen muss es erhebliche Turbulenzen gegeben haben, denn schließlich wurde der Staatsbesuch im September 1984 dann doch abgesagt mit der fadenscheinigen Begründung, in der BRD sei eine „unwürdige Diskussion" über die Einladung geführt worden. Das zielte auf den Unionsfraktionschef Dregger, der provokant gesagt hatte: „Unsere Zukunft hängt nicht davon ab, dass Herr Honecker uns die Ehre seines Besuchs erweist."

In Wirklichkeit war die SED eingeknickt und musste auf die nächste Gelegenheit warten, den Faden trotz der sowjetischen Warnungen vor einer „Unterhöhlung" der DDR wieder aufzunehmen. Die Chance kam bereits nach dem 10.3.1985, als auch Tschernenko gestorben war und die beiden deutschen Machthaber erneut in Moskau zu einer „Arbeitsbeerdigung" zusammentrafen. Ohne Rücksicht auf den anstehenden Führungswechsel in der Sowjetunion ließen sie eine Presseerklärung verbreiten, in der sie eine Erneuerung des Abrüstungsdialogs der Supermächte anmahnten und als beiderseitiges Ziel „gutnachbarliche Beziehungen ... im Interesse von Frieden und Stabilität in Europa" anzustreben versprachen. Es entbehrte im Nachhinein nicht der Ironie, dass hier Entspannungshoffnungen anklangen, die einen Kernpunkt des Programms von Tschernenko-Nachfolger Gorbatschow bildeten. Honecker vertrat also eine Politik, die in der SED noch zu tiefer Verstörung führen sollte.

Glasnost

*Für sowjetische Verhältnisse geradezu blutjung war der Mann, den das Zentralkomitee der KPdSU schon einen Tag nach dem Tod Tschernenkos zum Nachfolger wählte: Michail Gorbatschow (*1931) stand für eine gründliche Reform. „Glasnost" (Öffentlichkeit) hieß eines seiner Ziele und meinte eine transparentere Politik, die über ausführliche Information die politische Entscheidungsfindung verständlich machen sollte. Das aber ließ sich nur bei gleichzeitiger „Perestroika" (Umgestaltung) erreichen, weil ein Gestrüpp von Instanzen zu beseitigen war, das gesellschaftliche Mitwirkung auf allen Ebenen behinderte. Obwohl Gorbatschow nicht an der Führungsrolle der Partei rüttelte, lief sein Programm auf eine innere Demokratisierung und äußere Öffnung hinaus. Das bedeutete für die anderen Staaten des Ostblocks mehr Eigenverantwortung und stärkte die Oppositionsbewegungen, auch die in der DDR.*

Nicht unbedingt Leidensmienen trugen Bundeskanzler Kohl und DDR-Staatschef Honecker zur Schau, als sie 1984 (Foto) und 1985 bei Trauerfeiern in Moskau zusammentrafen, wo das deutsch-deutsche Sonderverhältnis mit Skepsis gesehen wurde.

Macht ohne Divisionen

Honecker-Audienz bei Papst Johannes Paul II. (24.4.1985)

Auch in der katholischen Kirche der DDR war der staatliche Druck nicht ohne Wirkung geblieben. Bestrebungen, sich stärker anzupassen und wie die evangelischen Brüder dem Staat als Kirche „im Sozialismus" die Hand zu reichen, machten sich bemerkbar. Auch Rom riet zu Kompromissbereitschaft, hatte man sich doch selbst im frommen Polen mit der kommunistischen Partei arrangieren müssen. In der DDR, wo nicht einmal mehr zehn Prozent der Bevölkerung Mitglieder der katholischen Kirche waren, wäre unnachgiebige Konfrontation auf Dauer nicht durchzuhalten gewesen. Oder doch? Nach der Wahl des polnischen Kardinals Karol Wojtyla zum Papst Johannes Paul II. (Oktober 1978) wehte ein anderer Wind. Pläne für eine organisatorische Anpassung der Kirchenstrukturen an die staatlichen verschwanden von der Tagesordnung, und von den Bischöfen waren plötzlich wesentlich kritischere Töne etwa über die Militarisierung zu vernehmen als bisher.

Das irritierte die Staatsführung zunächst wenig. Doch der neue Heilige Vater erwies sich auch als ein „eiliger", wie es zunächst eher spöttisch hieß. In seiner missionarischen Reiseplanung spielte die DDR zwar keine Rolle, doch die Wirkungen seiner Besuche im Heimatland Polen ließen die Alarmglocken schrillen. Die Machthaber dort sahen sich einer rasant wachsenden Volksbewegung für mehr politische Rechte gegenüber, die sich auf kirchliche Ermutigung stützte. Die Resonanz der freien Gewerkschaft Solidarnosc wäre ohne diesen Impuls nicht denkbar gewesen, und in der DDR musste man eine „Infektion" von Osten durchaus fürchten. Stalins höhnische Frage „Wie viele Divisionen hat der Papst?" erwies sich als dümmliches Kanonenzählen: Ganze Völker hörten auf den „Mann im weißen Kleid" und vertrauten seiner frohen Botschaft weit mehr als den nicht eingelösten und wohl auch nicht einlösbaren irdischen Verheißungen der Partei.

Wichtiger Fototermin

Selbst der Kreml suchte den Dialog, nachdem das Attentat auf Johannes Paul II. vom 13.5.1981 gezeigte hatte, wie empfindlich die Welt auf Angriffe gegen ihn reagierte. Mit seinen Statthaltern im eigenen Land mochte man allenfalls noch fertig werden, mit seiner weltumspannenden Kirche aber gab es nur den Weg der Verständigung. Das begriff auch die SED und spann Fäden nach Rom, wohin den Staatsratsvorsitzenden Honecker am 23./24.4. 1985 der erste Staatsbesuch bei einer NATO-Regierung führte. Die Chance zu einer Aussprache mit dem Papst nutzte er dabei gern, auch wenn er nicht nur Erfreuliches zu hören bekam. Die Bilder aber, die ihn zusammen mit dem Pontifex zeigten, wogen daheim schwerer als ideologische Vorbehalte.

Wehrkunde

Beide Kirchen wandten sich gegen die Bestrebungen der SED, aus allen wehrfähigen Bürgern „Soldaten in Zivil" zu machen. Die Wehrerziehung begann im Kindergarten mit Kasernen-Besuchen und Auftritten von Soldaten vor Kindergruppen. Das setzte sich fort mit Geländespielen, in Ferienlagern der Jungen Pioniere und in Patenschaften von Einheiten der NVA mit Jugendgruppen. In den Lehrplänen der Mittelstufe sollte Wehrerziehung Bestandteil aller Fächer sein. Das mündete in der Oberstufe in direkte vormilitärische Ausbildung der Jungen und Vorbereitung der Mädchen auf Aufgaben der Zivilverteidigung. Mit dem Schuljahr 1978/79 wurde Wehrkunde an den Oberschulen Pflichtfach. Wehrerziehung war auch fester Bestandteil der beruflichen Bildung. Schulabgänger, die sie ablehnten, erhielten keinen Lehrvertrag, ihnen blieb nur die „Karriere" als Hilfsarbeiter.

Was ihm der Papst mit auf den weiteren politischen Weg gab, wurde nicht bekannt. Die Stimmung Honeckers jedenfalls war sichtlich gedämpfter als die seines Gastgebers am 24.4.1985 im Vatikan.

Hinter dem „Schutzwall" eingesperrt

25 Jahre Berliner Mauer (13.8.1986)

Angriff ist die beste Verteidigung oder: aus Schwächen Stärken machen – das war das Rezept der SED-Propaganda, nach dem der Bevölkerung unerfreuliche Maßnahmen „verkauft" wurden. Die bei der Vorgängerdiktatur Hitlers abgeschaute Strategie funktionierte aber nie so wie damals, denn die Zeit, in der man ein Land gegen die Wahrheit auch nur einigermaßen abschotten konnte, war unwiderruflich vorbei. Alles Getöse zur 25-Jahr-Feier des „Antifaschistischen Schutzwalls", wie die Berliner Mauer nach offizieller Sprachregelung zu nennen war, konnte daher am 13.8.1986 nicht darüber hinwegtäuschen, dass hier in Wirklichkeit eine Gefängnismauer errichtet worden war, die nicht aus-, sondern einsperrte. Die nicht zu unterdrückenden Meldungen über Opfer des Schießbefehls (siehe Kasten) an den Grenzen sprachen eine überdeutliche Sprache.

Peinliche Panne

In regelmäßigen Abständen erfuhr man zudem, dass immer wieder DDR-Bürger durch Flucht in die westdeutschen Botschaften in den „sozialistischen Bruderstaaten" dem Gefängnis zu entkommen suchten. Spektakulärster Fall: Am 26.2.1984 hatte eine Familie Berg in der Prager Vertretung der BRD Zuflucht gesucht, um damit ihre Ausreise in den Westen zu erzwingen. Es handelte sich dabei peinlicherweise um eine Nichte von DDR-Ministerpräsident Willi Stoph. Zur Wahrung des Gesichts der DDR kehrten die Bergs am 1.3. noch einmal in ihre Wohnung zurück, durften dann aber drei Wochen später, wie vorher ausgehandelt, in aller Stille in die BRD übersiedeln. Ein Fall von vielen, und er blieb ebenso wenig wie der Freikauf von politischen Häftlingen durch Bonn so geheim, wie sich das die DDR gewünscht hätte.

Und doch: Der SPD-Vorsitzende Willy Brandt, zur Zeit des Mauerbaus Regierender Bürgermeister von West-Berlin, stellte am 13.8.1986 bei einer Gedenkfeier für die Mauer-Opfer im Reichstagsgebäude fest: „Der Friede, der seinerzeit ... in Berlin akut gefährdet war, ist heute nicht mehr durch Berlin gefährdet." Er führte das natürlich nicht unmittelbar auf den Stabilisierungseffekt des „hässlichsten Bauwerks der Welt" zurück, doch indirekt war sicher auch ihm bewusst, dass es seinerzeit eine globale Katastrophe hatte verhindern helfen. Nur mit stabilen Partnern im Osten nämlich, fügte er hinzu, habe man ein Stück Normalität gewinnen und eine Entspannungspolitik entwickeln können, die langfristig die Mauer womöglich wieder überflüssig machen werde. Unausgesprochen steckte darin die realistische Einschätzung, dass die DDR vorerst noch auf die Mauer angewiesen war.

Schießbefehl

Die Grenztruppen der DDR waren ermächtigt, Versuche der Republikflucht mit der Waffe zu vereiteln. Grundlage dieses an den Grenzen zur BRD und um Westberlin geltenden Schießbefehls waren die „Schusswaffengebrauchsbestimmungen für die Wachen, Posten und Streifen der Nationalen Volksarmee" aus dem Jahr 1963, die aber „unter Berücksichtigung der Besonderheiten der Grenzsicherung", zu deutsch: verschärft, umzusetzen waren. Die Bestimmungen wurden durch Geheimbefehle immer weiter gefasst bis hin zur Weisung, Grenzverletzer festzunehmen oder zu „vernichten". Das Grenzgesetz vom 25.3.1982 bestätigte diese Praxis, nach der die Grenzer nach dem Ruf: „Halt, Grenzposten, Hände hoch!" sofort ohne Warnschuss gezielt schießen sollten; Einschränkung: „Gegen Jugendliche und weibliche Personen sind nach Möglichkeit Schusswaffen nicht anzuwenden." Ein Verzicht auf gezieltes Schießen, der zu einem Grenzdurchbruch führte, war mit Freiheitsstrafe bedroht.

Sie freuten sich wohl eher an der adretten FDJlerin im Blauhemd als über die roten Nelken, die sie überreichte: Drei NVA-Soldaten bei der Auszeichnung für den Einsatz an der Mauer. Mit dieser Propaganda-Marke frankierte Sendungen wies die Bundespost zurück.

Orakelhafte Äußerungen

Staatsbesuch Honeckers in Bonn (7.-11.9.1987)

Als in Bonn für den Staatsratsvorsitzenden der DDR am 7.9.1987 der rote Teppich ausgerollt worden war und die Ehrenformation der Bundeswehr das Gewehr präsentierte, schien Erich Honecker am Ziel. Zwar war sein Staat inzwischen allgemein anerkannt, doch erst die faktische Akzeptanz der deutschen Zweistaatlichkeit durch die Bundesrepublik, den ungeliebten großen Bruder, machte aus der „sogenannten" DDR einen gleichberechtigten Partner, nahm ihm endgültig die verächtlichen Anführungszeichen. Neben Bundeskanzler Helmut Kohl schreitend, die aufgezogene DDR-Fahne mit Hammer und Zirkel im Blick, konnte sich Honecker in dem Gefühl sonnen, wenn auch nicht buchstäblich, so doch politisch auf gleicher Augenhöhe mit dem Gastgeber zu stehen.

Entschlossenes Ignorieren

Das ging so weit, dass er beim Festbankett den seitdem vielfach berätselten und interpretierten Spruch wagte: Er sähe den Tag kommen, „an dem die Grenzen uns nicht mehr trennen, sondern Grenzen uns vereinen". Damit meinte er gewiss nicht, dass die DDR oder gar das ganze sozialistische Lager dereinst kollabieren könnte, sondern vielleicht eine europäische Lösung der deutschen Frage. Ob ihm in diesem Moment bewusst war, wie es wirklich mit der Stabilität seines Landes bestellt war, darf bezweifelt werden. Noch hatte er nur Verachtung für den Kurs der Öffnung und Demokratisierung, den der Moskauer Obergenosse Gorbatschow eingeschlagen hatte, und noch ignorierte er souverän die wirtschaftliche Lage daheim. Aber auch Kohl hatte sich augenscheinlich auf ein langes Nebeneinander der deutschen Staaten eingerichtet:Nur einige wenige Bemerkungen in der Antwort des Bundeskanzlers galten der „Einheit der Nation" und dem „ungebrochenen Willen, sie zu bewahren". Ansonsten ging es um Wirtschaftsfragen und um den Umweltschutz, der durch die Reaktorkatastrophe im ukrainischen Tschernobyl am 26.4.1986 ungeheure Aktualität gewonnen hatte und nur grenzüberschreitend erfolgreich angepackt werden konnte. Auf dem Programm des hohen Gastes stand zudem eine Nostalgietour in seine pfälzisch-saarländische Heimat. Dort besuchte er in Trier das Geburtshaus von Karl Marx, Vater aller Sozialisten, als dessen Erbe er sich verstand. Und er genoss die Aufmerksamkeit der Bevölkerung, die den aus Neunkirchen stammenden, inzwischen aber sächselnden Landsmann bestaunte und ihm zuwinkte – zum Abschied für immer. Doch das wusste damals noch niemand.

SPD-SED-Papier

Die internationale Aufwertung und der bundesdeutsche Respekt ließ das Selbstbewusstsein der SED wachsen. Sie griff daher die Anregung von SPD-Chef Brandt auf, den auf Regierungsebene begonnenen Dialog auch nach dem Wechsel in Bonn auf Parteiebene fortzusetzen. Delegierte der SPD-Grundwerte-Kommission unter Führung von Erhard Eppler und eine von Politbüro-Mitglied Hermann Axen geleitete Gruppe aus Ostberlin formulierten gemeinsame und kontroverse Standpunkte in einem als SPD-SED-Papier bekannt gewordenen und am 27.8.1987 veröffentlichten Protokoll. Kernsätze waren: „Wir ... stimmen darin überein, dass Friede in unserer Zeit nicht mehr gegeneinander errüstet, sondern nur noch miteinander vereinbart und organisiert werden kann." Und: „Beide Systeme müssen sich für friedensfähig halten." Obwohl Honecker das Papier absegnete, wurde es bald tot geschwiegen. Reformwillige innerhalb der SED wie Oppositionelle in Friedens- und Umweltbewegung beriefen sich zu gerne auf dieses Manifest der Entspannung, was die ideologischen Falken erbitterte.

Ob er glaubte, er sei der David, der den bundesdeutschen Goliath würde besiegen können? DDR-Staatsratsvorsitzender Erich Honecker (vorn) und Bundeskanzler Kohl beim ernst-konzentrierten Anhören der Nationalhymnen anlässlich des Staatsbesuchs 1987.

Glühende Bildsprache

Vollendung des Bauernkriegspanoramas (16.10.1987)

Man muss es so drastisch sagen: Es haut einen um. Betritt man die riesige Rotunde (über 40 Meter Durchmesser) auf dem Schlachtberg beim thüringischen Frankenhausen, schluckt einen Halbdämmer, in dem der Boden unter den Füßen schwindet und die Augen magisch angezogen werden durch bunt aufleuchtendes pralles Leben und Sterben ringsum: Auf 123 mal 14 Meter hat der Künstler Werner Tübke (1929-2004) ein Panorama-Rundbild über den deutschen Bauernkrieg im 16. Jahrhundert geschaffen, das zu einer aufwühlenden, schwindelerregenden Zeitreise in die faustische Epoche der Reformation einlädt, ja zwingt. Ein Gemälde ohne Anfang und Ende, genau im Detail, glühend in seiner Bildsprache, voller Symbolik, Porträt „einer in Blut, Raub, Wollust sich vergeudenden Welt, aber unsterblich in der elenden Pracht ihrer Sünden" (Thomas Mann über die Zeit der Glaubenskriege).

Völlige Gestaltungsfreiheit

Was Tübke da an die Wand gemalt hat (auf 1722 Quadratmeter Leinwand), war eine Auftragsarbeit, bei der er alle Vorgaben souverän ignorierte. Die SED-Kulturfunktionäre hatten eigentlich schon für das Jahr 1975 ein weithin wirkendes Zeichen zum 450. Todestag von Prediger und Bauernführer Thomas Müntzer (um 1490-1525) geplant, doch zu kurzfristig. Und da man schon verschieben musste, wollte man nun an nichts sparen und beauftragte den renommierten Maler Tübke, Professor in Leipzig (siehe Kasten), mit der Ausführung eines Monumentalbildes in einem eigens dafür errichteten Gebäude. Die Zusage gab der gesuchte Künstler nur unter der Bedingung völliger Freiheit in der Gestaltung. Auf „sozialistischen Realismus", die offizielle Kunst-Doktrin, ließ er sich nicht festlegen. Am 16.10.1987 signierte er das nach zwölfjähriger Arbeit fertig gestellte Bild.

Das Thema „Frühbürgerliche Revolution in Deutschland" hatte er akzeptiert. Und so blass, weil ideologisch damals korrekt, heißt das packende Panorama denn auch offiziell bis heute. Wer es wie die marxistischen Auftraggeber auslegen will, kann das mit einigen Klimmzügen tun. Er wird aber überall an Grenzen stoßen, denn hier vollzieht sich nicht Klassenkampf – der scheitert ja gerade –, sondern das Drama des in verzweifeltes Zweifeln gestürzten modernen Menschen. Mutige Interpreten haben Tübkes Szenerie sogar als Prophezeiung des Untergangs der DDR gelesen. Dem muss man freilich ebenso wenig folgen wie der „revolutionären" Deutung. Jeder wird anderes für sich darin entdecken und die virtuose Form- und Farbgebung bewundern.

Kunsthochschule Leipzig

*Die Institution blickt auf lange Tradition zurück: 1764 als „Zeichnungs-, Malerey- und Architektur-Academie" durch Sachsens König gegründet, entwickelte sich die Kunsthochschule in Leipzig zu einer der bedeutendsten in Deutschland. Ende April 1947 erstand sie in der SBZ neu als „Hochschule für Graphik und Buchkunst", die sich zunächst fast ganz den im Namen genannten Fertigkeiten widmete. Das wichtige Standbein in Malerei kam erst hinzu, als 1961 Bernard Heisig (*1925; schuf 1986 ein Porträt von Altbundeskanzler Helmut Schmidt) Rektor wurde. Er schied zwar nach Kritik an der SED-Kulturpolitik 1964 aus, doch übernahm sein Maler-Kollege Werner Tübke 1971 das Amt und führte die Tradition der inzwischen sogenannten Leipziger Schule fort. Als dieser 1976 die Arbeit am Bauernkriegspanorama aufnahm, übergab er das Rektorat erneut an den unter Honecker rehabilitierten Heisig. Die Absolventen der Hochschule konnten ihre Ausbildung nach dem Studium in Meisterklassen der Fachrichtungen Malerei und Graphik, Gebrauchsgraphik sowie Buchgestaltung fortsetzen.*

Werner Tübkes 1976-1987 entstandenes Welttheater der beginnenden Neuzeit hat keine Grenzen. Und doch gilt diese waffenklirrende Szene als so etwas wie sein Herzstück: Im Zentrum der gescheiterte Thomas Müntzer mit gesenkter Fahne, unten am Brunnen wichtige Akteure der Zeit von Martin Luther bis Albrecht Dürer.

Unerwünschte Mitmarschierer

Luxemburg-Liebknecht-Demonstrationen (17.1.1988)

Mit dem Machtantritt von KPdSU-Chef Gorbatschow 1985 hatte die internationale Entspannung an Fahrt gewonnen. Seine Rücknahme der Breschnew-Doktrin über die Führungsrolle Moskaus hatte den Reformern im sozialistischen Lager Luft verschafft. Und so stieg mit dem Nachlassen des Drucks von außen der innere und entwickelte gerade dort Sprengkraft, wo sich die Führungen besonders unflexibel zeigten wie in der DDR. Hilflos stand die SED vor allem Aktionen gegenüber, die sich innere Widersprüche zunutze machten. Wie beim SPD-SED-Papier griffen Dissidenten offizielle Sprachregelungen auf oder machten wie versierte Judoka die Angriffsbewegung des Gegners mit. Spektakulärstes Beispiel wurde die Teilnahme von Oppositionellen an den alljährlich zum Gedenken der ermordeten Kommunistenführer Rosa Luxemburg und Karl Liebknecht veranstalteten Demonstrationen im Herzen der „Hauptstadt der DDR".

Weltweites Echo

Man beging im Januar 1988 zwar nur den 69. Todestag der beiden Idole der Arbeiterbewegung, doch Stimmungen warten nicht auf runde Jubiläen. In Kirchen, Friedens- und Umweltbewegung hatten sich resignierte Ausreisewillige ebenso gesammelt wie Bürger, die sich keinen neuen Staat, sondern eine lebenswerte DDR wünschten. Hier keimte der Gedanke, sich die internationale Medienpräsenz bei den amtlichen Feiern am 17.1. zunutze zu machen. Obwohl die Stasi schon im Vorfeld davon erfuhr und Verdächtige aus dem Verkehr zog, konnten sich etwa 120 Regimegegner unter die marschierenden Kolonnen der Parteigliederungen mischen und Transparente empor recken mit Luxemburg-Zitaten wie „Freiheit ist immer die Freiheit des Andersdenkenden" oder „Wer sich nicht bewegt, spürt die Fesseln nicht". Das wäre unerheblich geblieben, hätten die Sicherheitskräfte nicht so brutal zugeschlagen, dass der Protest ein weltweites Echo fand.

Die unerwünschten Mitmarschierer wurden niedergeknüppelt, das Gros wanderte in Haft. Mit massiven Drohungen bewegte man die in den Augen der Partei gefährlichsten Rädelsführer zur Ausreise in die Bundesrepublik, darunter die Bürgerrechtlerin Bärbel Bohley, den Liedermacher Stefan Krawczyk und seine Frau, die Regisseurin Freya Klier. Die Rechnung der Stasi aber ging nicht auf. Sie hatte gehofft, mit den „Obernörglern" die Kritik abwürgen zu können. Das Gegenteil trat ein: Bittgottesdienste für die weniger prominenten Inhaftierten, Protestversammlungen, Solidaritätsadressen und Spendenaktionen stellten eine Öffentlichkeit her, wie es sie unter dem Polizeidruck bisher so nicht gegeben hatte.

Friedensbewegung

Wie schon beim Schriftstellertreffen 1981 deutlich geworden, quälte auch in der DDR die Menschen die Sorge um den Frieden im waffenstarrenden Mitteleuropa. Rüstungsgegner aber gerieten schnell in den Verdacht des Verrats am „wehrhaften Sozialismus". Listig wie die Demonstranten beim Luxemburg-Liebknecht-Gedenken machten sich Friedensbewegte daher die Rhetorik der SED zueigen, wie sie etwa der „Friedensrat der DDR" pflegte. Das Wort „Frieden" fand sich auch sonst in allen möglichen Zusammenhängen, bis hin zum gewollt widersinnigen „Friedenskampf", den man den nichtsozialistischen Staats- und Gesellschaftsordnungen des Westens liefern wollte. Anfang der 1980er Jahre löste sich aus den scheinbar im Schlepptau der Partei arbeitenden Gruppen eine unabhängige Friedensbewegung ähnlich der im Westen aktiven, getragen von kirchlichen, Umwelt- und Frauenzirkeln unter dem alttestamentlichen Prophetenwort „Schwerter zu Pflugscharen".

Die Medienpräsenz bei den amtlichen Demonstrationen zum Jahrestag der Ermordung von Karl Liebknecht und Rosa Luxemburg am 17.1.1988 nutzten zahlreiche Regimekritiker geschickt zum öffentlichen Protest gegen den SED-Staat.

Stimmlose Stimmzettel

Manipulierte Kommunalwahlen (7.5.1989)

Die Wahl hatte man bei Urnengängen in der DDR nie gehabt, sondern immer nur vorgefertigte Einheitslisten akzeptieren oder – besser nicht – ablehnen können. Insofern waren den meisten die stereotypen 98,8 bis 99,9 Prozent bei der Wahlbeteiligung und als „eindrucksvolle Bestätigung" für die Liste der Nationalen Front ziemlich gleichgültig, da sozusagen naturgesetzlich vorgegeben. Doch allmählich verloren die Wähler den Spaß an der Farce und wollten wenigstens wissen, wie mit ihrer Stimme, wie wenig wert auch immer, umgegangen wurde. Ein wenig „Glasnost" (Öffentlichkeit), wie sie Gorbatschow selbst im Mutterland des Sozialismus zu verwirklichen versprochen hatte, stand ihnen doch wohl auch zu. Erster größerer Testfall sollten die Kommunalwahlen am 7.5.1989 werden, aus zweierlei Gründen: Zum einen ließen sie sich lokal ganz gut einschätzen, zum anderen lag ihr Stellenwert niedriger als der von Volkskammerwahlen, so dass von amtlicher Seite lässiger vorgegangen wurde.

Vorauseilender Gehorsam

Etwaige Konflikte würden also auch nicht so hoch kochen. Daran war beiden Seiten gelegen, denn auch die Stasi hatte erschnüffelt, dass Oppositionsgruppen Stichproben machen und das längst feststehende Ergebnis wenigstens ansatzweise überprüfen wollten. Eigentlich hatte man daher von vornherein mehr Gegenstimmen als sonst eingeplant, doch ging das offenbar gegen die Ehre der lokalen Wahlvorstände, die im vorauseilenden Gehorsam möglichst hohe Zustimmungsraten melden wollten. Und so verkündete Wahlleiter Egon Krenz am Abend wie gewohnt eine Wahlbeteiligung von 98,78 Prozent und einen „Vertrauensbeweis" für die Nationale Front von 98,85 Prozent. Dass das auf Lügen beruhte, war nicht nur aufmerksamen Beobachtern klar: Es hatte sich ja im Vorfeld herumgesprochen, dass viele Wähler den Stimmzettel ungültig machen oder gar nicht ausfüllen wollten.

Bei den Auszählungen hatten sich zudem Bürgerrechtler in den Wahllokalen eingefunden und Notizen gemacht, die allein schon zur Entlarvung der Wahlfälschung genügten. Zahlenmäßig hielten sich die Beschwerden zwar in Grenzen, doch der Glaubwürdigkeitsverlust war erheblich. Die dreiste Manipulation nämlich wurde nicht nur von den West-Medien gemeldet, sondern sprach sich auch rasch herum, nicht zuletzt dank des lautstarken Protestes der Evangelischen Kirche gegen das Wahlergebnis. Als die Parteiführung den chinesischen Genossen auch noch zur Unterdrückung der Demokratiebewegung (siehe Kasten) gratulierte, konnte niemandem mehr zweifelhaft sein, was unter der gern beschworenen „sozialistischen Demokratie" zu verstehen war: Betrug zwecks Machterhalt.

Himmlischer Frieden

Der starke Mann in Peking Deng Xiaoping steuerte ökonomisch seit 1979 einen relativ liberalen, fast schon marktwirtschaftlichen Kurs. Daraus leiteten kritische Intellektuelle und unzufriedene Studenten auch politische Forderungen nach mehr Demokratie her und unterstrichen ihre Entschlossenheit durch öffentlichen Hungerstreik seit 13.5.1989 auf dem Platz des Himmlischen Friedens (Tiananmen). Am 4.6. verlor die KP-Führung die Geduld mit den Protestlern, die aus aller Welt Ermutigung erfuhren, und ließ die 27. Armee mit ihren Panzern anrollen. Widerstand wurde gnadenlos niedergewalzt, schätzungsweise 3600 Menschen kamen dabei ums Leben. Aus Ostberlin kam Beifall für die Aktion in Form einer Resolution der Volkskammer zur geglückten „Wiederherstellung der Ordnung" nach den „konterrevolutionären Unruhen", unter denen das „hartgeprüfte chinesische Volk" zu leiden gehabt habe.

Wie ein gütiger Vater schien der Staatsrats-vorsitzende Honecker über die Kommunalwahl am 7.5.1989 zu wachen. In Wirklichkeit segnete er einen groß angelegten Betrug ab; nicht die Stimmen zählten, sondern das längst feststehende glanzvolle Ergebnis für die Nationale Front.

Keine Schonfrist für die Partei

Auflösungserscheinungen zum 40. Geburtstag (7.10.1989)

Nachdem Ungarn einseitig am 2.5.1989 verkündet hatte, es werde die Sperranlagen am Eisernen Vorhang zum Westen abbauen, stellten in zunehmender Zahl DDR-Bürger Anträge auf Urlaubsreisen in das Land an der Donau. Und dann flimmerten Anfang September 1989 über die Fernsehschirme in aller Welt auf einmal Bilder von weinenden und lachenden Menschen, die durch die Lücken im Zaun nach Österreich drängten. Ostberlin reagierte mit schweren Vorwürfen an das „befreundete" Ungarn, das kriminellen Menschenhandel um schnöder Westkredite willen betreibe. Man erteilte kaum noch Reisegenehmigungen dorthin. Doch das leitete die Massenflucht nur um: Jetzt setzten sich die Ausreisewilligen in die bundesdeutschen Botschaften in den Ostblockstaaten ab. Bald herrschten dort, vor allem in Prag und Warschau, unerträgliche Zustände. In Prag erzwangen schließlich 3000 Flüchtlinge am 30.9. die Genehmigung zur Ausreise; drei Tage später waren schon wieder 7600 Menschen in der westdeutschen Vertretung. In Warschau kam es zu ähnlichem Andrang, es gab kein Halten mehr.

Machtspielchen statt Reformen

Die Fluchtwelle schuf Nachahmungstäter, gewiss, doch wichtiger wurde der Weckruf, der von ihr ausging. Er machte vielen erst den ganzen Ernst der Lage bewusst, ließ sie erkennen, dass es so nicht weitergehen konnte. Sie erhoben jetzt ihre Stimme auf den sogenannten Montagsdemonstrationen (siehe Kasten). Sie wollten eben nicht in ein anderes Land, sondern ein anderes Land, ein reformiertes. An die Stelle der anfänglichen Rufe „Wir wollen raus!" traten schon am 18.9. Sprechchöre mit dem Slogan „Wir bleiben hier!" Wenn die Regierenden genau hingehört hätten, wäre ihnen bald aufgegangen, dass diese Drohung fast noch gefährlicher war als die Massenflucht. Beides aber nahm man in Regierung und Politbüro zunächst noch auf die leichte Schulter und betonte, man werde den Getürmten keine Träne nachweinen. Das schürte die Erbitterung weiter. „Die da oben" verstanden aber immer noch nicht, was sich da zusammenbraute, sonst hätten sie wohl weniger Machtspielchen getrieben und entweder wirklichen Reformeifer gezeigt oder so durchgegriffen, wie ihnen das die chinesischen Genossen blutig vorgemacht hatten. Stattdessen kam es zu Machtkämpfen zwischen den Reformern um Egon Krenz und der alten Garde um Honecker, die am 18. Oktober mit dem Rücktritt des Partei- und Staatschefs endeten; Krenz übernahm die Führung der schwer angeschlagenen Partei.

Montagsdemonstrationen

Bei den Protesten im Herbst 1989 spielte Leipzig eine besondere Rolle. Um einen Kern von Oppositionellen, die sich zu Friedensandachten in der Nikolaikirche versammelten, bildete sich eine wachsende Schar von Bürgerrechtlern die am 4.9. erstmals zu einer größeren Demonstration zusammenkamen und Transparente zeigten wie „Reisefreiheit statt Massenflucht". Die Staatsmacht griff hart durch, konnte aber nicht verhindern, dass sich nun allwöchentlich eine wachsende Menge zu den „Montagsdemonstrationen" genannten Protestmärschen in der Leipziger Innenstadt versammelte. Gefährlich eskalierte der Konflikt zwei Tage nach den Feierlichkeiten zum 40. Jahrestag der DDR-Gründung, als am 9.10. über 70 000 Demonstranten auf dem Karl-Marx-Platz zusammenströmten. Trotz eines Befehls Honeckers, mit Gewalt gegen sie vorzugehen, verlief die Kundgebung friedlich. Die Führung der Gruppe Sowjetischer Streitkräfte in Deutschland hatte signalisiert, dass sie nicht eingreifen würde. Weghören ging nun nicht mehr: „Wir sind das Volk!"

Letzter Bruderkuss: KPdSU-Chef Gorbatschow und Honecker beim 40. Staatsjubiläum der DDR. „Wer zu spät kommt, den bestraft das Leben", soll der große den kleinen Genossen gemahnt haben. Es war aber schon zu spät.

Fassungsloser Freudentaumel

Fall der Berliner Mauer (9.11.1989)

Das Erlebnis der eigenen Kraft bei den Protesten im Herbst 1989 gab den Menschen ihre Selbstachtung wieder. Aus ihrer Sicht musste die Entmachtung Honeckers als ihr Erfolg erscheinen. Damit begnügen wollte sich nun niemand mehr, offenbar tat sich nur dann wirklich etwas, wenn sie Druck machten. Sie konnten ja nicht wissen, dass die Reformer fast unbeeindruckt von ihren Protesten die Palastrevolution angezettelt hatten und sicher darauf verzichtet hätten, wenn ihnen klar gewesen wäre, welches fatale Signal davon ausgehen würde. Die Führung zeigte nach Meinung der Massen Schwäche wegen der Stärke des Protests. Honecker hatte sich kaum nach Wandlitz zurückgezogen, da tönte es am 23.10.: „Egon, leit Reformen ein, sonst wirst du der nächste sein!" Aber nun ging es nicht mehr nur um Systemwandel, sondern auch um Reisefreiheit: „Visafrei bis Hawaii!" skandierten die Demonstranten und am gleichen Tag: „Die Mauer muss weg!" Und weg musste nach Meinung der Protestler auch der Führungsanspruch der SED.

Historische Pressekonferenz

Scheibchenweise machte die Partei Zugeständnisse, was der Protestbewegung eine ungeheure Dynamik verlieh. Mit halbherzigen Angeboten ließ sie sich nicht mehr abspeisen, das war spätestens nach dem 4.11. klar, als rund eine Million Menschen in Ostberlin freie Wahlen forderte. Aus den Umwelt- und Friedensgruppen hatten sich inzwischen reguläre Organisationen wie das Neue Forum (11.9.), Demokratie jetzt! (12.9.), Demokratischer Aufbruch (14.9.) sowie die Sozialdemokratische Partei SdP (7.10.) gebildet. Die immer weiter in die Defensive geratene SED hoffte, das Gesetz des Handelns wiederzugewinnen, wenn sie noch mehr Tempo machte als die sich formierende Opposition: Am 9.11. gegen 19 Uhr gab Politbüromitglied Günter Schabowski eine Pressekonferenz und verkündete etwas, das wegen seiner Unglaublichkeit erst mit erheblicher Verzögerung ankam: die Öffnung der Grenzen der DDR zum Westen. Dann aber brachen alle Dämme. Die Bilder vom Freudentaumel an der Mauer werden noch in Jahrzehnten nicht ohne Emotionen zu betrachten sein. Die dramatische Wende machte die Bürgerrechtler einen Moment lang ratlos. Bärbel Bohley, eine der führenden Oppositionellen, stellte schockiert fest: „Die Leute sind verrückt, und die Regierung hat den Verstand verloren." Andere sprachen besorgt vom Ausverkauf der DDR, die viele Dissidenten trotz allem als das „bessere" Deutschland ansahen. Mit der Verbrüderung von Bürgerrechtlern und „dem Volk" jedenfalls war es schlagartig vorbei, denn die Menschen verstanden sich bald nur noch als „ein Volk". Es wollte die Wiedervereinigung oder genauer: die D-Mark.

Runder Tisch

Wenn alte Systeme bröckeln, neue sich aber noch nicht formiert haben, bilden sich oft informelle Gremien, die den Übergang organisieren. Dafür hatte sich der Begriff „Runder Tisch" eingebürgert als Zeichen für die gleichberechtigte Teilnahme aller. Ein solcher Tisch wurde auch nach Aufgabe des Führungsanspruchs der SED Ende 1989 in der DDR erforderlich. Am 7.12.1989 trafen sich in Ostberlin auf Einladung der Kirchen, deren Vertreter als Moderatoren fungierten, erstmals Delegierte der Bürgerbewegungen mit Abgesandten der Blockparteien. Die SED, inzwischen zur PDS gewandelt, vertrat den staatlichen Part, die Opposition bildeten Gruppierungen der Bürgerrechtler. Der bis zur Konstituierung einer demokratisch gewählten Volkskammer tagende Runde Tisch wurde als Kontrollorgan gegenüber der Regierung zum eigentlichen Machtzentrum während der Umbruchzeit in der DDR.

Vom martialischen „Schutzwall" zur Lachnummer: Die Grenzer der DDR konnten nach Öffnung der Mauer nur noch zuschauen, wie die Mauer zur Pinwand des Protestes und des Spottes wurde.

Wachsender Vereinigungsdruck

Erste freie Volkskammerwahl (18.3.1990)

Die neue Parteispitze bekam die Lage in der geöffneten DDR nicht mehr in den Griff. Unausgesprochen schwebte von nun an über allen politischen Entscheidungen die Drohung, die auf einem Spruchband zu lesen war: „SED – wenn du nicht gehst, dann gehen wir!" Wohin, daran konnte es keinen Zweifel geben, und dorthin mussten „dem Volk" nun auch alle die folgen, die so gern einer reformierten DDR noch eine Chance gegeben hätten. Die aber hatte die SED in vierzig Jahren Repression und Indoktrination verspielt; alles andere als eine Wiedervereinigung wäre den Menschen nicht zu vermitteln gewesen. Nur über das Tempo auf dem Weg dorthin gingen die Meinungen erheblich auseinander. Der Westen musste sich stark zurücknehmen angesichts der Besorgnis bei den Verbündeten und mehr noch bei der Sowjetunion. Es ging daher zunächst um Reformen. Erste und wichtigste war die Streichung des Führungsanspruchs der SED durch die Volkskammer am 1.12.1989; Krenz trat zurück. Weitere, vor allem wirtschaftliche Reformen aber wären allenfalls mit direkter Hilfe der BRD möglich gewesen, weswegen sich die Frage aufdrängte, warum man nicht gleich zusammentun sollte, was nach einem Ausspruch von Willy Brandt ohnedies zusammengehörte.

Der Vereinigungsdruck wuchs; und der zentrale Runde Tisch musste schließlich freie Wahlen zu einer neuen Volkskammer auf den 18.3.1990 vorziehen, weil das vorhandene Parlament nicht über die Legitimation für die nun anstehenden weitreichenden Beschlüsse verfügte.

Beitritt, Vereinigung, Staatenbund

Drei Optionen boten die zur Wahl antretenden Parteien den Wählern an: Beitritt der DDR zum Geltungsbereich des Grundgesetzes nach Artikel 23 vertrat die Allianz für Deutschland (siehe Kasten); die Vereinigung der beiden Deutschlands nach Artikel 146 forderte die SPD, also nach Verabschiedung einer neuen Verfassung durch das Volk; die SED-Nachfolgepartei PDS wollte zunächst nur einen Staatenbund. Entsprechend gestaltete sich das Ergebnis: Fast die Hälfte aller Stimmen der 12 Millionen Wahlberechtigen (93 Prozent Wahlbeteiligung) entfiel auf die Allianz, ein gutes Fünftel errang die SPD, während die PDS auf ein Sechstel der Stimmen kam. Kein Zweifel: Das Volk wollte die Vereinigung so schnell wie möglich, am besten sofort. Unter diesen Druck stand die am 12.4.1990 gewählte Regierung unter Ministerpräsident Lothar de Maizière (CDU), der eine Große Koalition aus Allianz, SPD und Liberalen gebildet hatte. Nur auf so breiter Basis konnte die fällige Konkursabwicklung der DDR gelingen.

Allianz für Deutschland

Für die erste freie Wahl zur Volkskammer schlossen die Christlich-Demokratische Union (Ost-CDU, die von der bayerischen CSU unterstützte und vor allem im Süden des Landes aktive Deutsche Soziale Union (DSU) und der Demokratische Aufbruch (DA) ein Wahlbündnis, das sie Allianz für Deutschland nannten, eine möglichst rasche Herstellung der deutschen Einheit anstrebte und für die Neubildung der 1952 aufgelösten Länder in der DDR eintrat (Mecklenburg-Vorpommern, Brandenburg, Sachsen-Anhalt, Thüringen, Sachsen; Ostberlin kam zu Gesamtberlin) eintrat. Das Bündnis erhielt fast 48 Prozent der abgegebenen Stimmen (CDU 40,8, DSU 6,3, DA 0,9 Prozent) und bildete anschließend mit Liberalen (5,3 Prozent) und SPD (21,9 Prozent) eine Große Koalition. Präsidentin der letzten Volkskammer wurde Sabine Bergmann-Pohl (CDU), die auch als provisorisches Staatsoberhaupt fungierte und damit als erste Frau an der Spitze eines deutschen Staates stand.

Die konservative „Allianz für Deutschland" aus Ost-CDU, DSU und DA ging als Gewinner aus der ersten freien Volkskammerwahl hervor. Knapp einen Monat später (12.4.1990) wurde Lothar de Maizière (CDU) zum Ministerpräsident gewählt.

Zweiter Schritt vor dem ersten

Wirtschafts-, Währungs- und Sozialunion (1.7.1990)

Man hatte sich wenige Illusionen gemacht über die desolate Lage von Wirtschaft und Finanzen der DDR, doch dass der Zusammenbruch des Staates praktisch unmittelbar bevorstand, das war denn doch nicht erwartet worden. Unterhändler der DDR, allen voran der Interims-Ministerpräsident Hans Modrow, waren gezwungen, bundesdeutsche Hilfe zu erbitten. Die kleine Lösung – immer neue und vermutlich verlorene Kredite – hätte die Hoffnungen der Menschen enttäuscht, die eine baldige Einführung der D-Mark im Osten ersehnten. Experten von Bundesbank und Wirtschaft warnten zwar, dass damit der Kollaps der DDR-Wirtschaft riskiert würde und durch die Milliardenflut aus umgetauschten Ostgeldern die Geldwertstabilität in Gefahr geriete. Politisch aber gab es zur Währungsunion der deutschen Staaten keine Alternative.

Öffentliche Ungeduld

Vor allem Bundeskanzler Kohl wurde hier zur treibenden Kraft; er wollte das Unausweichliche sofort anpacken. Noch vor der Volkskammerwahl am 18.3.1990 versprach er die Ausdehnung der D-Mark in die DDR, ja er kündigte „für kleinere Sparguthaben" sogar den Umtausch 1:1 an. Das beeinflusste das Wahlergebnis deutlich in seinem Sinne, wobei es die Frage blieb, ob ein schonenderer Übergang bei der allgemeinen Stimmungslage überhaupt durchzusetzen gewesen wäre. Am 18.5.1990 unterzeichneten dann die Finanzminister von DDR und BRD einen Staatsvertrag über die Wirtschafts-, Währungs- und Sozialunion. Kritiker sprachen davon, dass man den „ökonomischen Karren" das „politische Pferd" ziehen lasse und dass hier der zweite Vereinigungsschritt vor dem ersten getan werde. Die außenpolitische Flankierung musste ja erst noch glücken (siehe Kasten).

Die Stunde der Spekulanten

Die Kritik entzündete sich nicht nur am Tempo der Umstellung, sondern auch an den vereinbarten Paritäten, die den Wert der DDR-Mark nach Ansicht fast aller Kenner viel zu hoch veranschlagten. Vom 1.7.1990 an wurden Löhne, Gehälter, Renten, Mieten und Stipendien 1:1 in DM umgerechnet, Kinder bis 14 Jahren konnten 2000, Personen zwischen 15 und 59 Jahren 4000 und noch ältere 6000 DDR-Mark 1:1 in DM wechseln. Höhere Beträge wurden 2:1 umgestellt. Die schlagartige Einbeziehung der DDR in das Wirtschaftssystem der Bundesrepublik führte zu erheblichen Anpassungsproblemen und zu üblem Treiben von Spekulanten; das Schlagwort von der „Vereinigungskriminalität" machte die Runde.

Zwei-plus-Vier-Vertrag

Eine Vereinigung Deutschlands war auch nach Zusammenbruch der SED-Diktatur nur mit Zustimmung der vier Siegermächte möglich. Daher suchten beide deutschen Staaten 1989/90 in sogenannten Zwei-plus-Vier-Gesprächen etwaige Bedenken hinsichtlich der Bildung eines Gesamtdeutschlands zu zerstreuen und die Bedingungen auszuhandeln, unter denen die Vereinigung für alle akzeptabel wäre. Am 12.9.1990 wurde ein Zwei-plus-Vier-Vertrag unterschrieben, der für das vereinte Deutschland galt, von Bundestag und Volkskammer am 20.9.1990 mit überwältigender Mehrheit angenommen wurde und am 4.3.1991 in Kraft trat, nachdem die UdSSR als letzter Staat die Abmachungen ratifiziert hatte. Damit erhielt die Bundesrepublik die volle innen- wie außenpolitische Souveränität gegen die Zusicherung, keinerlei Gebietsansprüche gegenüber anderen Staaten zu erheben, ihre Streitkräfte auf 370 000 Mann zu verringern und auf ABC-Waffen zu verzichten. Deutschland sagte der UdSSR 13 Milliarden Mark Finanzhilfe für den Abzug ihrer Truppen bis 1994 zu.

Arbeitsbesuch im Kaukasus. Helmut Kohl und Michail Gorbatschow berieten im Juli 1990 über die Modalitäten der Vereinigung beider deutscher Staaten (Foto: 15.7.1990).

Tausendfacher Grund zum Danken

Beitritt der DDR zur Bundesrepublik (3.10.1990)

Der Taumel vom November 1989 wiederholte sich nicht. Ein stolzer Tag aber vor allem für die Menschen in der DDR wurde es doch: Am 3.10.1990 erfüllte sich ihr Traum von einem freien und einigen Deutschland, das sie friedlich gewonnen hatten und damit auch ihren Landsleuten in der Bundesrepublik ein großes Geschenk gemacht hatten. Beides sahen hüben wie drüben manche gar nicht so: In der untergegangenen DDR trauerten viele den Chancen nach, die im sozialistischen Gegenentwurf zum kapitalistischen Westsystem gesteckt hatten. Jenseits des einstigen Todesstreifens im Westen war vielen ebenso wenig zum Feiern zumute. Würde man die Lasten schultern können, die sich aus dem Umsturz des gesamten Systems im Osten ergaben? Willy Brandt formulierte das Gebot der Stunde: „Es kommt entscheidend darauf an, dass Solidarität ... heruntergeholt wird vom Podest der Festredner."

Europäisches Deutschland

Und noch etwas beunruhigte die Gemüter: Die Unruhe in den anderen Ländern über das plötzlich wieder so große Deutschland. Gewiss, jetzt da es um die Sicherung dieser neuen Größe ging, überboten sich die deutschen Politiker in Friedens- und Kooperationsbeteuerungen, doch ob dem auf Dauer zu trauen war, darauf mochte niemand wetten. Insofern war es von besonderer Bedeutung, dass Bundeskanzler Kohl beim Treffen mit KPdSU-Chef Gorbatschow am 16.7.1990 im Kaukasus die definitive Zusage bekommen hatte: Moskau erhebe keinen Einspruch mehr gegen eine Mitgliedschaft auch des vereinigten Deutschlands im westlichen Bündnis. Darin war es wirksam eingerahmt, was auch im russischen Interesse war. Außenminister Genscher übernahm diese Sicht bei seiner Festansprache: „Wir wollen nicht ein deutsches Europa, wir wollen ein europäisches Deutschland!"

Für viele ergaben sich aus der Vereinigung schwere Alltagssorgen. Nach der Währungsunion im Sommer waren mit einem Schlag aus den Geschäften die DDR-Produkte verschwunden und hatten überteuerten Westwaren Platz gemacht. Das zehrte rasend schnell die Umtauschgewinne auf und stürzte die ostdeutsche Wirtschaft in eine Existenzkrise. Die schon vorher verdeckte Arbeitslosigkeit explodierte. Obwohl die politischen Fluchtgründe nun weggefallen waren, ging der Exodus weiter. Vor allem die jungen Menschen gingen dahin, wo es noch Arbeit gab, in den Westen. Zu Recht mahnte der evangelische Bischof Kruse: „Wir haben tausendfachen Grund zum Danken und damit auch zum Feiern. Unsere Freude aber darf nicht gedankenlos sein."

Treuhandanstalt

Mit Gesetz vom 17.6.1990 wurde zur Umstellung der DDR-Wirtschaft und Verwaltung des Volkseigentums (95 des Poduktivvermögens) die Treuhandanstalt geschaffen. Nach dem 3.10.1990 wurde sie zu einer Anstalt des öffentlichen Rechts des Bundesfinanzministers. Zunächst sah sie ihre Hauptaufgabe in der Entflechtung der Kombinate und der möglichst günstigen Privatisierung Volkseigener Betriebe (VEB). Doch rückte dann deren Sanierung in den Vordergrund, damit wenigstens ein Teil der Industriearbeitsplätze erhalten werden konnte. 1994 wurde die Treuhandanstalt aufgelöst, Restaufgaben übernahm die Bundesanstalt für vereinigungsbedingte Sonderaufgaben (BVS). Gesamtbilanz: Von rund 15 000 DDR-Unternehmen gingen 3500 in Konkurs, die anderen konnten mit 85 000 Privatisierungsverträgen verkauft werden. Durch Konkurs und Sanierung gingen von 4 Millionen Arbeitsplätzen 2,5 Millionen verloren; 234 Milliarden DM Schulden übernahm der Bund.

Good-bye, Lenin! – Der Ahnherr des SED-Regimes (links Denkmal-Kopf am Kranhaken) hatte nach der Wiedervereinigung 1990 ausgedient. Manches von dem, was seine Erben in Ostberlin errichtet hatten, ließ sich hingegen weiter nutzen. Beispielsweise der Fernsehturm (rechts).

Anreise der Gruppe Ulbricht aus Moskau

30.4.1945

1945

Juni/Juli 1945

Neugründung von Parteien in der sowjetischen Besatzungszone (SBZ)

Potsdamer Abkommen

2.8.1945

1946

7.3.1946

Gründung der Freien Deutschen Jugend

Zusammenschluss von SPD und KPD zur SED

21./22.4.1946

17.5.1946

Aufbau und erster Film der DEFA

Währungsreform; am 24.6.1948 erfolgt die Schließung der Transitwege nach West-Berlin – Berlin-Blockade

20.6.1948

1948

13.10.1948

Adolf Hennecke und die Arbeitsnormen

Einweihung des sowjetischen Ehrenmals in Berlin-Treptow

Mai 1949

1949

7.10.1949

Gründung der Deutschen Demokratischen Republik

Gründung der Stasi

8.2.1950

1950

6.7.1950

Görlitzer Abkommen zwischen der DDR und Polen

Erste Volkskammerwahl

15.10.1950

1951

26.6.1951

Verbot der FDJ in der Bundesrepublik

Stalins Deutschlandnote

10.3.1952

1952

Seit 1952

Kollektivierung der Landwirtschaft

Tod Stalins

5.3.1953

1953

17.6.1953

Arbeiter- und Volksaufstand

Verschwinden von Verfassungsschutzchef John

20.7.1954

1955

14.5.1955

Gründung des Warschauer Pakts

1956

18.1.1956

Schaffung der Nationalen Volksarmee

14.8.1956

Tod Berthold Brechts

22.11.1956

Gesamtdeutsche Mannschaft bei den Olympischen Spielen in Melbourne

Dezember 1956

Ausschaltung der Reformer um Harich/Janka

1957

6.6.1957

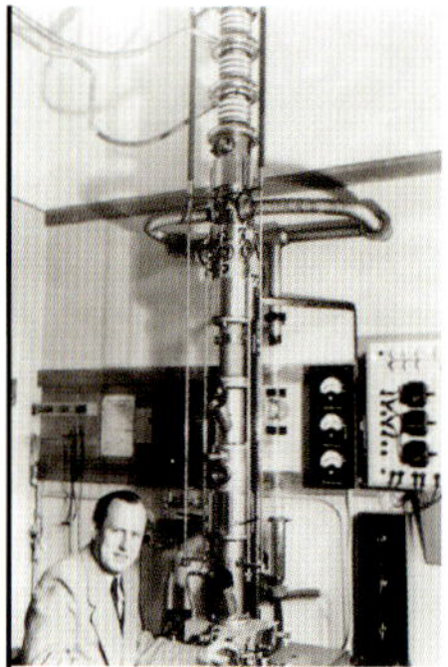

Bildung des Forschungsrats der DDR

Maßregelung der Parteiabweichler

1958

27.7.1958

Beschluss zur Veranstaltung von Arbeiterfestspielen

5.9.1958

Vorstellung des ersten Trabant

14.9.1958

Einweihung der Gedenkstätte Buchenwald

27.11.1958

Berlin-Ultimatum Moskaus

24.4.1959

„Bitterfelder Weg“

1959

18.2.1960

Gesamtdeutsche Mannschaft bei Olympia 1960

29.4.1960

Urteil gegen Theodor Oberländer

1960

12.6.1960

Bildung des Staatsrats

3./4.6.1961

Gipfeltreffen Kennedy/ Chruschtschow in Wien

1961

13.8.1961

Bau der Berliner Mauer

30.9.1961

Dramatiker Heiner Müller gemaßregelt

23.12.1961

Politbüro-Bilanz zur Rolle der Frau

24.1.1962

Einführung der Allgemeinen Wehrpflicht

1962

Gründung der Handelsorganisation Intershop

1963

13.5.1963

Einsetzung der Arbeiter-und-Bauern-Inspektion

seit 17.12.1963

Passierscheinabkommen für Westberliner

1964

12.3.1964

Parteiausschluss von Robert Havemann

9.9.1964

Beschluss über die Reisefreiheit für Rentner

10.-24.10.1964

Gesamtdeutsche Mannschaft bei Olympia in Tokio

1965

1.1.1965

Gründung der Vereinigung Interhotel

4.2.1965

Premiere des Films „Die Abenteuer des Werner Holt"

8.-13.6.1965

Marschall Tito zu Besuch in Ostberlin

1966

1966

Entstehung der Singebewegung

1.4.1966

Gründung „Bereich Kommerzielle Koordinierung"

Juli 1966

Scheitern des Redner-
austausches SPD-SED

18.8.1967

Richtungweisender
Prozess gegen Flucht-
helfer

21.8.1968

Intervention des
Warschauer Pakts
in der CSSR

10.6.1969

Gründung des Bundes
Evangelischer Kirchen

7.10.1969

Zwanzigster Geburtstag
der DDR

1967

20.2.1967

Gesetz über die DDR-
Staatsbürgerschaft

1968

8.5.1968

Neue Verfassung
für den sozialistischen
Staat

12.-27.10.1968

Eigene DDR-Mann-
schaft bei Olympia in
Mexiko

1969

3.10.1969

Inbetriebnahme des
Berliner Fernsehturms

19.11.1969

Gründung der Puhdys

Erster deutsch-deutscher Gipfel in Erfurt

19.3.1970

1970

Ablösung Walter Ulbrichts durch Erich Honecker

3.5.1971

1971

Freigabe des Schwangerschaftsabbruchs

9.3.1972

1972

Olympische Sommerspiele in München

26.8.-11.9.1972

Herbert Wehner bei Erich Honecker

31.5.1973

1973

19.4.1970

Enthüllung des Lenindenkmals in Ostberlin

17.12.1971

Unterzeichnung des Transitabkommens für West-Berlin

18.5.1972

Premiere des Stücks „Die neuen Leiden des jungen W."

21.12.1972

Unterzeichnung des Grundlagenvertrags

18.9.1973

Aufnahme der beiden deutschen Staaten in die UN

Enttarnung
des Spions Guillaume

24.4.1974

Erhöhung des Swing-
Kredits

12.12.1974

Einweihung des
Palastes der Republik

23.4.1976

Verhaftung
von Rudolf Bahro

23.8.1977

Start von DDR-Luft-
waffenoffizier Jähn ins
All

26.8.1978

1974

1975

1976

1977

1978

22.6.1974

DDR-Sieg beim
„Bruderduell" während
der Fußball-Welt-
meisterschaft 1974

1.8.1975

Unterzeichnung der
KSZE-Schlussakte von
Helsinki

18.8.1976

Selbstverbrennung von
Pfarrer Brüsewitz

30.3.-1.4.1978

Staatsbesuch von
Österreichs Kanzler
Kreisky in Ostberlin

16.9.1979

Flucht mit dem Heiß-
luftballon nach Bayern

30. Geburtstag der Republik

7.10.1979

1980

19.7.-3.8.1980

XXII. Olympische Sommerspiele in Moskau

Friedensbegegnung der Schriftsteller in Ostberlin

13.12.1981

1982

14.6.1982

Einweihung des Charité-Hochhauses in Ostberlin

500. Luther-Geburtstag – Wiedereröffnung der Wartburg

21.4.1983

1983

29.6.1983

Milliarden-Bürgschaft der Bundesregierung

Olympisches Eislauf-Gold für Katarina Witt

18.2.1984

1985

12.3.1985

Treffen Kohl-Honecker in Moskau

Honecker zur Audienz bei Papst Johannes Paul II.

24.4.1985

1986

13.8.1986

25 Jahre Berliner Mauer

Staatsbesuch Honeckers in Bonn

7.-11.9.1987

Luxemburg-Liebknecht-Demonstrationen

17.1.1988

40. Geburtstag der DDR

7.10.1989

Erste freie Volkskammer-wahl

18.3.1990

Beitritt der DDR zur Bundesrepublik

3.10.1990

1987

16.10.1987

Vollendung des Bauern-kriegspanoramas Werner Tübkes

1989

7.5.1989

Manipulierte Kommunalwahlen

9.11.1989

Fall der Berliner Mauer

1990

1.7.1990

Wirtschafts-, Wäh-rungs- und Sozialunion

Register

Register

Register